DE TECNOLOGÍAS DIGITALES, EDUCACIÓN FORMAL Y POLÍTICAS PÚBLICAS

DE TECNOLOGÍAS DIGITALES, EDUCACIÓN FORMAL Y POLÍTICAS PÚBLICAS

Aportes al debate

Silvia Lago Martínez (coordinadora)

De tecnologías digitales, educación formal y políticas públicas: aportes al debate. Sheila Jazmín Amado ... [et.al.] ; coordinado por Silvia Beatriz Lago Martínez.
- 1a ed. - Ciudad Autónoma de Buenos Aires : Teseo, 2015. 354 p. ; 20×13 cm.

ISBN 978-987-723-014-7

1. Educación Formal. 2. Tecnologías Digitales. 3. Políticas Públicas. I. Amado , Sheila Jazmín II. Lago Martínez, Silvia Beatriz, coord.

CDD 379

© Editorial Teseo, 2015

© Imagen de tapa: Ernesto Lago

Hecho el depósito que previene la ley 11.723

info@editorialteseo.com

www.editorialteseo.com

Compaginado desde TeseoPress (www.teseopress.com)

Índice

Prólogo   9
   Diego Levis

Presentación   15
   Silvia Lago Martínez, Lucila Dughera, Mirta Mauro, Sheila Amado

Diversos abordajes respecto de los planes "una computadora, un alumno"

1. La apropiación tecno-mediática: acciones y desafíos de las políticas públicas en educación   27
Susana Morales

2. Inclusión digital y ciudadanía en el nuevo orden capitalista: el Programa Conectar Igualdad en perspectiva   53
Patricia Fernanda Mancebo y Sol Diéguez

3. Una propuesta posible acerca de cómo analizar la incorporación de planes "una computadora, un alumno" en la institución educativa   83
Lucila Dughera

4. Discursos emergentes sobre educación y tecnología: ¿cambio de rumbo o más de lo mismo?   109
José Miguel García y Martina Bailón

La comunidad educativa frente a la incorporación de tecnologías digitales: dilemas y perspectivas

5. La innovación educativa no es sólo tecnológica: la relación tecnología – educación – territorio   147
Susana Finquelievich y Patricio Feldman

6. El Programa Conectar Igualdad en el nivel superior: desafíos y perspectivas en la formación docente 177
   Sheila Amado

7. Rupturas y continuidades de discursos que refieren a la educación, la comunicación y la tecnología 201
   Lucas Bang

8. Inclusión social en la educación superior a distancia: motivaciones y prácticas de estudio 217
   Ana Marotias

El Programa Conectar Igualdad y los jóvenes: algunas reflexiones en torno a los receptores centrales de este plan

9. El modelo 1 a 1 en la articulación entre la escuela media y la universidad 247
   Roxana Cabello y Adrián López

10. Los jóvenes, las tecnologías y la escuela 271
    Silvia Lago Martínez

11. Tecnología y educación en los adolescentes de la Ciudad de Buenos Aires 297
    Mirta S. Mauro

12. Conectad@s desde la escuela: percepciones y apreciaciones de los estudiantes sobre el espacio escolar a partir de la implementación del Programa Conectar Igualdad 323
    Sebastian Benítez Larghi, Magdalena Lemus y Nicolás Welschinger Lascano

Los autores 343

Prólogo

Diego Levis[1]

Durante las últimas décadas, desde distintos ámbitos se promueve la incorporación de computadoras y otros dispositivos informáticos en todos los niveles educativos (desde la primaria a la universidad) aludiendo a los más variados motivos (actualización tecnológica, adecuación al mercado laboral, inclusión social, formación de RR.HH., resolución de la crisis de la escuela, etc.). En pocos casos priman razones pedagógicas. Estas propuestas son acompañadas por una continua y creciente desacreditación de la escuela moderna.

Lo cierto es que la escuela moderna, surgida como respuesta a las necesidades de la sociedad industrial, lleva varias décadas en "crisis" (lo que se designa o busca describir con "crisis" de la escuela está supeditado a la función y a los objetivos que se confieran al sistema educativo). En este contexto, muchos autores promueven la superación de la escuela como ámbito preferente de enseñanza y aprendizaje. Hay voces que incluso proclaman la muerte de la escuela, en tanto la consideran un dispositivo anticuado y obsoleto. Unos y otros olvidan proponer verdaderas alternativas viables al actual modelo de educación de masas.

La escuela debe cambiar porque el mundo actual tiene características y necesidades diferentes a las de la sociedad en la que fue creada, en este punto la coincidencia es prácticamente unánime. El desafío es integrar al sistema educativo en la realidad social y cultural de la

---

1. Prof. titular regular de Tecnologías educativas (FSOC-UBA).

sociedad de la pantalla en la que vivimos. Transformar la escuela, no descartarla.

La continua expansión del uso social de pantallas de distinto tipo y funciones refuerza la condición ubicua de la pantalla, entendida como elemento característico y, en tal sentido, fundamental de las tecnologías electrónicas que median, de modo creciente, nuestra relación con el mundo y con nuestros semejantes. La pantalla electrónica, ubicua e insomne, se ha erigido en constructor preferente de subjetividades sociales, escenario en el que todo parece legitimarse (o, alternativamente, condenarse). La percepción de la realidad, nuestra idea del mundo, la noción del tiempo y del espacio, la manera de relacionarnos con nosotros mismos, con nuestro entorno y con nuestros semejantes, están afectadas por un lento pero profundo proceso de transformación social y cultural del cual en pocas ocasiones tenemos plena conciencia. Por esto, el sistema educativo debe aceptar la imposibilidad de conservar vigentes modalidades de enseñanza y aprendizaje, formas de evaluación, estructuras disciplinarias y organizativas concebidas para la sociedad industrial asumiendo que la pantalla (televisor, celular, computadoras, etc.), se utilice o no en el aula, participa directa o indirectamente en los procesos de enseñanza y aprendizaje. Las dificultades y los obstáculos para conseguirlo no son menores.

Desde inicios de la década de 1980 se han ido sucediendo iniciativas públicas y privadas para incorporar distintas generaciones de dispositivos informáticos en la educación. La confluencia de la crisis educativa y los cuestionamientos a la escuela moderna, la innovación tecnológica en el campo de la informática y de las redes telemáticas (Internet y otras), la rápida apropiación social de computadoras, y otros dispositivos digitales unido a las presiones políticas y sociales (derivadas del poder lenitivo atribuido a la incorporación de las computadoras en la educación) y a las presiones de empresas del sector informático y de telecomunicaciones (Microsoft, Intel, HP, Telefónica, etc.) han impulsado la generalización de este tipos de acciones. Sin embargo, muy pocas de estas experiencias cumplieron las promesas y expectativas previas de sus promotores.

La ausencia de estrategias pedagógicas y de planificación tiene mucho que ver con las dificultades y los obstáculos encontrados. Lo fundamental no es incorporar computadoras en el aula, sino saber para qué se van usar. Si no sé hacia dónde quiero ir es muy difícil elegir una ruta que me permita llegar a un buen destino.

A pesar de los pobres resultados educativos de los sucesivos intentos por incorporar las computadoras en la escuela, la "promesa digital" continúa viva. En la última década, la progresiva disminución del tamaño y peso de los dispositivos informáticos (así como la disminución de su costo y el desarrollo de conexiones de redes inalámbricas de alto rendimiento) impulsaron una renovación de las iniciativas para integrar los dispositivos informáticos en la educación formal. El punto de inflexión de esta nueva tendencia fue el anuncio del proyecto "Una computadora por niño" (OLPC) durante la Conferencia Mundial para la Sociedad de la Información, celebrada en Túnez en noviembre de 2005.

A partir de entonces, autoridades de distintos países del mundo comenzaron a considerar la entrega gratuita de computadoras portátiles (*netbooks*) a todos los estudiantes y docentes del sistema público de educación (tanto a nivel nacional como regional o provincial), modalidad conocida como plan 1 a 1. Respondiendo a esta inquietud, en 2007, el gobierno de Uruguay puso en marcha el Plan Ceibal, destinado inicialmente a la educación primaria. Tres años después, el gobierno de la Argentina lanzó el Programa Conectar Igualdad, destinado a repartir computadoras portátiles a todos los estudiantes y docentes de las escuelas secundarias, de las escuelas de educación especial y de los Institutos de Formación Docente de gestión estatal.

Conectar Igualdad y otros planes 1 a 1 tienen entre sus principales objetivos transformar y mejorar la escuela y favorecer la inclusión social de niños y jóvenes, atribuyendo al acceso y uso de los dispositivos informáticos, por sí mismos, poder de transformación social, educativa y cultural, acordes a la extendida "promesa digital".

Una vez que Conectar Igualdad ha distribuido más de 4 millones de computadoras cabe plantearse una serie de preguntas. ¿Los resultados de Conectar Igualdad y de otros planes 1 a 1 están respondiendo a las expectativas iniciales? ¿Se están cumpliendo los objetivos previstos? ¿Los usos que hacen niños y jóvenes de las *netbooks* están dando lugar a una renovación de las prácticas educativas? ¿Qué representa para los jóvenes el acceso a y el uso de estas máquinas en la escuela? ¿Y en sus casas y para sus familias? ¿Cuál es la actitud de los docentes? ¿Están satisfechos con la presencia de las computadoras en el aula? ¿Notan una mejoría en la actitud, interés y compromiso de los estudiantes? Las preguntas se suceden. ¿Conocemos las respuestas?

Este libro presenta resultados de diversas investigaciones sobre Conectar Igualdad y otros planes 1 a 1 desarrollados en la Argentina y sobre el Plan Ceibal en Uruguay, ofreciéndonos las primeras respuestas a las preguntas planteadas y abriendo nuevos interrogantes sobre la problemática tratada.

De tecnologías digitales, educación formal y políticas públicas. Aportes al debate constituye una importante contribución para conocer, desde distintas miradas, las implicancias sociales, culturales y educativas generadas a partir de los planes enfocados a la incorporación "universal" de computadoras en el aula, impulsando la reflexión y el debate acerca del rol que tienen los dispositivos digitales en la vida de niños y jóvenes en la sociedad de la pantalla. De tal modo, el libro ofrece pistas para el diseño de propuestas pedagógicas que, respondiendo a los usos, percepciones y expectativas de estudiantes y docentes, permitan abordar con mayor seguridad el camino que queda por recorrer hacia una educación que impulse la construcción de una sociedad más justa y libre.

Agradezco la iniciativa de Silvia Lago Martínez y del equipo de investigadores que trabaja junto a ella en el Instituto Germani, así como al resto de los autores que han contribuido con sus aportes, por este sugerente y necesario libro.

Diego Levis
Buenos Aires, 4 de septiembre de 2014

Presentación

Silvia Lago Martínez, Lucila Dughera, Mirta Mauro, Sheila Amado

El presente volumen pone a disposición de los lectores, por un lado, las experiencias y hallazgos producidos en el trayecto de la investigación que sobre el campo de la educación y las tecnologías digitales desarrollamos en el Instituto de Investigaciones Gino Germani, así como los avances de tesis doctorales y de maestría que se realizan en el marco del equipo de trabajo.

Por otro, en el recorrido de dicha investigación coincidimos con investigadores e investigadoras quienes, con su propia mirada, comparten la misma problemática de estudio, inquietudes, reflexiones, marcos conceptuales y categorías de análisis. De allí que invitamos para esta edición a Susana Morales, José Miguel García y Martina Bailón, Susana Finquelievich y Patricio Feldman, Lucas Bang, Roxana Cabello y Adrián López, Sebastián Benítez Larghi, Magdalena Lemus y Nicolás Welschinger, cuyas contribuciones constituyen un decisivo aporte para pensar la incorporación de las tecnologías digitales en los sistemas educativos, las políticas públicas de inclusión digital con eje en la educación de la región latinoamericana y los roles de estudiantes y docentes en el seno de los espacios de formación.

Nos adentramos en el mundo de la educación a partir de nuestro interés por investigar la experiencia que sobre los modelos "una computadora, un alumno" se corporizaba con la puesta en marcha del Programa Conectar Igualdad (PCI), de incipiente desarrollo en aquel momento. No vamos a describir aquí los alcances del Programa puesto que mucho se va a decir sobre este a lo largo de los capítulos de la obra.

Corría el año 2011 y nuestra primera aproximación al contexto escolar tuvo por objetivo conocer la implementación del programa, sus modalidades, qué sentían y opinaban los docentes en relación con sus competencias para emprender las innovaciones que la introducción de la computadora portátil en el aula implica y las primeras experiencias de implementación pedagógica. Para ello abordamos dos escuelas públicas de educación media de la Ciudad Autónoma de Buenos Aires, con diferentes indicadores socioeconómicos de la población estudiantil. Luego de este primer acercamiento al problema, las preguntas de investigación nos llevaron a profundizar en el mundo de los jóvenes, reconociendo que éstos conforman actores significativos de las transformaciones de nuestro tiempo. Se implementaron técnicas grupales con estudiantes de enseñanza media y técnica de escuelas públicas de la Ciudad de Buenos Aires cuyas edades variaron entre 15 y 19 años. Posteriormente se llevó a cabo una encuesta dirigida a jóvenes de las mismas características. El marco muestral se conformó con el total de escuelas públicas medias y técnicas de la ciudad que fueron beneficiarias del PCI. Conocer las percepciones e intereses de los adolescentes sobre las tecnologías digitales en las aulas y en su vida social, detectar usos y apropiaciones y los cambios que se producen en su rendimiento escolar, en sus vínculos con los profesores, con sus compañeros y en su familia, fueron los objetivos principales en esa etapa del estudio.

Ya en el año 2013, con un PCI extendido a un número mayor de escuelas, ampliamos nuestras preguntas de investigación y formulamos algunas hipótesis en relación con los jóvenes. Exploramos sobre su trayectoria y su apropiación creativa no sólo de la computadora e Internet, sino de los lenguajes audiovisuales que los adolescentes hacen propios en su mundo escolar y social. Para ello se realizaron entrevistas en profundidad a estudiantes que fueron seleccionados por muestreo cualitativo.

Este camino nos condujo a volver nuestra mirada sobre los docentes y su formación para desarrollar lineamientos pedagógicos con las tecnologías, señalada como una de las dimensiones más vulnerables del PCI. De manera que incorporamos para su estudio a los Institutos Nacionales de Formación Docente. En este punto de la investigación nos encontramos, indagando sobre la institución, la currícula, la labor de profesores de docentes que producen innovaciones pedagógicas y nuevas formas de trabajar con sus alumnos en las aulas, entre otros aspectos.

Dicho esto, falta agregar que los aportes recibidos de nuestros colegas, de aquellos que conocen el mundo de la educación, resultaron invalorable para el desarrollo de nuestras investigaciones, y han hecho posible la confluencia en este libro de reflexiones, experiencias y propuestas para el debate, necesarias para repensar las dimensiones educativas y tecnológicas que nos preocupan.

Resta, para concluir esta introducción, presentar la estructura de este libro. La edición está organizada en tres secciones.

En la primera, *Diversos abordajes y problematizaciones respecto de los planes "una computadora, un alumno"*, se presentan trabajos que abordan una diversidad de problemáticas respecto de los planes "una computadora, un alumno". En otras palabras, los capítulos que conforman esta sección tienen como hilo conductor la vocación de establecer relaciones entre este tipo de incorporación de tecnologías digitales y algunas problemáticas clásicas de la educación, como, por ejemplo, el rol del estado respecto de las políticas implementadas, la institución educativa, las continuidades y rupturas en lo escolar, entre otras.

La segunda sección, *La comunidad educativa frente a la incorporación de tecnologías digitales: dilemas y perspectivas*, conforma el apartado donde se exponen trabajos que reflexionan sobre la comunidad educativa en su conjunto, sus diferentes niveles y los diversos actores de la educación.

El último apartado, *El Programa Conectar Igualdad y los jóvenes: algunas reflexiones en torno a los receptores centrales de este plan*, reúne un conjunto de trabajos que tienen como eje a los y las jóvenes y las tecnologías digitales. A grandes rasgos, se proponen, desde diferentes perspectivas, analizar y reflexionar acerca de cómo esta población utiliza y se apropia de este tipo de tecnologías tanto dentro como fuera del espacio escolar.

Así, este libro se inicia con el capítulo de Susana Morales. La autora efectúa un recorrido histórico por las políticas públicas de incorporación de Tecnologías de la Información y Comunicación (TIC) en el campo educativo en los países de América Latina y el Caribe y en particular en Argentina, advirtiendo que estas no pueden ser consideradas aisladamente, sino como parte de estrategias educativas regionales en el marco de políticas globales con las que se articulan. Establece distintas etapas en este proceso para arribar al último período con las iniciativas 1 a 1, "una computadora para cada alumno". Revisa los resultados de investigaciones sobre la incorporación de TIC en la educación y focaliza su análisis en el Programa Conectar Igualdad, para culminar retornando a las políticas públicas y proponiendo algunos de los desafíos que estas tienen por delante.

En el segundo capítulo, Patricia Mancebo y Sol Diéguez nos proponen, en un rápido recorrido, redimensionar el rol de los estados latinoamericanos en la sociedad de la información a partir de las políticas de inclusión digital implementadas en la región. A grandes rasgos, describen y caracterizan el devenir político de América Latina (AL) en las últimas décadas, haciendo foco en el caso argentino, pero anticipándonos que las políticas de inclusión allí realizadas se alinean con las regionales. Es por ello que el eje está centrado en uno de los denominados planes de inclusión digital a nivel nacional, específicamente el Programa Conectar Igualdad. Así, permanentemente intentan relacionar en qué medida dicho plan posibilita la tan añorada inclusión digital y, al mismo tiempo, en qué medida este tipo de implementaciones en la región logra alcanzar los objetivos propuestos. En resumen, a lo largo del texto nos invitan a repensar conceptos tales como el de ciudadanía, brecha digital o igualdad de oportunidades, entre otros.

Ya en el capítulo tercero, Lucila Dughera ensaya una propuesta respecto a cómo analizar las instituciones educativas con planes "una computadora, un alumno". Para ello realiza dos movimientos. El primero consiste en sistematizar de manera general los diferentes aportes que se han hecho respecto de este tipo de incorporación de tecnologías digitales, luego presenta la primera propuesta acerca de cómo analizar este tipo de planes. Específicamente, desagrega los planes "una computadora, un alumno" en cuatro niveles analíticos, a saber: infraestructura de conectividad, hardware, software y contenidos. En tanto, el segundo movimiento refiere a cómo pensar la institución educativa. Para ello recupera la clásica división en: curricular, organizacional, comunitaria y didáctica-pedagógica. A partir de cada uno de estos cruces, se presenta una matriz analítica acerca de cómo analizar la incorporación de tecnologías digitales en lo escolar. Claro, futuros trabajos tendrán que dar cuenta de qué tan provechosa resulta esta.

El trabajo de José Miguel García y Martina Bailón nos invita a repensar la personalización de la enseñanza-aprendizaje en tiempos de 1 a 1. Más aún, se intenta mostrar cómo el uso de las tecnologías digitales en los espacios áulicos, así como extraescolares, posibilita y potencia una resignificación de dicho concepto y, por ende, en cierta manera, del posicionamiento docente respecto del acto educativo. Para ello los autores recuperan diferentes fragmentos discursivos respecto del Plan Ceibal (Uruguay), y a través de estos reflexionan acerca de las diferentes connotaciones que dicho concepto cobra. Al mismo tiempo, procuran establecer relaciones entre este proceso de resignificación y problemáticas linderas a ésta, como, por ejemplo, el lugar de la producción de conocimiento, de la didáctica, entre otras.

Finalmente, este capítulo reivindica el lugar vital y necesario que tiene ese Otro en lo escolar.

La segunda sección comienza con el capítulo de Susana Finquelievich y Patricio Feldman, quienes presentan los resultados finales de una investigación que tuvo por objetivo fundamental efectuar el seguimiento y documentación de la creación y evolución de las Escuelas Públicas Digitales (EPD) y Escuelas Públicas Digitales para Adultos en la provincia de San Luis, Argentina. Los autores analizan la información recogida por medio de entrevistas a alumnos, docentes, coordinadores, padres de alumnos de primaria y secundaria, y referentes de la comunidad. Concluyen que en las EPD, si bien se utilizan intensivamente las Tecnologías de Información y Comunicación, lo innovador no son las tecnologías, sino su enfoque pedagógico y los cambios en la organización de los tiempos y el espacio escolar, que las transformó en una experiencia innovadora.

A continuación, Sheila Amado indaga acerca del Programa Conectar Igualdad y una de las poblaciones beneficiarias: los estudiantes de los profesorados orientados a la educación secundaria (normal y especial) que se forman allí para impartir clases en dicho nivel educativo. Es una población de la que poco se conoce sobre los resultados de la implementación del PCI dado que la mayoría de los datos publicados o las estadísticas oficiales se orientan a la educación secundaria. No obstante, luego de recorrer algunos aspectos sobre el Instituto Nacional de Formación Docente (INFD), concluye que se debe tener en cuenta que aún queda mucho por hacer para lograr una verdadera articulación entre tecnologías digitales y formación docente.

Lucas Bang, en primer lugar, presenta conceptos teóricos que vinculan comunicación, educación y tecnología. Luego, en un segundo momento, y a diferencia de otros artículos de este libro, presenta los resultados de un relevamiento cualitativo realizado a docentes de escuelas de nivel primario de la ciudad de Caleta Olivia, provincia de Santa Cruz, que no han sido beneficiados por los programas

Conectar Igualdad y Primaria Digital. Así, analiza el significado que tiene la tecnología para esta población de docentes y concluye que la tecnología como acceso marca un gran potencial para comprender la relación que se produce en el acto educativo, pero se deben mejorar los criterios de búsqueda y de elección, porque a partir del uso de Internet –que posibilita el acceso y no ha sido creada exclusivamente para la educación– se pueden encontrar usos pedagógicos y (re)encontrar el valor por la curiosidad, la principal materia prima para producir conocimiento.

En su capítulo, Ana Marotias realiza un análisis de la relación entre la educación a distancia y la inclusión social, tomando como caso específico la propuesta de educación a distancia de la Universidad Nacional de Avellaneda. Para ello recorre la historia de la educación a distancia, sus diversas etapas y usos, haciendo hincapié en la importancia de la propuesta pedagógica, ya que esta es la que define el carácter inclusivo (o no) de un proyecto de educación a distancia. Por otra parte aborda los conceptos de inclusión/exclusión, tanto a nivel social como educativo, para pasar al estudio de caso, donde se caracteriza la institución y el rol de las tecnologías digitales en la ampliación de la universidad pública.

El primer capítulo del último bloque, de Roxana Cabello y Adrián López, nos plantea reflexionar sobre la relación entre la integración de tecnologías y la articulación entre dos niveles del sistema educativo: la educación media y la universitaria. Con esta finalidad, los autores realizan una síntesis de las contribuciones sobre la temática para arribar a la formulación del interrogante que guiará el desarrollo de su trabajo: si el modelo "una computadora, un alumno" favorece la articulación entre los dos niveles. En este sentido, analizan principalmente a los estudiantes como uno de los componentes de esta trama. Para ello recuperan como base un estudio que realizaron en la Universidad de General Sarmiento con estudiantes de primer año de dicha casa de altos estudios. La investigación enfatiza principalmente dos ideas: los procesos de inclusión digital que se realizan y que involucran procesos de *apropiación* de tecnologías digitales interactivas.

Luego, el trabajo de Silvia Lago Martínez nos propone conocer el mundo de los jóvenes, generación que ha crecido con las tecnologías digitales, en la interacción permanente que se evidencia entre la escuela y su vida social. Si bien toma como punto de partida la incorporación masiva de la computadora e Internet, a partir de la implementación del Programa Conectar Igualdad, la autora observa que los estudiantes ya contaban, en su mayoría, con el capital tecnológico suficiente para superar una primera brecha de acceso y uso de estas tecnologías. Las formas de utilizarlas y de apropiarse de ellas, es lo que trata de vislumbrar desde la narrativa de los adolescentes, teniendo en cuenta sus particularidades en cuanto a género, edad y pertenencia sociocultural. Por último, analiza las expectativas de los jóvenes sobre el Programa y su percepción sobre los beneficios y resultados como política pública educativa.

Mirta S. Mauro realiza un recorrido descriptivo sobre el impacto en la población adolescente de las Tecnologías de la Información y la Comunicación realizando un análisis de datos secundarios y primarios, estos últimos a partir de la implementación del PCI en las escuelas de nivel medio. Los datos relevados informan sobre la penetración de las tecnologías digitales en el mundo adolescente residente en las grandes urbes e incluso en sectores carenciados. En sus reflexiones finales recupera el concepto de Bourdieu acerca del capital cultural, simbólico y social, señalando que este último se construye y fortalece a partir de las distintas redes. Así, por último, nos invita a reflexionar acerca de la relación entre la desigualdad digital y la desigualdad social.

El capítulo a cargo de Sebastián Benítez Larghi, Magdalena Lemus y Nicolás Welschinger Lascano nos invita a recorrer los diferentes intersticios por los que atraviesan los jóvenes bonaerenses de La Plata y Berisso al intentar apropiarse de las Tecnologías de la Información y la Comunicación entregadas a partir del Programa Conectar Igualdad. Más aún, a partir de la voz de dichos protagonistas, nos proponen indagar cómo la llegada y apropiación de las *netbooks* intervino en la representación que portan respecto a la escuela. Así, en pos de alcanzar dicho objetivo seleccionan y trabajan diversas dimensiones de análisis. Algunas de ellas son: el proceso de llegada de dicho programa, el vínculo docente-alumno, el acceso a la información y la producción de conocimiento, entre otras. En suma, a partir del trabajo de campo realizado, los autores advierten, por un lado, tres momentos diferenciales en la implementación del programa y, por otro, la necesidad imperiosa de recuperar las voces de los jóvenes en este tipo de implementaciones.

Para finalizar, agradecemos a los y las colegas y tesistas invitados/as por la confianza que depositaron en nuestra propuesta, participando con sus escritos en el libro. Por último, nuestro agradecimiento a los y las docentes y estudiantes y a todos aquellos que con entusiasmo relataron sus experiencias, respondieron a nuestras preguntas y colocaron a disposición sus experiencias para hacer posible el desarrollo de nuestra investigación y de este volumen.

Cabe mencionar que la investigación y su publicación se realizan gracias al financiamiento de la Secretaría de Ciencia y Técnica de la Universidad de Buenos Aires –marco en el cual se desarrollan nuestros estudios– y al apoyo institucional brindado por el Instituto de Investigaciones Gino Germani y la Facultad de Ciencias Sociales.

Diversos abordajes respecto de los planes "una computadora, un alumno"

1

La apropiación tecno-mediática: acciones y desafíos de las políticas públicas en educación[1]

Susana Morales

Introducción

El presente artículo aborda diferentes aspectos vinculados a la incorporación de TIC en el campo educativo.

Por un lado, un recorrido histórico de las principales líneas desarrolladas por las políticas públicas en los países de la región, y en particular en Argentina. Se advierte en ellas diferentes etapas, que van desde la incorporación tecnológica de manera aislada, hasta la capacitación docente e inclusión digital como objetivo de las políticas en los últimos años.

Por otro lado, se analizarán los desafíos que se presentan a la luz de los resultados de esas acciones, si tenemos en cuenta los nuevos paradigmas educativos en los que las actuales prácticas juveniles nos obligan a pensar. Reflexionar sobre aspectos tales como los escenarios socio-tecnológicos en que están insertos los educandos, las nuevas competencias requeridas para el uso de los tecno-medios, y el rol de la escuela y los educadores como mediadores de esos

---

[1]. Este artículo está basado en la conferencia "La apropiación tecno-mediática: acciones y desafíos de las políticas públicas en educación". Simposium Innovación, el futuro de la Educación Media Superior en Chihuahua. Colegio de Bachilleres de Chihuahua, México, 20 de agosto de 2013.

fenómenos, son algunas de las cuestiones que nos interpelan a repensar nuestras prácticas, conscientes de que las tecnologías no tienen la capacidad de eliminar las desigualdades estructurales que atraviesan esos procesos.

La incorporación de TIC como política de Estado

El potencial educativo de los medios masivos de comunicación y las tecnologías de la información fue advertido desde hace ya varias décadas, aunque parezca una preocupación nueva de los Estados, los educadores e investigadores. Un ejemplo pionero es la compilación de Carpenter y McLuhan (1968, [1960]), *El aula sin muros*, que reúne artículos publicados por la revista Explorations entre 1953 y 1959, cuyo objetivo es

> contribuir a crear una conciencia sobre el fenómeno de la imprenta y de las nuevas tecnologías de la comunicación al objeto de que podamos orquestarlas, minimizar sus contradicciones y choques mutuos y sacar lo mejor de cada una de ellas en el proceso educativo. (Carpenter y McLuhan, 1968: 20)

Sin embargo, en la región de América Latina y el Caribe (ALyC) la idea de incorporar herramientas comunicacionales en el campo educativo como parte de una *política de Estado*, comienza a gestarse a comienzos de la década de los ochenta. Un impulso importante en esa dirección fue la creciente penetración de las Tecnologías de la Información y la Comunicación (TIC) en todos los aspectos de la vida económica, social, cultural y cotidiana de las sociedades contemporáneas.

En los años ochenta se venía produciendo una incipiente incorporación de computadoras, a través de experiencias aisladas, en escuelas que adoptan las ideas de Seymour Papert y los desarrollos informáticos a que dieron lugar (por ejemplo el lenguaje LOGO).[2] En el libro a través del cual Papert comienza a ser más conocido (*Mindstorms: Children, Computers, and Powerful Ideas*, 1980), afirma que:

> en muchas escuelas de la actualidad, la frase "instrucción asistida por computadora" significa hacer que la computadora enseñe al niño. Podría decirse que *se utiliza la computadora para programar al niño*. En mi concepción, *el niño programa la computadora* y, para hacerlo, adquiere un sentido de dominio sobre un elemento de la tecnología más moderna y poderosa y a la vez establece un íntimo contacto con algunas de las ideas más profundas de la ciencia, la matemática y el arte de construcción de modelos intelectuales. (Papert, 1981 [1980]: 17)

De manera contemporánea, comienza a visualizarse la potencialidad de las redes para la creación de comunidades virtuales.[3] *¿Qué es lo que comienza a pasar para que el Estado lo tome como política?*

Una de las razones que posiciona a las TIC en el centro de la escena del debate educativo se vincula con los cambios en el campo de la producción económica a nivel global. Se trata de procesos que se consolidan ya desde fines de la década de los sesenta y que tienen como principal característica el hecho de que el conocimiento se convierte en parte de las fuerzas productivas, dando lugar a la Revolución Técnico-Científica (Dos Santos, 1987). De este modo la ciencia y la tecnología se ponen al servicio de la economía.[4]

---

2. En 2005, cuando Nicholas Negroponte presenta el proyecto *One Laptop per Child*, afirmaba que en el MIT (Massachusetts Institute of Technology), "el Media Lab hace más de 20 años que está involucrado en lo que llamamos 'Aprendizaje Construccionista', basado en las teorías de Seymour Papert, que esencialmente dice 'uno puede aprender un montón simplemente haciendo'". http://www.pagina12.com.ar/diario/elpais/1-60657-2005-12-18.html.
3. Véase Rheinhold, H. (1996): *La comunidad virtual*. Gedisa, Barcelona.
4. En 1970, Zbigniew Brzezinski (Consejero de Seguridad de EE.UU. entre 1977-1981) publicaba *La era tecnotrónica* (su título en inglés *Between two ages*), en donde señalaba que "el impacto de la ciencia y la tecnología sobre el hombre

Las instituciones encargadas de la generación, transmisión, procesamiento de la información y el conocimiento (como son las escuelas y universidades) quedan involucradas en estos paradigmas emergentes. A partir de la década de los sesenta, aproximadamente, los sistemas estatales científico-tecnológicos generan una serie de transformaciones que los colocan en sintonía con las nuevas modalidades de producción económica, entre ellos el gasto en Ciencia y Tecnología, que en algunos casos supera el 50%.

La ciencia y la tecnología se mueven al ritmo de las demandas de la economía planetaria, que va dando forma a la sociedad post-industrial. A fines de la década de los setenta, los sistemas educativos son interpelados para producir una mayor asociación con las demandas de la nueva etapa, se trata de

> soslayar la brecha entre la política del mercado laboral, las demandas de empleo del sector productivo y el tipo de formación profesional que reciben los trabajadores. En otras palabras la articulación entre empleo, educación y políticas públicas. (Cobo, 2010)

Lo que, según el autor, constituye un desafío aún en la actualidad. En el caso de la región de ALyC, un impulso importante en esa línea fue la Conferencia Regional de Ministros de Educación y de Ministros Encargados de la Planificación Económica de los Estados de ALyC, convocada por UNESCO (México, 1979). En esa reunión, los

---

y su sociedad, especialmente en los países más avanzados del mundo, se está convirtiendo en la principal fuente del cambio contemporáneo (...) la sociedad postindustrial se está convirtiendo en una sociedad tecnotrónica: una sociedad configurada en lo cultural, lo psicológico, lo social y lo económico por la influencia de la tecnología y la electrónica, particularmente en el área de las computadoras y las comunicaciones". (Brzezinski, 1979 [1970]: 33). Asume el autor que las consecuencias de esas configuraciones se sitúan en el plano de la constitución de un imperialismo norteamericano de nuevo tipo. (Brzezinski, 1979 [1970]: 62 y ss.)

ministros de la región acordaron poner en marcha reformas educativas[5] que fortalecieran el rol de la escuela como formadora de futuros trabajadores en las competencias requeridas por el nuevo mercado de trabajo. Estos procesos de reforma fueron adquiriendo entidad en las discusiones que siguieron a esa conferencia, y que tomó el nombre de Proyecto Principal de Educación para ALyC. Es en el marco de esos debates que la incorporación tecnológica en el campo educativo se presenta como elemento dinamizador de las transformaciones previstas para la escuela, en torno a los aspectos institucionales y pedagógicos.

Como podemos advertir entonces, las políticas de incorporación de TIC en el campo educativo que en la actualidad se demuestran tan activas, no pueden ser consideradas aisladamente, sino como parte de estrategias educativas regionales en el marco de políticas globales (principalmente económicas y tecnológicas) con las que se articulan y que, en cierto modo, las preceden. Para retomar las ideas expuestas al comienzo, si desde la década de los setenta la educación adquiría un nuevo perfil de acompañamiento de las modalidades de la producción económica a nivel planetario y que empujaron los procesos de reforma educativa, la incorporación de TIC debía fortalecer la educación desde un eje institucional (eficientizar la administración escolar, generación y flujo de información confiable desde las escuelas hacia la administración central a los fines de monitoreo y diseño de políticas, profesionalización docente) y un eje pedagógico (renovación/modernización de los métodos de enseñanza). Es preciso destacar que todos estos cambios no estuvieron exentos de fuertes conflictos protagonizados por diferentes actores, que encontraron en esas reformas un avance en el campo educativo de las recetas neoliberales que se pusieron en marcha de manera

---

5. Un detalle de estos debates puede leerse en Morales, S. (2010: 75 y ss.).

contundente a partir del Consenso de Washington y con la anuencia de los gobiernos de la época en cada país.

Ahora bien, ¿qué sucedió en la práctica? ¿Qué características adquirió la incorporación de las TIC (principalmente la computadora) en las escuelas? En primer lugar hay que señalar que tal proceso estuvo determinado por las particularidades y potencialidades educativas de estas herramientas en cada etapa de su desarrollo, a saber, a grandes rasgos: lenguaje LOGO (enseñanza de programación), software educativo (adoptaron en su diseño el modelo estímulo-respuesta, correcto/incorrecto), enseñanza de las herramientas de productividad (procesadores de texto, planillas de cálculo). Y con la difusión de Internet y el desarrollo de la web 2.0, nuevas posibilidades ligadas a la interactividad, la autonomía de los usuarios, la creatividad y el trabajo colaborativo. En otro aspecto, desde el punto de vista de la infraestructura, las primeras acciones de política educativa estuvieron orientadas a dotar de computadoras de escritorio a las escuelas a través de los gabinetes de computación, y en los últimos años, las estrategias privilegian la implementación generalizada de los modelos 1 a 1: una computadora para cada alumno.

De acuerdo a lo que venimos sosteniendo, si tomamos como eje las políticas educativas en la región de ALyC podemos diferenciar dos grandes etapas en la incorporación de TIC.

La primera, articulada a una tendencia regional hacia la liberalización económica, supuso un objetivo vinculado a asociar las demandas del mercado laboral y la escuela, que podemos ubicar desde mediados de los ochenta hasta mediados de la primera década del siglo XXI. Y la segunda, con una etapa regional en donde aparecen en el discurso la inclusión (social y digital) como parte de una misma meta, relativa tanto a las reformas educativas como a la incorporación de TIC, y que se extiende desde mediados del 2000 hasta hoy.

Tomemos nota de algunos hechos que acompañaron estos períodos. En el año 2000 se realiza por primera vez la evaluación PISA (Programme for International Student Assessment) en 32 países del mundo. Esta prueba, llevada adelante por la Organización para la Cooperación y el Desarrollo Económico (OCDE), es un ejemplo de cómo las destrezas de los estudiantes en la fase previa a su inserción laboral son visualizadas como un indicador de las probabilidades de éxito en el nuevo contexto por parte del país evaluado y por ende, de sus poblaciones jóvenes.[6] Además, desde hace unas décadas, otras organizaciones económicas como el Banco Interamericano de Desarrollo (BID) y el Banco Mundial (BM), invierten en iniciativas de los países de Latinoamérica y el Caribe vinculadas a las reformas educativas (implementación y evaluación).

Ahora bien, a mediados de la década de los noventa, y con varias experiencias acumuladas, se reúne en Ginebra por primera vez la Cumbre Mundial de la Sociedad de la Información (CMSI, 2003), cuya segunda fase se desarrolla en Túnez en 2005. En ambos encuentros (patrocinados por la UNESCO) los participantes (gobiernos, organismos de crédito, organizaciones no gubernamentales) acuerdan poner atención a la creación de infraestructura y a la dotación de equipamiento a efectos de

---

6. "PISA saca a relucir aquellos países que han alcanzado un buen rendimiento y, al mismo tiempo, un reparto equitativo de oportunidades de aprendizaje, ayudando así a establecer metas ambiciosas para otros países." http://www.oecd.org/pisa/pisaenespaol.htm. "PISA assesses the extent to which students near the end of compulsory education have acquired key knowledge and skills that are essential for full participation in modern societies. The assessment, which focuses on reading, mathematics, science and problem solving, does not just ascertain whether students can reproduce knowledge; it also examines how well students can extrapolate from what they have learned and apply that knowledge in unfamiliar settings, both in and outside of school. This approach reflects the fact that modern economies reward individuals not for what they know, but for what they can do with what they know" (pp. 15) en http://www.oecd.org/pisa/keyfindings/pisa-2012-results-volume-III.pdf

reducir la brecha digital[7] entre países y sectores dentro de estos. Es decir, a pesar de los esfuerzos de los gobiernos y las empresas por acelerar la penetración de las TIC en muchas actividades y sectores (económico, educativo, salud) estos se evidencian no sólo insuficientes sino negativos respecto a prevenir la profundización de la brecha digital. Precisamente, en el marco de la Segunda Fase de la CMSI, en 2005, Nicholas Negroponte presenta el prototipo de una computadora de bajo costo y tamaño reducido, con prestaciones básicas (cuya construcción había sido anunciada en Davos, durante el desarrollo del Foro Económico Mundial a comienzos de ese año). Estos dispositivos estarían destinados a los niños de países pobres, y su propuesta, denominada "One Laptop per Child" (OLPC) fue la base para una estrategia adoptada en muchos lugares: el modelo 1 a 1. Los países que se incorporaron desde el inicio al proyecto fueron Brasil, Argentina,[8] Egipto, Nigeria, India, China y Tailandia. Como dijimos, tanto el BID como el BM se ocuparon de financiar, durante la década de los noventa, los procesos de reforma, de adecuación de infraestructura, de dotación de equipamiento, de capacitación docente, de evaluación de políticas educativas y de incorporación de TIC, y también lo harían en la década siguiente, con la estrategia OLPC, fundamentalmente en países de la región de ALyC (Severin y Capota, 2011).

Retomemos: si durante la década de los noventa las políticas tomaron la forma de *uno a muchos*, a través de los gabinetes de computación en las escuelas, desde mediados de la primera década del siglo XXI se consolida la estrategia *uno a uno*, a través de una computadora por alumno.

---

7. Sobre las implicancias de la noción de *brecha digital* y sus articulaciones con otros tipos de brechas, véase Géliga Vargas, J.: "Acceder, cruzar, nivelar: disyuntivas ante la brecha digital", en Cabello, R. (2006).
8. Si bien la integración de Argentina al proyecto se inicia en esos años, la implementación de este se dio en 2010 a través del Programa Conectar Igualdad. Detalles de esa alianza se pueden consultar en http://portal.educ.ar/noticias/actualidad-educar/nicholas-negroponte-en-la-arge.php y en http://www.pagina12.com.ar/diario/elpais/1-60657-2005-12-18.html

Las políticas *uno a muchos*

Como hemos señalado, las políticas públicas de incorporación de TIC en la educación en ALyC formaron parte de estrategias nacionales adoptadas por los Estados, e incluyeron múltiples dimensiones. Desde el punto de vista jurídico-normativo, las reformas educativas contemplaron tanto la sanción de nuevas leyes como las adecuaciones curriculares de nuevos diseños, planes y programas según el nivel educativo. En general, ello contemplaba la enseñanza de la ciencia y la tecnología como un aspecto fundamental. Además, la provisión de equipamiento tecnológico a las escuelas estuvo acompañada también de una adecuación edilicia y creación de infraestructura, tanto redes de telecomunicaciones como eléctricas. Por otro lado, se desplegó una reorganización administrativa y de la estructura organizativa que facilitara el funcionamiento de los gabinetes informáticos creados. Finalmente, con frecuencia las políticas implicaron algún tipo de capacitación docente, con el eje puesto en la alfabetización digital y en los usos pedagógicos de las TIC. Todas estas acciones dieron como resultado, para el caso de escuelas de nivel medio, la creación y consolidación de un área de conocimiento nuevo (la comunicación), la inclusión de una asignatura vinculada a la Informática (cuyos contenidos fueron el manejo de procesadores de texto o planillas de cálculo), la creación de gabinetes de Informática (que posibilitaban la interacción entre una computadora y muchos alumnos), la inserción de nuevos roles institucionales (por ejemplo el de responsable del gabinete), y la introducción de nuevas figuras disciplinarias en el plantel docente (el profesor de Informática).

Estos cambios fueron implementados a partir de programas nacionales financiados en buena medida por organismos de crédito internacional y ejecutados por los gobiernos, a veces en alianza con universidades, fundaciones y entidades académicas. Para los países de ALyC podemos mencionar: Chile: Enlaces (1992), Argentina: PRODYMES

I y II (Programa para la Descentralización y el Mejoramiento de la Enseñanza Secundaria-1996), Brasil: PROINFO (Programa Nacional de Informática en la Educación-1997), México: Red Escolar (1996) con asesoramiento del ILCE, Costa Rica: Programa de Informática Educativa (1988) con apoyo de la Fundación Omar Dengo. En general, se trató de proyectos piloto antecesores a un posterior plan nacional, o proyectos a pequeña escala para dar respuesta a necesidades locales/regionales en escuelas con importante vulnerabilidad socio-económica. Por lo tanto fueron iniciativas con un alcance restringido si lo comparamos con el total de la población escolar. En esta época también comenzó a circular software educativo y recursos que, al haber sido desarrollados por las industrias del rubro, resultaron extraños y poco adaptables a las particularidades de cada región, institución o estudiantes destinatarios, más allá de la impronta conductista del estilo múltiple opción e identificación del error.

¿Cuáles fueron las principales falencias que impiden hoy realizar un mejor balance de estas experiencias? Tomemos el caso de Argentina. En lo referido a la infraestructura, la mayor parte del parque informático se desactualizó rápidamente y, por lo tanto, la utilidad de algunas computadoras quedó reducida a tareas administrativas. En otros casos, directamente quedaron en desuso. La falta de mantenimiento de los equipos, además de las dificultades para la conectividad (Intranet e Internet) y los deficientes sistemas de acceso a los gabinetes, hicieron que el uso de las computadoras perdiera interés, sentido e impacto en el proceso educativo. En lo que respecta al financiamiento, como no eran programas incluidos dentro de los presupuestos educativos nacionales o provinciales, sino que en muchos casos dependían de créditos externos, una vez que las condiciones del crédito culminaban, la sostenibilidad en el tiempo de las iniciativas se hacía inviable. Esto no significa que todos estos proyectos no hayan dejado huella. Por el contrario, en algunos casos fue la plataforma desde las cuales se construyeron otros programas, o quedaron en la memoria escolar como antecedentes de las experiencias posteriores. Una cuestión que fue problemática en todo este proceso fue la escasa o a veces nula capacitación docente en el manejo tanto de herramientas informáticas generales, como las específicas para la tarea educativa. En definitiva, si la tan buscada profesionalización docente "está ligada a la participación de los docentes en la toma de decisiones sobre su propia formación, hay fuertes indicios de que las estrategias adoptadas no acertaron en la atención de este aspecto", al menos para la etapa analizada. (Serra, 2001: 51)

Las políticas *uno a uno*

Como señalamos al comienzo, a mediados de la primera década del siglo XXI comienzan a tomar forma en ALyC las iniciativas 1 a 1, una computadora para cada alumno. En la región se pueden citar las experiencias de Uruguay: Plan Ceibal (2006) (http:// www.ceibal.org.uy/), Perú: Una laptop por niño (2008) (http:// www.perueduca.edu.pe/olpc/OLPC_Home.html), Venezuela: Proyecto Canaima. Uso Educativo de las Tecnologías de la Información y la Comunicación (TIC) (2008) (http:// www.canaimaeducativo.gob.ve/); El Salvador: Cerrando la brecha del conocimiento (2009) (http:// recursos.miportal.edu.sv/cbc/), Chile: Laboratorios Móviles computacionales (2009) (www.enlaces.cl), Brasil: PROUCA (Programa Um computador por aluno) (2009-2010) (www.uca.gov.br), Ecuador: Mi compu (2010), Paraguay: Modelo pedagógico 1:1 (2010), Argentina: Conectar Igualdad (2010) (http:// www.conectarigualdad.gob.ar); Bolivia: Una computadora por docente (2006) (http:// computadora. educabolivia.bo/).

Buena parte de estos proyectos han sido implementados con el apoyo del BID. Es el caso de Brasil, Colombia, Haití, Paraguay, Perú y Uruguay. Poseen una gran heterogeneidad en cuanto a niveles y destinatarios de los equipos: en algunos casos se provee de computadoras portátiles a todos los alumnos de nivel primario, en otros a algunos grados de ese nivel, y también a profesores y alumnos de nivel secundario. Algunas iniciativas constituyen proyectos piloto, otras son programas de amplio alcance.

Los principales objetivos de estos programas están vinculados a tres aspectos centrales. Por un lado el económico, que plantea que las TIC y la inversión en capital humano son cruciales para la competitividad económica de la región. Por otro lado, el social, al sostenerse que los modelos 1 a 1 pueden contribuir a reducir la brecha digital y promover la equidad. Y finalmente, objetivos vinculados a lo educativo, que supone que las TIC pueden mejorar la calidad de la educación, y en tal sentido, "los modelos *uno a uno* pueden proveer experiencias educativas personalizadas y centradas en el estudiante, dentro de la escuela y más allá de las paredes del aula" (Severín y Capota, 2011: 10). Hay algunos programas que, además de los mencionados, abarcan un objetivo de índole más general, o que trasciende lo educativo y alcanza la dimensión de la formación política de los ciudadanos, como el de

> formar sujetos responsables, capaces de utilizar el conocimiento como herramienta para comprender y transformar su entorno social, económico, ambiental y cultural, y de situarse como participantes activos en un mundo en permanente cambio".[9]

Analicemos el Programa Conectar Igualdad (PCI, 2010-Argentina). Entre sus antecedentes inmediatos encontramos el Programa Fortalecimiento Pedagógico de las Escuelas del Programa Integral para la Igualdad Educativa (FOPIIE) implementado entre 2005 y 2010, que estuvo orientado a la educación primaria. Además, el Programa de Mejoramiento del Sistema Educativo (PROMSE), que se desarrolló a partir de 2008 para la escuela media, y el

---

9. http://www.conectarigualdad.gob.ar/seccion/sobre-programa-6

Programa de Apoyo a la Política de Mejoramiento de la Equidad Educativa (PROMEDU) que abarca la educación inicial, primaria y media.

En 2010 se puso en marcha el PCI, a través del cual hasta este momento se han entregado más de 4.300.000 computadoras portátiles a alumnos y docentes de las escuelas públicas de nivel medio, institutos de formación docente y educación especial. Junto con el Plan Ceibal (Uruguay) son los únicos programas de la región cuyo alcance es universal en el nivel previsto (es decir todas las escuelas primarias para el primer caso, y todas las escuelas medias y formación docente públicas para el segundo). Sin embargo, a diferencia de Ceibal, cuyo financiamiento proviene del BID, el Programa Conectar Igualdad se financia con fondos establecidos en el prepuesto nacional.

Entre los aspectos destacados, está el hecho de que las computadoras son entregadas con software y recursos educativos, no sólo para los alumnos sino también para los docentes y las familias, a los que cada tipo de usuario puede acceder a través de escritorios específicos. Además, se desarrolló un sistema operativo libre (Huayra), basado en Linux, disponible a partir de mediados de 2013. De hecho, las computadoras pueden operar bajo sistemas Windows o Linux. Se trata de una incipiente política de autonomía respecto de las empresas productoras de software, que no necesariamente está consolidada. Por otro lado, las escuelas cuentan con acompañamiento técnico y pedagógico. Desde el punto de vista de la infraestructura, los establecimientos son provistos de un piso tecnológico que permite el uso de Internet e Intranet a todas las computadoras, y que asegura, mediante un sistema de sincronización, que las computadoras tengan un mínimo de accesos dentro de la escuela, de lo contrario se bloquean.

Una cuestión a destacar es la referida a la capacitación docente, que adquiere varias modalidades. Por un lado, la capacitación/acompañamiento en terreno que ofrece el propio programa a través de sus equipos técnico/pedagógicos. Por otro lado, la formación que las propias escuelas se procuran, además de la que proveen algunos gobiernos provinciales de manera presencial o virtual, y los cursos en línea ofrecidos a través del portal Educ.ar y del Instituto Nacional de Formación Docente (INFD).[10]

Finalmente, la Especialización Docente de Nivel Superior en *Educación y TIC*, implementada desde 2012, de la que también es responsable el INFD. Este último se trata de un espacio formativo semipresencial gratuito para docentes, directivos y personal de apoyo, al que ya han accedido hasta el momento aproximadamente 64.000 cursantes de todo el país. El trayecto consta de una instancia de actualización académica de 200 horas en la primera etapa (un año de duración aproximadamente) y la Especialización Superior, que suma otras 200 horas (alcanzando dos años entre ambos trayectos). De esta manera, quienes cumplimentan las 400 horas de cursado, con la aprobación de los diferentes módulos y seminarios, obtienen el título de Especialista Docente de Nivel Superior en Educación y TIC.

El abordaje de contenidos se presenta a través de diferentes módulos y seminarios, entre ellos Marco político pedagógico, Modelo 1 a 1, Enseñar y aprender con TIC, Desarrollo de propuestas educativas con TIC, Seminario Evaluación y TIC, etcétera, además de los módulos específicos para educación especial y disciplinarios.

El cursado se realiza a través de una plataforma virtual, y a tal efecto se han desarrollado contenidos y actividades que suponen el acceso a recursos tales como documentos en línea y en repositorios, videos, software, foros y blogs.

Los cursantes son distribuidos en aulas de aproximadamente 40 profesores con la mediación y acompañamiento de un tutor. La estructura docente se completa con coordinadores de tutores y el autor de los contenidos de cada

---

10. El Instituto Nacional de Formación Docente fue creado en 2007, bajo la órbita del Ministerio de Educación, con el objetivo de coordinar y dirigir las políticas de formación docente en Argentina.

módulo o seminario, que van orientando el proceso y realizando los ajustes necesarios a lo largo del cursado. Es de destacar que el material de estudio ha sido seleccionado y preparado por expertos de manera especial para esta propuesta de capacitación.

La perspectiva desde la cual se piensa la formación pretende encontrar un equilibrio entre los abordajes instrumentales y aquellas excesivamente teóricas. La propuesta aparece cercana a lo que sugiere Area Moreira respecto de que

> la capacitación del profesorado no debe entenderse como la mera adquisición de las habilidades y conocimientos de las herramientas informáticas, sino como la apropiación de los significados y las competencias para desenvolverse de modo inteligente a través de la cultura digital. (2011: 65)

Es decir, la capacitación debe transmitir la idea de que el uso de las herramientas que nos ofrecen las TIC debe articularse con estrategias educativas que se fundamentan en el significado que adquiere para los actores educativos situados, en el marco de sus prácticas y el contexto en que éstas ocurren. Es el sentido que, de manera general, hemos constatado que perciben y expresan los cursantes de este Postítulo. Como ejemplo, comenta uno de ellos:

> Ya insistí en más de una oportunidad sobre lo creativa, ilustrativa e interesante que resulta la perspectiva desde la cual se presenta la evaluación en el curso. Mejor, voy a usar las palabras que estaba reprimiendo: es "iluminadora", "desestructurante", "deconstruyente" [...] Destaco de la orientación general que percibo en este/os modo/s de encarar la evaluación como acto político/público (y, por lo tanto, sujeto a debate) que me hace evocar directamente algunas ideas de Freire, el maestro de muchos de nosotros: una vez que la educación se comienza a percibir como una acción político-ideológica, ya no hay vuelta atrás... es imposible, más adelante, dejar de ver así las cosas. [...] Esta reflexión tiene que ver con "otra" insistencia (pero, en este caso, de la tutora y de los

contenidistas), la insistencia en impulsar la metacognición […]. Creo que no dejaré de ver, a partir de ahora, la evaluación como una acción política, y que resulta más interesante cuando impulsa procesos metacognitivos, que nos hacen pensar sobre nuestra/s (propia/s) forma/s de pensar.[11]

Qué dicen las investigaciones acerca del uso de TIC en educación y los modelos 1 a 1

De modo general, se puede afirmar que existen pocos consensos en relación a los impactos de las tecnologías entre los estudiantes, particularmente educativos.

En 2010 la OCDE reportaba que el principal uso que los alumnos dan a la computadora está vinculado al contacto social y el entretenimiento, y que los recursos educativos son los que menos se utilizan en el hogar (OCDE, 2010). Vale aclarar que esos resultados responden a una encuesta realizada junto con PISA en 2006.

Años más tarde, a partir de un meta-análisis de investigaciones sobre el tema, la misma organización sostenía que a pesar de que la evidencia existente no ofrece una respuesta concluyente a las preguntas sobre los efectos de los diferentes usos de la tecnología en el desarrollo social y el comportamiento de los jóvenes, sí se indica acerca de posibles efectos perjudiciales vinculados sobre todo a la replicación de situaciones de violencia. Por lo tanto, esto debería ser motivo de preocupación de los padres, dando lugar a instancias de educación para los medios dirigidos a ellos (OCDE, 2012).

En general, muchos estudios "siguen mostrando la dificultad que encuentran las TIC, no solo para transformar los procesos de enseñanza y aprendizaje, sino para confi-

---

11. Accedí a este comentario en mi rol de Coordinadora de Tutores del Seminario Evaluación con TIC, de la Especialización Docente de Nivel Superior en *Educación y TIC* (*Ministerio de Educación, Argentina, 2013*).

gurarse como herramientas cotidianas de trabajo escolar" (Sancho y Correa, 2010: 18)

Respecto a la evaluación de los programas en el contexto de ALyC, refieren

> un impacto positivo del modelo 1 a 1 en cuanto a una disminución de la brecha digital, incremento de recursos educacionales disponibles, disminución del ausentismo, aumento en la creatividad, mejoras en las competencias tecnológicas de los alumnos y avances en algunas de las competencias matemáticas y de lenguaje y comunicación. (Lagos Céspedes y Silva y Quiroz, 2011: 92)

Pero no demuestran aún indicadores relevantes de mejoras sustanciales en los procesos de aprendizaje.

Precisamente, las dificultades residen en la escasez de información surgida de procesos sistemáticos y comparables de investigación. Es decir, hay una carencia no solo cuantitativa (cantidad de estudios) sino metodológica y cualitativa:

> Los estudios que evalúan los usos de las computadoras en el aula tienden a proveer datos sobre la frecuencia del uso y las aplicaciones de software que se utilizan. Las investigaciones sobre las interacciones más profundas con las computadoras son más reducidas en número (Severin, 2011: 58).

Los pocos trabajos que existen acerca de las experiencias 1 a 1 en ALyC no muestran más información que aquélla que indica que la presencia de las computadoras portátiles aporta a los alumnos motivación y entusiasmo por participar en sus procesos educativos. Por otro lado, en relación a los *estudios de implementación*, se concluye que la capacitación docente es clave y que el involucramiento de las familias es fundamental. Y finalmente, los *estudios de impacto* son inconcluyentes tanto en lo relativo al rendimiento académico como al aspecto económico (costo-beneficio de la inversión realizada). En cambio, muestran mejoras en la alfabetización tecnológica.

El Plan Ceibal (Uruguay) y el Programa Conectar Igualdad (Argentina) vienen desarrollando sendas investigaciones acerca del impacto de esos programas en la población escolar y sus familias.

En el caso de Ceibal, periódicamente publica reportes de investigación en su portal www.ceibal.org.uy. El más reciente fue "Evaluación cualitativa de las experiencias de apropiación de las computadoras XO en las familias y comunidades beneficiarias del Plan Ceibal" (2013). Este estudio, como se expresa en el título, adopta una perspectiva cualitativa, y se propone como objetivo general reconstruir experiencias de apropiación de las computadoras portátiles entre las familias de menores recursos beneficiarias del Plan y sus entornos comunitarios. Para ello, realizaron entrevistas semiestructuradas a 107 familias, para indagar sobre dos bloques de cuestiones. Por un lado, las experiencias de incorporación, socialización y apropiación de las computadoras. Y por otro lado, las representaciones en función de las diferencias de género y generacionales en el uso de la XO, sus posibilidades en relación a diferentes aspectos significativos de la cotidianeidad de las familias (salud, trabajo y comunicación) y representaciones acerca de las posibilidades de las computadoras para la vida comunitaria. Los resultados que allí se explicitan ponen de relieve que existe entre las familias que recibieron la computadora, una valoración positiva respecto del Plan Ceibal, focalizada en las posibilidades que el aprendizaje en el manejo de estos dispositivos ofrecería en relación a la inclusión social. De ese modo, el estudio concluye que las experiencias de incorporación y apropiación se vieron facilitadas por esa visión. Un aspecto problemático relevado en la investigación son las escasas competencias digitales que poseen los padres, fundamentalmente en aquellos que conforman un núcleo familiar con capitales económicos, culturales y sociales más exiguos. En relación a las representaciones en torno al valor de las "ceibalitas" para actividades de la vida cotidiana, incluida la organización comunitaria, no se trata de una vinculación que esté presente de manera espontánea.

Por su parte, el Programa Conectar Igualdad (PCI) ha realizado, en 2011, una evaluación cuyo objetivo general era "conocer las dimensiones pedagógicas, institucionales y sociales de la implementación del PCI así como analizar sus potencialidades y los aspectos críticos a nivel de las instituciones educativas y en la vida de los sujetos involucrados" (ME, PCI, 2011). Entre sus objetivos específicos se destacan el de analizar las estrategias desarrolladas en cada jurisdicción relativas a la implementación del programa, indagar su impacto en las dinámicas institucionales (nivel directivo, docente y alumnos) y en las prácticas áulicas, y relevar expectativas y valoraciones de la comunidad educativa respecto a la puesta en marcha y funcionamiento del Programa. De la investigación participaron 11 universidades nacionales. Se trató de un estudio cualitativo, que indagó variables relativas a tres dimensiones: el nivel provincial de educación, la institución escolar y las prácticas en el aula, el alumno y la familia. Algunos de los aspectos analizados y resultados fueron:

- Percepciones generales sobre el Programa, registrándose altos niveles de expectativas en relación con el plano educativo y social, especialmente entre padres y alumnos.
- Perspectivas sobre sus potencialidades, percibiéndose el acceso a las tecnologías como un factor igualador de oportunidades.
- El desafío de la inclusión: según los entrevistados, el programa aumentó el ingreso y la reinserción a la escuela.
- Los jóvenes, el aprendizaje y las *netbooks*: ellos expresan que a partir de la llegada de las computadoras poseen más estímulo para terminar sus estudios secundarios.

- Prácticas docentes en las instituciones escolares: los profesores encuentran que a partir de la inclusión de las tecnologías tienen la oportunidad de revisar las prácticas de enseñanza e incidir en la mejora de los aprendizajes.
- La llegada a los hogares, donde comienzan a emerger usos no escolares y la escuela secundaria es percibida como una institución ubicada a la vanguardia de los procesos de transformación social.

Algunos desafíos para las políticas públicas

El camino recorrido en torno al desarrollo de políticas públicas de incorporación de TIC en la región de ALyC ha demostrado que si éstas no están articuladas con otras acciones de políticas públicas vinculadas a la democratización, la inclusión y el crecimiento equitativo de una sociedad, están destinadas al fracaso. No sólo en términos económicos de una inversión que no se recupera, sino fundamentalmente en relación con los objetivos de desarrollo humano. De tal manera que, para nosotros, el principal desafío de una política de Estado en esta materia es el diseño de una red de relaciones donde un aspecto alcance su máximo potencial en articulación con otro: el acceso a las TIC junto con la desconcentración mediática, el desarrollo de una industria nacional de software y hardware, la promoción de industrias culturales locales, la federalización de contenidos educativos, la investigación en tecnologías respetuosas del medio ambiente, políticas de acceso/permanencia a niveles superiores de educación y de empleo formal y digno por parte de los jóvenes. Los avances en esos aspectos se han presentado con más fuerza en algunos países de la región, y en otros ni siquiera forman parte de una agenda que supere lo enunciativo.

Solo de este modo, apuntando a políticas integrales, tendrá sentido pretender que la articulación entre empleo, educación y políticas públicas sea uno de los desafíos centrales de la educación, de tal manera de "soslayar la brecha entre la política del mercado laboral, las demandas de empleo del sector productivo y el tipo de formación profesional que reciben los trabajadores" (Cobo: 2010: 2).

Un segundo desafío radica en fortalecer la profesionalización docente, entendida no sólo como la formación, capacitación, especialización y evaluación de la tarea docente, sino la jerarquización y puesta en valor de su trabajo. La incorporación de las TIC demanda esfuerzos adicionales a los ya normalmente solicitados a los profesores. Trabajar con las computadoras portátiles en el aula requiere una planificación previa, el uso de unos recursos específicos, la adaptación de los ya existentes y la evaluación, que implican lecturas, experimentación y producción de materiales, y muchísimas otras tareas a desarrollar en tiempos y espacios no previstos en la organización escolar. Es decir, el desafío de pensar y ejecutar acciones educativas que sostengan el ideal de incrementar una educación de calidad, es atractivo para todos (funcionarios políticos, técnicos, económicos y educativos) pero descansa en última instancia en el eslabón más expuesto de la cadena de responsabilidades: el docente. Por ello, como bien lo sostiene Maldonado, "Necesitamos poder pensar un puesto de trabajo docente más complejizado; hoy día, sólo está regulado el puesto de trabajo exclusivamente en relación con el trabajo en el aula". Quedan fuera de la jornada asalariada los tiempos necesarios para desarrollar la tarea individual y colectiva de "diseñar, poner en práctica, evaluar y reflexionar sobre las propias prácticas para poder capturar de ellas el conocimiento producido por el trabajo" (Maldonado, 2013: 146).

Asimismo, muchas veces las políticas piensan a los profesores como ejecutores de propuestas que han sido elaboradas por niveles decisorios más cercanos a la burocracia que a la práctica, y por ello el reclamo es fuerte en este aspecto, existe una reivindicación de los saberes que esa práctica genera:

> estamos absolutamente convencidos de que el trabajo produce conocimiento, que nuestro trabajo produce conocimiento didáctico, conocimiento pedagógico y conocimiento institucional. Pero carecemos de los tiempos para poder apropiarnos de ese conocimiento que produjo nuestro trabajo, sistematizarlo, poder obtener de él el conocimiento teórico que nos permita dialécticamente volver a llevarlo a la práctica. (Maldonado, 2013: 146)

Los cambios necesarios para llevar adelante las transformaciones de los sistemas educativos y las escuelas deberían orientarse también en esa dirección, la de dotar a las instituciones de un dispositivo de trabajo (tiempos / espacios / organización / liderazgos) que permita valorar y recuperar el trabajo docente, tanto en lo que respecta a las experiencias exitosas como a la producción y sistematización de los saberes acumulados.

Convertir el trabajo del docente en un puesto complejo, que produce conocimiento que debe ser recuperado y reconocido, en el que esa complejidad se potencie por la presencia en el ámbito escolar y extraescolar de las TIC, es un desafío de la política pública para los próximos años. Es preciso pensar y repensar qué estudiantes queremos formar según qué trabajadores demanda el mercado laboral, qué estructura económica se corresponde con esas demandas, qué ciudadano precisa la democracia en nuestros países, etcétera. Pero para ello debemos posicionar de manera también empoderada a los mediadores de esos procesos reflexivos, que son nuestros docentes. No parece que la utilización de los espacios de debate que faciliten ese empoderamiento sea una práctica sistemática en nuestras instituciones educativas.

Finalmente, sin agotar todas las cuestiones que representan un desafío para las políticas públicas, está la de consolidar un sistema de actualización y soporte tecnológico adecuado, al que Castellano se refiere de manera irónica pero que expone el problema desde la experiencia docente:

Ahora se nos pide hacer lugar al modelo de "una computadora por alumno", discontinuando los "laboratorios de computación" cuyo aprovechamiento nunca conseguimos universalizar entre los maestros, y saltándonos la "computadora en el aula", que hubiera sido un lógico y prudente paso intermedio [...] Confiemos en que distribuir y mantener millones de computadoras, y equipar decenas de miles de escuelas con servidores, routers, firewalls, access points y conexiones de alta velocidad a Internet será un paseo. [...] Seamos optimistas y esperemos que el soporte técnico responda el teléfono, pese a que rara vez lo hizo en el pasado, y deseemos que los funcionarios quieran y puedan dar de baja millones de netbooks "educativas" cada tres o cuatro años para actualizarlas con las "nuevas tecnologías", al ritmo que la industria les marque y sin remilgos presupuestarios. (Castellano, 2011)

Y así y todo, ¿será suficiente? Esto es, ¿somos conscientes, como políticos, como investigadores, como diseñadores de políticas públicas, de que el mercado de la tecnología ha sido hasta ahora quien ha impuesto el ritmo y el modo en que la tecnología se ha incorporado a la educación? ¿Estamos dispuestos, y estamos en condiciones de seguir ese ritmo sosteniendo acciones de corto, mediano y largo plazo? ¿A qué costo? ¿Con cuánta capacidad de control/autonomía sobre el proceso? ¿Es posible un debate serio sobre los alcances/beneficios de estas políticas? ¿Cómo monitorizar y acompañar la implementación de manera que se pueda impedir que estas políticas sean, como otras, uno más de los tantos experimentos sin impacto educativo real? Son preguntas que, si nos sabemos interpelados por el sentido ético de nuestro trabajo, debemos hacernos a cada paso.

Bibliografía

Area Moreira, M. (2011). "Los efectos del modelo 1 a 1 en el cambio educativo en las escuelas. Evidencias y desafíos para las políticas iberoamericanas", en: Revista Iberoamericana de Educación, N° 56 (2011), pp. 49-74. Disponible en http://www.rieoei.org/rie56a02.pdf

Brzezinski. B. (1979 [1970]). *La era tecnotrónica*. Buenos Aires, Paidós.
Cabello, R. y Morales, S. (Edit.) (2011). *Enseñar con Tecnologías. Nuevas miradas en la formación docente*. Buenos Aires, Prometeo.
CAR ACCENTURE (2009). "El poder de los consumidores en un mundo interconectado" http://robertoigarza.files.wordpress.com/2008/11/rep-el-poder-de-los-consumidores-en-un-mundo-interconectado-accenture-2009.pdf
Castellano, H. (2011). Epílogo: "Un desafío monumental, y una imposición más", en "Síntesis Educativa".
Cobo, C. (2010). "Cultura digital y nuevos perfiles profesionales: desafíos regionales". @tic. Revista d'innovació educativa, N° 5, pp. 1-7 http://ojs.uv.es/index.php/attic/article/view/187
Dos Santos, T. (1987). *La crisis internacional del capitalismo y los nuevos modelos de desarrollo*. Buenos Aires, Contrapunto.
Géliga Vargas, J. "Acceder, cruzar, nivelar: disyuntivas ante la brecha digital", en Cabello, R. (2006). *"Yo con la compu no tengo nada que ver"*. Buenos Aires, Prometeo.
Lagos Céspedes, M.; Silva Quiróz, J. (2011). "Estado de las experiencias 1 a 1 en Iberoamérica". Revista Iberoamericana de Educación, N° 56 (2011), pp. 75-94. Disponible en: http://www.rieoei.org/rie56a03.pdf
Landau, M. (2002). "Las tecnologías de la información y la comunicación: los proyectos nacionales de integración de las TIC en el sistema educativo". Ministerio de Educación. Unidad de Investigaciones Educativas. Disponible en: http://repositorio.educacion.gov.ar/dspace/bitstream/handle/123456789/93034/comparativo.pdf?sequence=1
Maldonado, S. "Las agendas de las organizaciones sindicales y las regulaciones del trabajo docente", en Poggi, M. (2013). *Políticas docentes. Formación, trabajo y desarrollo*

profesional. Buenos Aires, IIPE-Unesco. Disponible en: http://www.iipe-buenosaires.org.ar/publicaciones

Ministerio de Educación. Programa Conectar Igualdad (2011). "Nuevas voces, nuevos escenarios: estudios evaluativos sobre el Programa Conectar Igualdad". Disponible en: http://repositorio.educacion.gov.ar:8080/dspace/handle/123456789/96946?show=full

Morales, S. y Loyola, M. I. (2009). *Los jóvenes y las TIC. Apropiación y uso en educación*. Edición de autor, Córdoba.

Morales, S. (2010a). *Políticas y prácticas de apropiación de la computadora en la escuela media en la década de los '90*. Córdoba, Editorial de la Facultad de Filosofía y Humanidades.

Morales, S. (2010b). "Concepto de servicio universal: acceso digital y alfabetización mediática", en Pérez Ugena, A. *Materiales para la innovación en estructura de la comunicación*. Madrid, Universitas.

Morales S. y otros (2012). "Apropiación de Tecnologías de la Información y la Comunicación e Interactividad juvenil: realidades y desafíos", en Martínez, E. y Marta, C. *Jóvenes Interactivos: nuevos modos de comunicarse*. La Coruña, NetBiblo.

OCDE (2010). "Are the New Millennium Learners Making the Grade? Technology Use and Educational Performance in PISA 2006". Disponible en: http://dx.doi.org/10.1787/9789264076044-en

OCDE (2012): "Connected Minds. Technology and today's learners". Disponible en: http://www.keepeek.com/Digital-Asset-Management/oecd/education/connected-minds_9789264111011-en#page1

Proenza, F. (editor) (2012). *Tecnología y cambio social. El impacto del acceso público a las computadoras e Internet en Argentina, Chile y Perú*. IDRC. IEP Instituto de Estudios Peruanos. Disponible en: http://www.upf.edu/amymahan/es/publicacion/IDRC_completa.pdf

Rheinhold, H. (1996). *La comunidad virtual*. Barcelona, Gedisa.

Serra, J. C. (2001). "La política de capacitación docente en la Argentina: Red Federal de Formación Docente Continua [1994-1999]". Ministerio de Educación. Unidad de Investigaciones Educativas. Disponible en: http://repositorio.educacion.gov.ar/dspace/bitstream/handle/123456789/96628/EL000689.pdf?sequence=1

Severin, E. y Capota, C. (2011). "Modelos Uno a Uno en América Latina y el Caribe Panorama y perspectivas". BID. Disponible en: http://www.rieoei.org/rie56a01.pdf

Winocur, R. y otros (2013). Evaluación cualitativa de las experiencias de apropiación de las computadoras portátiles XO en las familias y comunidades beneficiarias del Plan Ceibal http://www.ceibal.org.uy/docs/investigacion/Evaluacion-cualitativa-de-las-experiencias-de-apropiaci%C3%B3n-de-las-computadoras-INFORME-FINAL.pdf

Winocur, R.; Benítez Larghi, S. (2010) "Internet y la computadora como estrategias de inclusión social entre los sectores populares. Imaginarios y prácticas desde la exclusión". *Comunicação & Inovação*, publicación del Programa de Maestría en Comunicación de la Universidad Municipal de São Caetano do Sul – USCS. Vol. 11, N° 20, primer semestre de 2010, pp. 3-25. Disponible en: http://seer.uscs.edu.br/index.php/revista_comunicacao_inovacao/issue/view/98

2

Inclusión digital y ciudadanía en el nuevo orden capitalista: el Programa Conectar Igualdad en perspectiva

Patricia Fernanda Mancebo y Sol Diéguez

> En el análisis de las políticas de comunicación y educación podemos distinguir dos lógicas básicas en las políticas culturales: las dinámicas públicas de socialización y democratización de los recursos y sistemas digitales y, por otro lado, la lógica social privatizadora. Las mismas están relacionadas con cosmovisiones y proyectos políticos, con filosofías sociales antagónicas.
>
> (Sierra Caballero 2006: 111)

El propósito de este escrito es reflexionar acerca de las políticas estatales de inclusión digital en el devenir político latinoamericano en la sociedad de la información, haciendo especial mención del caso argentino. Específicamente, nos detendremos en el análisis del Programa Conectar Igualdad (PCI) ya que, en tanto política pública de alcance federal, pone de manifiesto algunas características del Estado argentino actual, de sus concepciones de desarrollo, inclusión e igualdad y del lugar que se le otorga a las Tecnologías de la Información y la Comunicación (TIC) en este marco.

También nos propondremos hacer luz sobre algunas de las dimensiones políticas puestas en juego en las metas y en el diseño de inclusión digital del programa, contemplando el marco del capitalismo actual y el papel asignado a las tecnologías.

El recorte se realizó teniendo en cuenta que durante la última década hemos asistido a una redefinición del rol del Estado en la región, luego de su retirada como interventor en los ámbitos sociales y económicos durante la década neoliberal. Su relación con la economía lleva a pensar la posibilidad de retomar el proyecto de desarrollo de la industria nacional, especialmente a partir de un nuevo insumo como son los recursos tecnológicos y los conocimientos que se requieren para el desarrollo en esta etapa del capitalismo.

También podemos pensar estas estrategias como una forma de democratizar y hacer más accesible el conocimiento, reduciendo brechas digitales, lo cual fomenta la participación ciudadana de las nuevas generaciones.

En primer lugar abordaremos una serie de precisiones y definiciones conceptuales en torno al sistema capitalista que ingresa en una fase global, en la que su relación con el Estado y la organización de la sociedad mutan, y en la que las TIC tienen un rol central. Luego, en el segundo apartado, desarrollaremos las políticas de inclusión a través de las TIC que se llevaron adelante durante la última década en la región latinoamericana, deteniéndonos en el análisis del PCI para ejemplificar la puesta en marcha de una estrategia 1 a 1, a través del análisis de sus metas. Finalmente exponemos algunas conclusiones con respecto al análisis de los alcances y perspectivas del programa.

Definiciones encontradas y perdidas

¿De dónde venimos? Capitalismo, sociedad y Estado hoy: crisis y redefiniciones

En el contexto de crisis mundial actual al que asistimos, cuyo carácter es civilizatorio y con múltiples dimensiones[1] (es decir no solo de ciclos económicos), el sistema capitalista necesita adecuarse a los nuevos tiempos de globalización. El Estado se presenta en este contexto como uno de los actores principales que debe redefinir su rol y encauzar los cambios necesarios para garantizar, por un lado, la ganancia del capital y, por otro, el bienestar de la sociedad en general.

El Estado, como institución necesaria para el ordenamiento de las cuestiones sociales y humanas, es un Estado capitalista, es una formación histórica en movimiento y constante construcción que como forma social de dominación promueve la reproducción de las relaciones sociales capitalistas.

En el caso de los estados latinoamericanos en la actualidad, según postula Gambina, se revisan las alternativas ante la posibilidad histórica que significa la etapa de transición de una fase a otra del capitalismo. Entre ellas, la posibilidad de retomar el desarrollo de la industria local, luego de la experiencia neoliberal, presenta como posible el impulso de un capitalismo autónomo, para participar desde un nuevo rol en la división internacional del trabajo.

La nueva estrategia del capital productivo internacional para aumentar sus ganancias, en una etapa de capitalismo globalizado, es la segmentación internacional de la producción de mercancías, permitiendo al capital trasnacional

---

1. "El carácter de la crisis es global, del sistema, es civilizatoria, con una diversidad de fases simultáneas en que se manifiesta: financiera, de la bolsa y los bancos, económica (por la quiebra de empresas, la superproducción de mercancías o capitales), alimentaria, energética, medioambiental" (Gambina, 2013: 8).

localizar las diferentes etapas del proceso de manufacturas en busca de menores costos de mano de obra.

Esto es posible por el desarrollo de las Tecnologías de la Información y de la Comunicación en el cual "el centro es predominantemente el lugar de emplazamiento de las actividades cerebrales del capital corporativo y la periferia el locus y los músculos" (Arrighi; en Pinazo, 2012). Según las reflexiones de Moncayo (Thwaites Rey: 2012), el trabajo inmaterial consiste en el saber vivo entendido no sólo como las pericias de los trabajadores, sino como el conocimiento requerido para desempeñar determinadas funciones o actividades. Con esto se refiere a la fuerza-invención requerida en la nueva etapa del capitalismo que estamos transitando, la cual no solo se limita a un determinado tiempo de actividad productiva sino que abarca todo el tiempo de la vida. Algunos pensadores lo han conceptualizado como capitalismo informacional o cognitivo, pero por tratarse de una forma novedosa, aún no hay definiciones precisas al respecto.[2]

Así, para entender con qué conceptualización del Estado se elaboran las políticas públicas, hay que contextualizar históricamente la política; por este motivo, las derivaciones de las políticas sobre el desarrollo en materia de educación y desarrollo de carreras científico-tecnológicas deben ser interpretadas en el contexto de transición a una nueva etapa del capitalismo, que surge de una reestructuración derivada de la crisis contemporánea del capital, y en la que emerge a su vez una nueva forma de sociedad.

En este sentido, en la actualidad abundan las denominaciones para caracterizar a las sociedades contemporáneas; se utilizan conceptos[3] como "sociedad de la información", "era de la información", "sociedad red",

---

[2]. Mariano Zukerfeld (2009) invita a pensar en este término, centrado en el concepto de bienes informacionales.
[3]. Al respecto ver: Mattelart, A. (2002). *Historia de la sociedad de la información*. Barcelona, Paidós.

"sociedad del conocimiento", "sociedad informacional", sin embargo, si los analizamos en detalle estos términos no refieren a lo mismo. Son utilizados tanto para caracterizar el presente como para prospectar un camino a seguir y, si bien hacen referencia a un fenómeno que se pretende mundial, el grado de implicación de las diversas regiones del globo resulta muy diverso.

A partir de las transformaciones en la estructura social, el desarrollo de las redes globales de comunicación ha sido analizado desde muy variadas perspectivas durante las últimas tres décadas. El término más frecuentemente utilizado para referir esta nueva forma social es el de "sociedad de la información". Al respecto coincidimos con Diego De Charras para quien esta noción

> desde su nacimiento se caracterizó por ser una formulación social imprecisa y de carácter totalizante depositada en dos supuestos básicos: la potencialidad de las Tecnologías de la Información y la Comunicación (TIC's) para reconvertir tanto la esfera productiva como la doméstica y la capacidad de acción del conocimiento sobre sí mismo a partir de la manipulación de grandes volúmenes de información. (De Charras, 2001)

En relación a las transformaciones que están operando en la actualidad, el sociólogo Manuel Castells (2001b) caracteriza la transformación actual a partir de su consideración de que la "tecnología es una dimensión fundamental del cambio social". Para el autor las sociedades se transforman a través de un entramado complejo de factores (culturales, económicos, políticos y tecnológicos) y el tipo de tecnología que desarrolla una sociedad modela su estructura material. Así:

> Lo que caracteriza a la revolución tecnológica actual no es el carácter central del conocimiento y la información, sino la aplicación de ese conocimiento e información a apara-

tos de generación de conocimiento y procesamiento de la información/comunicación, en un círculo de retroalimentación acumulativo entre la innovación y sus usos. (Castells, 2001b: 58 y 110)

El desarrollo y la apropiación social de las Tecnologías de la Información y la Comunicación (TIC) están provocando procesos de reconfiguración en todas las prácticas sociales en el mundo contemporáneo (Bell, 1976; Castells, 2001; Flichy, 2006; Levis, 2009; Manovich, 2006; entre otros). Tal vez, la introducción masiva de las TIC en la vida cotidiana sea uno de los factores más influyentes en este proceso de transformación de la sociedad.

Por lo tanto, el análisis del desarrollo de las Tecnologías de la Información y la Comunicación, en la hoy considerada "sociedad de la información" de carácter global, en la cual el uso de TIC se halla generalizado y en constante crecimiento y el volumen de conocimientos en circulación se ha incrementado enormemente, es considerado como parte integral del modelo de desarrollo en el que se inserta. Por tanto es necesario tener presente los aspectos centrales que caracterizan el modelo económico y político de América Latina en la actualidad.

Entonces, la cuestión ya no es si el Estado debe o no intervenir en el plano económico, sino cuál será el rumbo central que debe seguir en materia de políticas económicas y sociales en un contexto globalizado en el que el conocimiento y las Tecnologías de la Información y la Comunicación juegan un nuevo rol en el proceso de valorización del capital.

Democracia y ciudadanía en el siglo XXI. El caso argentino

Las transiciones democráticas en América Latina (especialmente en el caso del Cono Sur) han llevado al inicio de una nueva etapa, promovida en principio desde el ámbito político, pero paradójicamente, estos procesos de ampliación democrática produjeron en la experiencia de sus primeras dos décadas, el retraimiento de ciertos derechos de los ciudadanos, especialmente los sociales durante la última década del siglo XX. Además, aunque se han recuperado derechos políticos, la ciudadanía en general sufrió un repliegue de la vida política, por tanto, las instituciones de representación, como los partidos políticos, quedaron débiles para hacer escuchar la voz del descontento general de la población. En relación al caso argentino, durante la etapa neoliberal que caracterizó la década de los noventa, el rol del Estado se identificó con su retirada en todos los ámbitos. El Estado fue señalado como una institución obsoleta para lograr el bienestar social, por ser corrupto e ineficiente a nivel económico, provocando su desmantelamiento y la suspensión de su injerencia en la gestión e intervención en los planos económico y social.

Sin embargo, en la transición al siglo XXI, comienza a darse lo que algunos autores denominan el "giro a la izquierda" (Nazareno, 2010; Cheresky, 2007; Malamud, 2009). El Estado comienza a incrementar los recursos que administra aunque no necesariamente afectando de forma radical la estructura redistributiva, sino más bien aumentando su capacidad de definir políticas públicas. Esto, entonces, puede entenderse como un mejoramiento de la calidad democrática latinoamericana, siendo expresión de sectores populares que habían sido perjudicados por las políticas neoliberales de los años noventa. De esta forma, los nuevos gobiernos vienen a representar a estas grandes mayorías, a la par de la crisis de los partidos políticos y sus líderes tradicionales.

En relación a la cuestión del ejercicio de la ciudadanía, resulta pertinente tomar la distinción que Pousadela y Cheresky (2004) trabajan entre viejas democracias y "democracias de audiencia" o también llamadas "democracias de lo público" (Manin, 1992, 1998; en Pousadela y Cheresky, 2004); esta última vinculada al uso de los medios masivos de comunicación y de las encuestas de opinión pública como herramientas de relación entre los políticos y el electorado, en detrimento de los partidos tradicionales apoyados en relaciones preexistentes y electorados cautivos. De allí que Pousadela y Cheresky desarrollen la idea que dan en llamar "ciudadanía fluctuante" caracterizada por su capacidad de "definir los procesos electorales en función de sus actitudes y reacciones frente a los acontecimientos políticos, y en particular frente a los que se producían en el curso de las campañas electorales" (Pousadela y Cheresky, 2004: 17).

Así, los autores comprenden que en el caso argentino, a partir de 1999, se manifiestan fluctuaciones en las preferencias de la ciudadanía y en "su exhibición de comportamientos más reflexivos, más complejos y menos 'identitarios'" (Pousadela y Cheresky, 2004: 23). Se comprueba luego que la fluctuación del voto o volatilidad electoral no se debe a indecisiones de la ciudadanía sino a acciones reflexivas que se guían por otras lógicas. Por tanto, señalan los autores

> el dispositivo representativo no puede ser ingenuamente pensado como la configuración de una voluntad ciudadana que se expresa electoralmente y que instituye un poder con un mandato que habrá de ser ejecutado o, eventualmente, traicionado. Bien por el contrario, es la propia conformación de un poder legítimo la que crea la posibilidad de generar la representación política. (Pousadela y Cheresky, 2004: 30)

Los ciudadanos no se limitan a ser espectadores y destinatarios de la política y emisores de un sufragio. Antes bien "en el contexto de la llamada 'democracia de lo público' la ciudadanía adopta [...] la forma de opinión pública" (Pousadela y Cheresky, 2004: 30).

El Estado de regreso a la acción: políticas de inclusión

El Estado argentino ha ido ocupando y reasumiendo progresivamente muchas de las funciones que el proceso anterior había intentado (y en muchos aspectos logrado) desintegrar, ganando terrenos, disputas, definiendo significados de diversas maneras; entre ellas, a partir de políticas públicas en materia social.

Si una política pública delimita el curso de una acción sobre el orden imperante (tanto para afirmarlo como para modificarlo) es posible asumir que tanto la Asignación Universal por Hijo,[4] como el Programa Argentina Trabaja[5] y el Programa Conectar Igualdad constituyen claves de lo que podríamos llamar proyecto de inclusión e igualdad.

En el caso de la primera, pensamos en el acceso a la supervivencia económica pero también, y fundamentalmente en términos de inclusión, en el acceso y permanencia de los menores de 18 años al sistema de salud y al sistema educativo. En el segundo caso, se propone conformar cooperativas (sostenidas económicamente por el Estado nacional) que, en principio, se dedican a desarrollar obra pública (financiada también por la nación, las provincias o los municipios) con el objetivo de generar, a más largo plazo, la autonomía de las cooperativas, ya sea de producción como de servicios.

Finalmente, el Programa Conectar Igualdad (PCI) se presenta orientado a la transformación cultural y educativa[6] y al acceso de los estudiantes, pero también de las familias, como una forma de impulsar cambios desde las generaciones jóvenes, comenzando por su integración a lo que podríamos denominar "cultura digital".[7]

---

4. Ver http://www.anses.gob.ar/destacados/asignacion-universal-por-hijo-1
5. Ver http://www.desarrollosocial.gob.ar/argentinatrabaja/Default.aspx
6. Decimos mucho más porque este programa, conducido y financiado desde ANSES cumple, también, otros objetivos en términos de conocimiento de la población, documentación, entre otras; también funciona como herramienta de proselitismo, propaganda electoral, etc.
7. Al respecto quisiéramos aclarar que el uso del término "cultura digital" es propuesto como provisorio en tanto lo consideramos ambiguo y políticamente confuso. Decidimos de todos modos utilizarlo para sintetizar (dada la pertinencia de este debate en este trabajo) y dar cuenta de las potencialidades (culturales, sociales, educativas, económicas, etc.) que el acceso al uso y la

Inclusión con tecnología: política nacional y políticas sociales

Definiciones conceptuales: brecha no es lo mismo que inclusión

En el campo de las Tecnologías de la Información y la Comunicación, el concepto de brecha ha sido utilizado de diversos modos y en relación a variados conceptos. Se habla de "brecha entre países" (entre países pobres, países ricos), de "brecha generacional" (entre generaciones jóvenes y mayores), de "brecha de acceso" (referida al acceso material y concreto a las TIC) y también de "brecha de uso" (atendiendo a disparidades y desigualdades de conocimientos y competencias necesarios para hacer un uso y una apropiación significativa y simbólica de ellas). (Buckingham, 2008; Dussel y Quevedo, 2010; Levis, 2007, 2009, entre otros).

Por tanto, se hace necesario plantear que la llamada "brecha digital" ha sido un término impuesto en la agenda internacional a partir, especialmente, de las dos ediciones de la Cumbre Mundial de la Sociedad de la Información. Se ha convertido en un eslogan propagandístico en términos de aquello que no dice, ya que la brecha no es otra cosa que la desigualdad y lo digital es sólo una "manifestación" de desigualdades en el acceso y la posibilidad de apropiación económica, cultural, social y educativa.

El acceso a los dispositivos tecnológicos implica, sí, un primer paso y es condición *sine qua non* para constituirse en herramienta de transformación, pero en ningún caso podríamos pensar que garantiza la apropiación conceptual e instrumental para dar lugar a la igualdad de oportunidades.

---

posibilidad de apropiación significativa de las Tecnologías de la Información y la Comunicación implica para la población de menores recursos económicos, sociales y culturales.

Sin embargo, la forma de uso corriente del término encuadraría con la siguiente definición:

> Tradicionalmente, el concepto de brecha digital se refiere a las diferencias en acceso a la tecnología, y describe las distancias entre personas de mayores y menores recursos económicos. A medida que el acceso aumenta (al menos cuantitativamente), la brecha digital también sugiere una disparidad cualitativa en la forma en que se está usando la tecnología, que es de naturaleza más cultural. (OCDE, 2010a) (Severin y Capota, 2011: 9)

En relación a los procesos de acceso e incorporación de Tecnologías de la Información y la Comunicación, diversos informes y análisis (Severin y Capota, 2011; Valiente González, 2011; entre otros) abordan la cuestión de la "brecha digital" como principal propulsor o causante de las políticas públicas de introducción de TIC, ya que, como plantea Valiente González:

> Existe una preocupación a nivel mundial sobre el hecho de que un amplio número de estudiantes pueda quedar excluido de las posibilidades TIC. En la actual economía del conocimiento, la demanda de nuevas destrezas, especialmente destrezas TIC, puede generar nuevas divisiones sociales entre aquellos capaces y aquellos no capaces de responder dentro de este nuevo contexto. (Valiente González, 2011: 129)

Así, eventualmente, podría correrse el riesgo de confundir el reparto masivo de dispositivos con estrategias que permitan verdaderos procesos de apropiación significativa de las TIC.

En cambio, tal como propone Lago Martínez (2012), preferimos aquellos abordajes que priorizan el concepto de "inclusión digital" en tanto dan cuenta de una mayor complejidad y compromiso en la relación entre las prácticas sociales y las políticas públicas. Así, la "inclusión digital" se define como:

conjunto de políticas públicas relacionadas con la construcción, administración, expansión, ofrecimiento de contenidos y desarrollo de capacidades locales en las redes digitales públicas, en cada país y en la región. Abarca el adiestramiento y el incentivo para desarrollar herramientas nuevas. (Robinson; citado en Lago Martinez, 2012)

Políticas educativas de inclusión digital en Latinoamérica: modelos 1 a 1

A lo largo de las últimas décadas del siglo XX, los modelos de incorporación de tecnologías en el sistema educativo han tomado diversas formas (audiciones de radio, aulas de video, salas de Informática, etc.). Sin embargo, los primeros proyectos se basaban en el uso individual por parte de cada estudiante de los dispositivos monitoreados y orientados por el docente (Levis, 2008).

Si bien los artefactos, sus posibilidades y potencialidades se han transformado e incrementado de modo sustancial en relación a las prácticas de uso de los artefactos, siguiendo a Levis (2007, 2009, 2011) destacamos que, sorprendentemente, la forma que toman los diseños y proyectos en la actualidad es la misma que hace casi un siglo, y se entiende también ahora como una innovación, aludiendo a la adjudicación a los aparatos de capacidades lenitivas aun no constatadas.

A fines de la década de 1990 y principios de 2000, los gobiernos de América Latina y el Caribe adoptaron los conceptos relativos a la sociedad de la información asociados fuertemente con el desarrollo de las naciones en la economía global. De esta manera volvieron su mirada a la educación pública, muy retrasada en materia de acciones y estrategias para la inclusión digital con respecto a la educación privada, por lo cual fue necesario plantear nuevas estrategias.

Así, los estados nacionales asumen como propio el objetivo de lograr la alfabetización de la sociedad en las TIC, impulsando el uso con sentido y la apropiación social de estas, con la posibilidad de un acceso democrático a recursos tecnológicos e información para toda la población, comenzando por las generaciones más jóvenes.

De esta manera, los gobiernos se vieron enfrentados a una serie de necesidades perentorias relativas a la inclusión de alumnos y docentes: el acceso físico a computadoras, conectividad y la necesidad de capacitar a los docentes para la efectiva utilización de las TIC en las aulas. Con ello y entre otras, adoptaron las estrategias 1 a 1 como políticas educativas en gran parte de sus países, aunque con distinto alcance y desarrollo:

> Los bajos resultados regionales en educación han agudizado la demanda pública por nuevas formas de mejorar los sistemas educativos. Los modelos Uno a Uno han tenido una rápida tasa de adopción entre los países latinoamericanos ya que presentan una oportunidad de alta visibilidad para mostrar esfuerzos para mejorar la calidad de la educación. (Severin y Capota, 2011: 5)

Se trata de programas y proyectos que entregan (en comodato o en propiedad) a cada estudiante y a cada docente un dispositivo digital portátil (computadora portátil o tableta) para su uso personal y exclusivo. La mayor parte de las veces con conectividad a la red escolar y a Internet. En América Latina la mayoría de las iniciativas 1 a 1 provienen de los estados nacionales, provinciales o municipales, aunque también hay casos de desarrollos mixtos, del tercer sector o también del sector privado.

Diversos estudios sobre el tema (Valiente González, 2011; Severin y Capota, 2011) postulan que las políticas de distribución de tecnologías digitales en la escuelas y en los hogares resultarían decisivas para el proceso de inclusión digital. El hecho de dar acceso tanto dentro como fuera de las instituciones educativas, ampliando la posibilidad de uso a otros usuarios miembros de las familias, potenciaría los efectos posibles en la comunidad y el impacto social de la familia. Como afirma Valiente González "la expansión de las iniciativas 1:1 en los países en desarrollo ayudará a reducir la desigualdad de acceso a las TIC entre las jóvenes generaciones de países ricos y pobres" (2011: 129).

Implementación de modelos 1 a 1 a nivel regional: propósitos y expectativas

Severin y Capota (2011) despliegan algunas de las fundamentaciones esgrimidas por los estados o instituciones que impulsan, sostienen y/o financian las implementaciones de estas políticas, aunque advierten que no siempre las razones para la implementación de proyectos 1 a 1 son transparentes pues permiten ser usadas para obtener réditos políticos a corto plazo ya que tienen un "gran atractivo político". También resultan ser objeto de las presiones y propuestas del mercado informático y se presentan como una "solución rápida y de alta visibilidad a los problemas de calidad e igualdad en la educación" (Severin y Capota, 2011: 7).

En relación a los fundamentos, por una parte, pensando en contextos de pobreza y aislamiento, plantean la potencialidad para "incrementar las oportunidades para las familias y comunidades, especialmente cuando los niños tienen la oportunidad de llevarse sus computadoras a la casa después de las horas lectivas" (Severin y Capota, 2011: 51). A su vez, postulan sobre la implementación del modelo 1 a 1:

> Socialmente, las iniciativas de computadoras portátiles ofrecen a todos los miembros de la comunidad nuevos mecanismos para la organización y la comunicación. Los usos potenciales incluyen el acceso a los servicios estatales y los mercados de empleo. La conectividad también se puede usar para fortalecer la participación política, lo cual va asociado con la vida ciudadana, la modernización del Estado y el fortalecimiento de la democracia. (Severin y Capota, 2011: 51)

Por otra parte, en términos económicos, las iniciativas enfatizan la necesidad de preparar a los ciudadanos para la "competitividad global y las nuevas demandas del mercado laboral [...] mejora la empleabilidad del estudiante, su ingreso, su carrera y su desempeño (Severin y Capota, 2011: 8).

En relación a las implementaciones provenientes fundamentalmente del Estado, los autores plantean una serie de requisitos o necesidades a tener en cuenta para que el diseño e implementación de estas políticas cumplan sus objetivos y sean sostenibles en el mediano y largo plazo (Severin y Capota, 2011: 8). Por una parte, resulta necesario atender a la cuestión de la "sostenibilidad política de la intervención", que sea capaz de soportar cambios políticos, contemplando las alianzas y relaciones de colaboración estratégica en el largo plazo.

Los planes y programas 1 a 1, por regla general, apuntan a "proporcionar destrezas en TIC, a reducir la brecha digital y a mejorar la calidad de la enseñanza" (Valiente González, 2011: 118).

Cómo se despliega el modelo 1 a 1 en el contexto argentino

En el nuevo contexto globalizado, la información digital y las tecnologías digitales penetran en los más diversos procesos productivos y ocupan en ellos un lugar decisivo, por lo que las áreas de ciencia y tecnología vuelven a mostrarse como centrales. Por este motivo, resulta importante considerar cuál es la orientación predominante de las políticas públicas vinculadas a la sociedad de la información, e identificar las fuerzas sociales, políticas y económicas que operan en su determinación.

A partir de los años que siguieron a la crisis de 2001, las políticas públicas en ciencia y tecnología en Argentina estuvieron enfocadas a reconstruir las capacidades científico tecnológicas, entendiendo a éstas como pilares claves para el desarrollo del país. Así, el Estado recuperó su rol como articulador del sistema nacional de innovación a través de diferentes instrumentos y políticas de promoción (Piñero y Araya: S/A).

Se han puesto en marcha desde iniciativas a largo plazo para lograr un desarrollo independiente de la mano de una industria autónoma, como es el Programa Nacional de Becas Bicentenario[8] para la formación de científicos en ciencias básicas y aplicadas o las Becas Presidente Néstor Kirchner[9] para la formación de jóvenes investigadores o la creación del Polo Científico Tecnológico;[10] hasta las estrategias de corto y mediano plazo que involucran la necesidad de democratización del conocimiento y el uso de las herramientas tecnológicas por los sectores más postergados de la sociedad, como es el caso del Programa Conectar Igualdad (PCI), "para formar a los ciudadanos y trabajadores del futuro".[11]

Conectar Igualdad: objetivos y perspectivas

Conectar Igualdad es el programa 1 a 1 de mayor envergadura en términos de extensión de la región, aunque convive con otras diversas políticas y proyectos socio-educativos[12] que proponen la incorporación de TIC. La mayor parte de ellos se enmarcan en las estrategias 1 a 1.

Fue creado en abril de 2010 a través del decreto presidencial N° 459/10 y consiste en la entrega de una *netbook* a cada estudiante y docente de las escuelas de gestión estatal de Educación Secundaria Orientada, Educación Técnico Profesional, Educación Especial y aulas digitales móviles para los Institutos Superiores de Formación Docente de

---

8. Ver http://www.becasbicentenario.gov.ar/
9. Ver http://www.becanestorkirchner.org/
10. Ver http://www.polo.mincyt.gob.ar/
11. Ver www.conectarigualdad.gob.ar
12. En el orden nacional el Programa Conectar Igualdad y en diversas jurisdicciones como la provincias de San Luis, Buenos Aires, Entre Ríos, y la ciudad Autónoma de Buenos Aires, entre otras.

todo el país, junto con lineamientos pedagógicos para su utilización en el aula. Hasta el momento, se han entregado 3.944.977[13] computadoras. También se propone la capacitación docente en el uso de las herramientas y la elaboración de propuestas educativas para su incorporación en los procesos de enseñanza y aprendizaje. Según el portal web del programa, se persigue una "inclusión digital de alcance federal" mediante:

> una política de Estado implementada en conjunto por Presidencia de la Nación, la Administración Nacional de Seguridad Social (ANSES), el Ministerio de Educación de la Nación, la Jefatura de Gabinete de Ministros y el Ministerio de Planificación Federal de Inversión Pública y Servicios.[14]

También provee servidores y *routers* para garantizar la conexión a Internet y la implementación de una red escolar en cada establecimiento educativo. Se promueven acciones de formación docente, asistencia técnica en las escuelas, incorporación de las TIC en los contenidos curriculares y desarrollo de producciones y contenidos digitales como recursos de enseñanza-aprendizaje.

Según Dussel y Quevedo (2011), en relación al sistema educativo argentino, el mapa de conectividad muestra que aún no se ha podido garantizar

> el acceso a los sectores más postergados de la población, ya sea por razones socioeconómicas que limitan ese acceso, ya sea por su localización geográfica que los coloca fuera del alcance o cobertura del actual mapa de conectividad. (Dussel y Quevedo, 2010: 11)

---

13. Fuente: Portal Conectar Igualdad: www.conectarigualdad.gob.ar ingreso 12/05/2014.
14. Ver www.conectarigualdad.gob.ar/seccion/sobre-programa/que-conectar-igualdad-53

Sin embargo, el Plan Nacional de Telecomunicaciones "Argentina Conectada",[15] de reciente creación, complementario de Conectar Igualdad, tiene como una de sus misiones proveer de conectividad al sistema educativo de gestión estatal; como figura entre sus objetivos: "brindar conectividad al 100% de las escuelas públicas" entre 2011 y 2015.

Metas y compromisos del programa

En línea con los propósitos regionales mencionados anteriormente, desde el año 2010, el Programa Conectar Igualdad (PCI) forma parte de una política nacional de inclusión digital educativa en la Argentina, cuyas metas son las siguientes:

- Promover la igualdad de oportunidades entre todos los jóvenes del país, al brindarles un instrumento que permita achicar la brecha digital.
- Construir una política universal de inclusión digital de alcance federal.
- Garantizar el acceso de todos a los mejores recursos tecnológicos y a la información.
- Formar sujetos responsables, capaces de utilizar el conocimiento como herramienta para comprender y transformar constructivamente su entorno social, económico, ambiental y cultural, y de situarse como participantes activos en un mundo en permanente cambio.
- Desarrollar las competencias necesarias para el manejo de los nuevos lenguajes producidos por las Tecnologías de la Información y la Comunicación. En este sentido, brindarles a los alumnos las mayores posibilidades de inserción laboral.

---

15. Ver www.argentinaconectada.gob.ar/

- Mejorar los procesos de enseñanza y aprendizaje a través de la modificación de las formas de trabajo en el aula y en la escuela a partir del uso de las TIC.
- Incorporar y comprometer a las familias para que participen activamente del proceso de aprendizaje de los alumnos.
- Promover el fortalecimiento de la formación de los docentes para el aprovechamiento de las TIC en el aula.[16]

Si ponderamos las metas y expectativas propuestas por Conectar Igualdad, es notable que la mayor parte de los ámbitos de influencia no se restringen únicamente al espacio educativo, ya que solo dos de las ocho metas lo contemplan.

Tal como ya habíamos mencionado, los propósitos expuestos se alinean con los esgrimidos por la mayor parte de las propuestas regionales al respecto (Severin y Capota, 2011) en términos de rol del Estado y apropiación social de los dispositivos antes mencionados. Para comenzar, es de destacar que, como hemos planteado, asumir la responsabilidad de garantizar el "acceso a los recursos" resulta condición necesaria para la "inclusión digital". Condición necesaria pero no suficiente para lograr su apropiación significativa.

En este sentido es que también miramos el tema de la "igualdad de oportunidades", siguiendo a Lago Martínez y Dughera (2013), para quienes, parafraseando a Bobio (1993) "la igualdad es en términos relacionales". En su estudio las autoras postulan que los modelos 1 a 1 posibilitan lo que han dado en llamar "igualdad de oportunidades o de acceso" en tanto comprenden que las desigualdades sociales previas resultan determinantes en las trayectorias escolares. Luego plantean:

---

16. Ver www.conectarigualdad.gob.ar

> Pero si bien celebramos que cada uno de los estudiantes, junto con sus respectivas familias, tengan la posibilidad de acceder a dicho hardware, éste es el punto de partida. Un punto de inicio que requiere, tal como hemos querido señalar, en principio, identificar los diferentes componentes de este 1:1 y a partir de allí comenzar a diseñar estrategias que, además de estar latentes, se hagan acto. (Lago Martínez y Dughera, 2013: 94-95)

Al respecto podemos decir que no hemos podido encontrar, hasta el momento, informes, propuestas o estudios que den cuenta de modo sistemático de diseños, proyectos o propuestas de estrategias para profundizar en la implementación del programa, teniendo en cuenta los diagnósticos, evaluaciones o similares.

Resulta también relevante retomar la cuestión de la extensión del acceso a las familias. En relación al uso de tecnologías es necesario referir que aunque la posibilidad de acceder y saber utilizar las Tecnologías de la Información y la Comunicación puede, de algún modo, favorecer el mejoramiento de la calidad de vida de las poblaciones, también puede convertirse en un nuevo factor de desigualdad social y exclusión, y de profundización de las ya existentes. El uso de tecnología no hace a una sociedad más democrática, ni más justa, ni más igualitaria. Que estemos "conectados" no implica que hayamos desarrollado las capacidades necesarias para procesar la información que tenemos disponible (Levis, 2001; Yanez González y Area Moreira, 1998).

Respecto a la definición de "política universal" es necesario plantear una salvedad: según la Ley de Educación Nacional, en su artículo 14°:

> El Sistema Educativo Nacional es el conjunto organizado de servicios y acciones educativas reguladas por el Estado que posibilitan el ejercicio del derecho a la educación. Lo integran los servicios educativos de gestión estatal y privada, gestión cooperativa y gestión social, de todas las jurisdicciones del país, que abarcan los distintos niveles, ciclos y

modalidades de la educación. (Ley Nacional de Educación 26.206, 2006)

Ahora bien, las instituciones parcialmente subvencionadas por el Estado,[17] tanto secundarias como de formación terciaria, han quedado excluidas de la primera etapa del PCI; y aún no se prevé su ingreso en el programa, a pesar de que parte de su público se encuentra en condiciones socioeconómicas similares al alumnado que asiste a escuelas del Estado, así como también la infraestructura y materiales de la institución a la que pertenecen. Aun así, estas escuelas y centros de formación también deben hacer frente a la innovación tecnológica promovida como deseable en la educación argentina, partiendo desde sus recursos. De esta forma, también se espera que desarrollen distintos tipos de estrategias de inclusión de las TIC en el aula, trabajo en salas de Informática, implementación de plataformas educativas, formación de los docentes, entre otras. En este punto, resulta objetable la pretensión de "universalidad" al constatar que es sólo una proposición discursiva.

Quedan por emprender dos aspectos, a nuestro criterio claves para este trabajo: la "formación ciudadana" y "las competencias necesarias para la vida" en general y el trabajo en particular.

Sobre el primer punto quisiéramos comenzar destacando que tal vez resulte una sutileza, pero las metas del Programa Conectar Igualdad no mencionan a la democracia explícitamente. Entiende la cuestión de la "ciudadanía" y declara la necesidad de "comprender y transformar constructivamente su entorno" pero, sin embargo, podríamos leer allí una suerte de disolución o solapamiento de lo político en términos clásicos.

En la misma línea, podemos mencionar que las "competencias necesarias para la vida" se yuxtaponen, hacen

---

17. Con este tipo de escuela hacemos referencia a los institutos que perciben hasta un 100% de subvención estatal, por lo general colegios parroquiales.

converger dos perspectivas diversas y, según el punto de vista, incompatibles: por un lado, se plantea formar sujetos responsables que puedan utilizar el conocimiento para transformar la realidad y sean "participantes activos en un mundo en permanente cambio", pero por otra parte, al referirse a las competencia necesarias, las restringen a solamente dos aspectos: el consumo de medios ("nuevos lenguajes producidos por las tecnologías") y la inserción en el mercado de trabajo.

Más allá de la discusión que podríamos desarrollar en relación a si las tecnologías producen lenguajes, consideramos necesario destacar que esta suerte de confusión evade la necesidad de definir y tomar postura en relación a las implicancias de la adaptación conceptual y material a la "sociedad de la información" y al capitalismo global.

Tal como plantea Ricardo Petrella (2000) en "La enseñanza tomada de rehén. Cinco trampas para la Educación" estaríamos frente al riesgo de caer en dos trampas: en primer lugar al presentar la educación como "el instrumento clave de la supervivencia de cada individuo, al mismo tiempo que la supervivencia de cada país en la era de la competitividad mundial" y más luego, "es hacer de la educación un instrumento creciente al servicio de la formación del 'recurso humano'".

Con esto no estamos negando que la formación para la ciudadanía no contemple e incluya una formación para el desarrollo laboral del sujeto. Lo que estamos poniendo en cuestión es la reducción de la ciudadanía a la "empleabilidad".

Entonces, cabe preguntarnos si el Programa Conectar Igualdad es una fehaciente política de inclusión, para democratizar el conocimiento. Hasta ahora los niveles de inclusión digital son en gran medida producto del mercado y la capacidad económica y de consumo de la población, pero para que esta inclusión sea extensiva, este tipo de políticas activas del Estado deben proliferar, expandirse y sostenerse en el tiempo, para generar verdaderos cambios cualitativos.

Todo tipo de conclusiones acerca de su impacto en el nivel de desarrollo de nuestro país son provisorias; con el paso del tiempo podremos evaluar sus connotaciones en todos los ámbitos.

Consideraciones finales: para pensar los sentidos y los destinos

Si afirmamos que nos encontramos transitando una época en la que no solamente se está produciendo una revolución en términos tecnológicos, sino también en el modo de organización de lo social y económico, una nueva forma de capitalismo, creando nuevas subjetividades y modificando la forma misma de leer y comprender el mundo en función de la idea de "sociedad de la información", resulta evidente que debemos asumir y repensar también los términos en los que analizamos y vivimos la realidad nacional.

El epígrafe de este trabajo, citando a Francisco Sierra Caballero, nos situaba en una dicotomía que parecía irreconciliable: la educación para el mercado o la educación democrática. Sin embargo, a la luz de lo expuesto, podríamos plantear la posibilidad de conjunción (o polémica conjugación) entre ambas posiciones. Podemos pensar que en tanto política pública de alcance federal que se propone la inclusión digital de la ciudadanía argentina, el Programa Conectar Igualdad se queda a mitad de camino o bien, estaría simultáneamente a ambos lados de este.

En este sentido se hace necesario recordar que si la política nacional del final del siglo anterior estuvo caracterizada por la desintegración de las dimensiones de ciudadanía política, civil y social, es oportuno señalar que las políticas de la última década se han orientado, al menos propositivamente, en la reintegración y resignificación de esas dimensiones. Sin embargo, el punto que consideramos crítico se centra en una situación dilemática: si por una parte la política debe trabajar en pos de la consolidación de la ciudadanía también necesita responder a las demandas de la sociedad global (y por tanto del capitalismo global). Generar competencias TIC y competitividad en el mercado de trabajo no deja de solapar vínculos conflictivos en términos de decisiones ético-políticas.

En definitiva, no se ha podido discernir analíticamente de qué modo esta política concreta define, más allá del título de igualdad, una estrategia de consolidación de ciudadanía a partir de la inclusión digital.

Para terminar quisiéramos presentar una perspectiva que colabore a la reflexión y a la flexibilidad a la hora de pensar el momento contemporáneo y emprender el camino hacia el futuro. Acordamos con Dussel y Quevedo (2010) en que actualmente estamos transitando un proceso de transformación de la sociedad y la cultura y que los cambios tecnológicos siempre pasan por un período de inestabilidad. Según ellos "hay un período de flexibilidad en la que distintos actores sociales se movilizan para construir el nuevo sentido de un artefacto tecnológico." (Ito et al., 2010: 25). Con el tiempo, esa indefinición se estabiliza y se convierte en un nuevo sentido común. (Dussel y Quevedo, 2010: 13). Por tanto, también se trata de un momento de oportunidad histórica, en la que se potencia la posibilidad real de una democratización genuina de la cultura y la reflexión por el devenir ético-político de nuestras sociedades (Dussel y Quevedo, 2010: 13).

Bibliografía

Area Moreira, Manuel (2011). "Los efectos del modelo 1:1 en el cambio educativo en las escuelas. Evidencias y desafíos para las políticas iberoamericanas" en Revista Iberoamericana de Educación Nº 56, pp. 49-74 (ISSN: 1022-6508).

Bell, Daniel (1976). "Introducción" en *El advenimiento de la sociedad postindustrial*. España, Alianza Editorial.

Borón, Atilio (2006). "Después del saqueo: el capitalismo latinoamericano a comienzos del nuevo siglo" en Atilio Borón y Gladys Lechini. *Política y movimientos sociales en un mundo hegemónico. Lecciones desde África, Asia y América Latina.* Buenos Aires, CLACSO.

Buckingham, David (2008). "Alfabetizaciones en medios digitales" en *Más allá de la tecnología.* Buenos Aires, Manantial.

Castells, Manuel (2001a). "Informacionalismo y la Sociedad Red", en Pekka Himanen (2001). *La ética del hacker y el espíritu de la era de la información.* Disponible en: www.educacionenvalores.org/IMG/pdf/pekka.pdf

—————– (2001b). "La revolución de la tecnología de la información", en *La era de la información: la sociedad red.* Madrid, Alianza.

Cavarozzi, M. (1991). "Más allá de las transiciones a la democracia en América Latina", en Revista de Estudios Políticos (Nueva Época) N° 74, Octubre-Diciembre.

Cheresky, Isidoro (2007). "Los desafíos democráticos en América Latina en los albores del siglo XXI", en Isidoro Cheresky (comp.). *Elecciones presidenciales y giro político en América Latina.* Buenos Aires, Manantial.

De Charras, Diego (2001). "Sociedad de la Información y Nueva economía: una revisión crítica". Este texto constituye una versión reducida de la Tesina de grado "Redes, Burbujas y Promesas: Una mirada crítica sobre distintas perspectivas de análisis de la Sociedad de la Información y la Economía de Internet". UBA.

De La Rosa Reyes, María de los Ángeles (2004). "El desarrollo de competencias comunicativas: uno de los principales retos en la Educación Superior a Distancia", trabajo presentado en Primer Congreso Virtual Latinoamericano de Educación a Distancia, 23 de marzo al 4 de abril de 2004.

Dussel, Inés y Quevedo, Alberto (2010). *Educación y nuevas tecnologías: los desafíos pedagógicos ante el mundo digital.* Buenos Aires, Santillana. Disponible en: www.oei.org.ar/6FORO.pdf

Flichy, Patrice (2006). "El individualismo conectado. Entre la técnica digital y la sociedad", Revista Telos N° 68, Madrid.
Gambina, Julio (2013). *Crisis de capital. (2007/2013) La crisis capitalista contemporánea y el debate sobre alternativas*. Buenos Aires, FISyP (Fundación de Investigaciones Sociales y Políticas).
Lago Martínez, Silvia (2012). "Inclusión digital en la educación pública argentina. El Programa Conectar Igualdad", en Revista Educación y Pedagogía, vol. 24, N° 62: Antioquía, enero-abril.
Lago Martínez, Silvia y Dughera, Lucila (2013). "Un acercamiento posible al Programa Conectar (y la) Igualdad" en Revista Ciencias Sociales N° 84, UBA, septiembre.
Levis, Diego (2001). "La educación en la sociedad de la información". Ponencia presentada en I Jornadas Nuevas Tecnologías y Educación Superior, EducAr/Ministerio de Educación, Buenos Aires, septiembre.
—————— (2007). "Enseñar y aprender con informática/enseñar y aprender informática. Medios informáticos en la escuela argentina" en R. Cabello y D. Levis (edits.). *Medios Informáticos en la Educación a principios del siglo XXI*. Buenos Aires, Prometeo.
—————— (2009). *La Pantalla Ubicua. Televisores, computadoras y otras pantallas*. Buenos Aires, La Crujía (segunda edición revisada y ampliada).
Levis, D.; Dieguez, S. y Rey, E. (2011) "Redes educativas 2.1. Medios sociales, entornos colaborativos y procesos de enseñanza y aprendizaje", en RUSC. Revista de Universidad y Sociedad del Conocimiento, vol. 8, N° 1, enero, U.O.C., Barcelona.
Malamud, Andrés (2009). "Divergencias en ascenso. Viejas y nuevas fracturas en América Latina", en Araucaria, Revista Iberoamericana de Filosofía, Política y Humanidades, N° 21, primer semestre.

Manovich, Lev (2006). "¿Qué son los nuevos medios?", en *El lenguaje de los nuevos medios de comunicación*. Buenos Aires, Paidós.

Miguez, Pablo y Sztulwark, Sebastián (2012). "Valorización del conocimiento en el nuevo capitalismo", en VII Jornadas de Sociología, UNGS. Disponible en: www.ungs.edu.ar/ms_ici/wp-content/uploads/2012/11/GT4_Mesa-IIa_Miguez-y-Sztulwark.pdf

Nazareno, Marcelo (2010). "¿Hace la izquierda la diferencia? La política socio-económica en el 'giro a la izquierda' de América Latina" en Estudios, N° 23-24, enero-diciembre.

Petrella, Ricardo (2000). "La enseñanza tomada de rehén. Cinco trampas para la Educación", en Revista Iberoamericana de Educación, N° 36/3, 25 de junio de 2005 (edición original en Le Monde Diplomatique). Disponible en: www.rieoei.org/opinion03.htm

Pinazo, Germán (2012). "El retorno del capitalismo nacional como alternativa histórica. Algunos elementos para el debate y una breve digresión sobre el caso argentino", en Revista Periferias N° 20, p. 69 en adelante, FISYP. Disponible en: www.fisyp.org.ar/media/uploads/periferias_20.interior.pdf

Piñero, Fernando Julio y Araya, José M. J. "Estado y Políticas Públicas en Ciencia y Tecnología en la Argentina contemporánea. La articulación de Instituciones y actores en diferentes dimensiones y recortes territoriales". Proyecto de investigación. Centro de Estudios Interdisciplinarios en Problemáticas Internacionales y Locales. Disponible en: www.ceipil.org.ar/proyectos/ciencia-tecnologia-e-innovacion/

Pousadela, Inés (2007). "Argentinos y brasileños frente a la representación política", en Alejandro Grimson (comp.). *Pasiones nacionales. Política y cultura en Brasil y Argentina*. Buenos Aires, EDHASA.

Pousadela, Inés y Cheresky, Isidoro (2004). "La incertidumbre organizada. Elecciones y competencia política en Argentina (1983-2003), en: Isidoro Cheresky e Inés

Pousadela (editores). *El voto liberado. Elecciones 2003: Perspectiva histórica y estudio de casos*. Buenos Aires, Biblos.
Severin, Eugenio y Capota, Christine (2011). "Modelos Uno a Uno en América Latina y el Caribe". BID.
Sierra Caballero, Francisco (2006). *Políticas de comunicación y educación*. Barcelona, Gedisa.
Valiente González, Oscar (2011). "Los modelos 1:1 en educación. Prácticas internacionales, evidencia comparada e implicaciones políticas" en Revista Iberoamericana de Educación N° 56, pp. 49-74 (ISSN: 1022-6508). Disponible en: www.rieoei.org/rie56a05.pdf
Yanes González, Juan y Area Moreira, Manuel (1998). "El final de las certezas. La formación del profesorado ante la cultura digital", en Pixel-Bit, N° 10.
Zukerfeld, Mariano. "Acceso, conocimiento y estratificación social en el capitalismo cognitivo", en Controversias y concurrencias latinoamericanas, año 1, N° 1, ALAS, abril de 2009. Disponible en: http://investigacionsocial.sociales.uba.ar/files/2013/03/Sautu_el-marco-te%C3%B3rico-en-la-investigaci%C3%B3n-cualitativa.pdf#page=128

Documentos en sitios oficiales

ANSES – Programa Conectar Igualdad: www.conectarigualdad.gob.ar
ANSES – Asignación Universal por Hijo: www.anses.gob.ar/destacados/asignacion-universal-por-hijo-1
Ley 26.206 – Ley de Educación Nacional: www.me.gov.ar/doc_pdf/ley_de_educ_nac.pdf

Bibliografía no referida

Domínguez Sánchez-Pinilla, Mario (2003). "Las Tecnologías de la Información y la Comunicación: sus opciones, sus limitaciones y sus efectos en la enseñanza", en Nómadas, N° 8, UCM.

López, Néstor (2004). "Educación y equidad. Algunos aportes desde la noción de educabilidad", IIPE, UNESCO, Buenos Aires. Disponible en: www.buenosaires.iipe.unesco.org/sites/default/files/nlopez_educacionyequidad.pdf

Mattelart, Armand (2002). *Historia de la sociedad de la información*. Barcelona, Paidós.

Puiggrós, Adriana Victoria (2010). "La hora de la soberanía educativa de América Latina", en Revista Educación y Pedagogía, Medellín, Universidad de Antioquia, Facultad de Educación, vol. 22, N° 58, septiembre-diciembre, pp. 19-28.

Serra, Laura et al. (2012). "Panorama regional de estrategias uno a uno: América Latina, el caso de Argentina", Educ.ar, Ministerio de Educación de la Nación, Buenos Aires.

3

Una propuesta posible acerca de cómo analizar la incorporación de planes "una computadora, un alumno" en la institución educativa

Lucila Dughera

Este capítulo tiene como fin realizar una propuesta analítica de los planes "una computadora, un alumno" en las instituciones educativas. Esto implica dos cuestiones. Por un lado, plantear un abordaje de los 1 a 1 y, por otro, seleccionar entre la diversidad de enfoques de la institución educativa el que, en cierto sentido, mejor "dialogue" con lo propuesto acerca de dichos planes. En función de dichos objetivos, este capítulo se estructura como sigue a continuación. En la introducción (que oficia de sección primera) se presentan los principales antecedentes bibliográficos acerca de este tipo de incorporación de tecnologías digitales. En la segunda sección se realiza la primera propuesta: desagregar en capas o niveles a los planes "una computadora, un alumno". En tanto, en el tercer apartado presentamos el enfoque sobre la institución educativa seleccionado. Así, en la cuarta sección se despliega la matriz analítica en desarrollo, junto con su respectiva operacionalización. Finalmente, en la quinta sección señalamos algunas conclusiones y planteamos diferentes inquietudes.

Introducción

A grandes rasgos, los planes de "una computadora, un alumno"[1] consisten en planes de entrega de computadoras portátiles a alumnos que asisten a instituciones educativas y a docentes en ejercicio.[2] La iniciativa de incorporar este tipo de tecnologías digitales[3] en instituciones educativas ha sido principalmente llevada a cabo por los Estados[4] en cualquiera de sus niveles: nacional, provincial o municipal. En este contexto, sin embargo, participan en distinta medida corporaciones tales como, por ejemplo, Intel y Microsoft.

Las primeras experiencias de planes 1 a 1 se originan hacia mediados de la década del noventa en países desarrollados, especialmente Australia y Estados Unidos. En tanto, en América Latina y el Caribe (ALyC)[5] se inician a principios del siglo XXI. Concretamente, el programa pionero es

---

1. "También conocido como 'un ordenador por niño', 'modelo 1 a 1', '1:1', 'computación ubicua en las escuelas' o 'inmersión tecnológica'". Area Moreira, M. (2011: 3).
2. Dicha definición, si bien es provisoria, discrepa de la utilizada la mayoría de las veces ya que en ella no se da por supuesto y, en cierta medida, no queda subsumida la idea de disponibilidad de conexión a Internet, ni de redes internas (Intranet) en las escuelas. Por el contrario, justamente ello depende de cómo haya sido diseñado dicho plan. En otro orden, cabe indicar aquí que la mayoría de estos planes se sustentan en dos grandes objetivos: mejorar la calidad educativa y, al mismo tiempo, alcanzar la inclusión digital.
3. "Las tecnologías digitales son aquellas que procesan, transmiten, almacenan o generan información digital (ID). La definimos como toda forma de conocimiento codificado binariamente mediante señales eléctricas de encendido-apagado" (Zukerfeld, 2007: 41).
4. Por supuesto, no se desconocen experiencias realizadas por empresas, fundaciones y/u organismos multilaterales, como, por ejemplo, la experiencia que se realiza en Colombia a través de la Fundación Pies Descalzos, junto con el apoyo del Banco Interamericano de Desarrollo (BID). Sin embargo, el grueso de las implementaciones tanto a nivel regional –ALyC–, como mundial, son costeadas por los Estados. Claro, ello no implica la ausencia de actores privados en dichos planes.
5. "Es el continente donde se han dado la mayoría de los despliegues Uno a Uno" (Severin y Capota; 2010: 18).

el Plan Ceibal, que se implementa en las escuelas primarias de la República Oriental del Uruguay desde 2007. A partir de entonces, se observa que la mayoría de los países de la región ha optado por este tipo de planes, en detrimento de otros diseños, como, por ejemplo, el aula móvil y el laboratorio de Informática.

Así, las diversas experiencias en cada uno de los países, el interés por conocer cómo se llevan adelante este tipo de planes en las escuelas, y las consecuencias que estos implican para los sistemas educativos, entre otros motivos, han propiciado una cantidad considerable de bibliografía. En una sintética clasificación pueden identificarse, hasta hoy, cinco ejes de indagación: a) los que describen las representaciones de los actores educativos; b) los que evalúan la implementación de los planes; c) los que se centran en la dimensión didáctica-pedagógica;[6] d) los que se enfocan en el papel de la educación formal en el siglo XXI, entendiendo al 1:1 como una pieza más del engranaje y e) los que se dedican a la intersección de los planes "una computadora, un alumno" y la institución educativa.

El primer eje (a) reúne aquellos trabajos que se dedican a describir y analizar las representaciones que portan los principales destinatarios de estos planes (docentes y alumnos) y a describir cómo tal representación condiciona el uso de éstas (Tedesco, 2000; Cabello y Levis, 2007; Brunner, 2008; Sancho et al., 2011; Dussel y Quevedo, 2010; Ito, 2009; Zidán, 2010, 2011; Cabello, 2013; Winocour Iparraguirre, 2013). Dentro de éste también se ubica aquella bibliografía que, por un lado, refiere al resto de los actores educativos (Celaya Ramírez et al., 2010), como, por ejem-

---

6. "La dimensión didáctica-pedagógica hace referencia a aquellas actividades que definen la institución educativa, diferenciándola de otras instituciones sociales. Su eje fundamental lo constituyen los vínculos que los actores construyen con el conocimiento y los modelos didácticos" (Frigerio, Poggi y Tiramonti, 1992: 27).

plo, equipos de conducción y supervisores y, por otro, a las familias de los alumnos.

De dicha literatura nos interesa destacar, tal como lo hacen algunos de estos autores, que el hecho de que exista en la escuela y en el aula una representación positiva sobre la incorporación de las *nets*, no significa necesariamente que haya habido transformaciones en las prácticas pedagógicas e institucionales. Al mismo tiempo, en los casos en que se hace poco o nulo uso de dicho artefacto en las instituciones, esto no implica indefectiblemente desconocimiento o falta de uso personal por parte de los actores.

El segundo gran eje (b) se dedica a evaluar[7] este tipo de implementaciones. Más específicamente, las dimensiones de análisis seleccionadas en estos trabajos refieren mayormente a: las etapas de ejecución de los planes, el tipo de financiamiento, las unidades responsables de la implementación y las principales fortalezas y debilidades de éstas (Severin y Capota, 2010). La mayoría de ellos son estudios relacionados al ámbito de las políticas públicas. Claro que si bien interesa conocer cómo se llevan adelante o en qué etapa de ejecución se encuentra cada uno de ellos, poco nos dicen acerca de la diversidad de actores, dinámicas y tensiones que se suscitan en este tipo de implementaciones.

El tercer eje (c) se dedica a describir la incorporación de este tipo de planes a partir de la dimensión didáctico-pedagógica. Así, dentro de éste se hallan trabajos que observan este tipo de incorporaciones dentro del espacio áulico. En ellos generalmente las preguntas giran en torno a dos grandes inquietudes: por un lado, cómo aprenden los alumnos destinatarios de este tipo de planes y, en algunos casos, en qué medida dicha incorporación mejora los aprendizajes y

---

7. "La evaluación de resultados es entendida como un proceso de trabajo y aprendizaje sobre la implementación del proyecto. La cual está orientada al reconocimiento de los logros obtenidos, con el objeto de potenciarlos, y de las dificultades, con la finalidad de recomendar estrategias para superarlas" (Dughera, 2011: 4).

consecuentemente el rendimiento de los estudiantes (Dunleavy, 2007). Por otro, cómo enseñan los docentes con este tipo de tecnologías, si se experimentan transformaciones en las prácticas de enseñanza y en qué disciplinas éstas ocurren (Jeroski, 2003; Hill & Reeves, 2004; Kerr et al., 2003; Zucker y Mc Ghee, 2005).

El cuarto bloque (d) historiza y reflexiona sobre la incorporación de este tipo de planes en los sistemas educativos de manera más general (Morales, 2007; Palamidessi y Tarasow, 2007; Dussel y Quevedo, 2010; Cabello, 2013; Dughera, 2013). En otras palabras, dichos trabajos describen las diferentes modalidades en las que se han incorporado las tecnologías digitales a la vida escolar e intentan establecer relaciones entre dichas incorporaciones (laboratorio de Informática, aulas móviles, planes 1 a 1) y el rol de la educación formal en la etapa actual del capitalismo. Por supuesto, estos abordajes no analizan únicamente este tipo de planes, sino que los contienen como una pieza más del análisis.

Por último, el quinto eje (e) reúne la literatura que analiza la intersección entre los planes "una computadora, un alumno" y la institución educativa en su conjunto. En dicha intersección se hallan trabajos que sistematizan diferentes factores que podríamos decir que a nivel organizacional favorecen y/u obstaculizan este tipo de incorporaciones (Newhouse, 2001; Hill et al., 2002; Bartels, 2002; Kerr et al., 2003; Hill & Reeves, 2004; Garas et al., 2005). Algunos de ellos, por ejemplo, indagan acerca del tiempo y espacio escolar, otros lo hacen respecto de los diseños curriculares y su vinculación con las tecnologías digitales en los distintos niveles educativos (Manolakis, 2007; Ossa, 2008; Lugo y Kelly, 2007; Palomo, Ruiz y Sánchez, 2006).

En resumen, la bibliografía anteriormente descripta permite mapear el "mundo" de los planes "una computadora, un alumno". Sin embargo, consideramos que la mayoría de estos aportes entiende a este tipo de planes de manera uniforme como un *ente* homogéneo. Dicha asunción no posibilita captar la diversidad de artefactos y actores que conviven en este tipo de incorporaciones. Es por ello que dedicamos buena parte de este capítulo a presentar un esquema analítico de desagregación de los planes "una computadora, un alumno" en capas o niveles: infraestructura de conectividad, hardware, software y contenidos digitales. Luego, esta propuesta se complementa con las diferentes dimensiones que conforman la institución educativa: curricular, organizacional, comunitaria y pedagógica-didáctica (Frigerio y Poggi, 1992).

Hasta aquí hemos identificado los principales lineamientos respecto de los planes 1 a 1. A continuación desagregamos este tipo de incorporación de tecnologías en capas/niveles.

Los 1 a 1, mucho más que la entrega de una computadora portátil

En esta sección se precisa la desagregación en capas o niveles de los planes "una computadora, un alumno". Antes, conviene señalar que dicha propuesta fue desarrollada para otros objetos de conocimiento, como, por ejemplo, Internet (Benkler, 2000; Zukerfeld, 2009) y los sistemas educativos (Vercelli, 2006). Entonces, si bien cada uno de estos planteos tiene particularidades, a grandes rasgos el ejercicio de desagregación consiste en deconstruir diversos objetos en niveles analíticos diferenciales. Específicamente, aquí se recuperan: infraestructura de conectividad, hardware, software y contenidos.[8]

---

8. Estas se recuperan de Zukerfeld (2009), aunque no se toma la capa de red social que propone dicho autor.

Cuadro 1: Capas y componentes del modelo
"una computadora, un alumno"[9]

Capa	Componentes
Infraestructura (a)	Tipo de conectividad (fibra óptica, ADSL, Wi-Max) – Salida a Internet
Hardware (b)	Servidores – Modems/routers, *Netbooks* – *Notebooks*, Filtros
Lógica-Software (c)	Software de infraestructura y hardware Sistemas operativos, aplicaciones, navegadores, buscadores, plataformas
Contenidos (d)	Imágenes, audios, textos, partituras

Fuente: Elaborado a partir de Zukerfeld (2009).

La primera de las capas es *Infraestructura (a)*. En ésta se ubican

> cables submarinos, satélites y antenas que permiten a los flujos de información digital circular *por algún lado*. Y en última instancia, ese "algún lado" refiere a una serie de artefactos sumamente costosos que sólo pueden ser instalados, mantenidos y renovados con enormes sumas de capital. (Zukerfeld, 2009: 25)

---

9. En el cuadro se observa una diferencia de colores. Específicamente, se ubican de un color más oscuro aquellas capas hechas de materia y energía –infraestructura y hardware–, en tanto, aquellas hechas de pura información digital –software y contenidos– se presentan de un color más claro. Dicha distinción posibilita además denotar las regulaciones diferenciales para cada uno de los pares. Mientras que en el primero rige mayormente la propiedad privada física, en el segundo regula la propiedad intelectual.

En los modelos 1:1 latinoamericanos es posible identificar diferentes tipos de infraestructura de conectividad, a saber: fibra óptica, radioenlace y enlace satelital; así como los actores que realizan este tipo de obras. En tanto, respecto de quién brinda dicho servicio se hallan tres formatos posibles. El primero, la conectividad está dada por una empresa privada y el Estado contrata sus servicios, un ejemplo es el Plan Sarmiento BA. El segundo, el Estado invierte y brinda él mismo dicho servicio, como ocurre en el Plan Ceibal, Uruguay. Por último, la opción de hacer una inversión mixta: empresa privada y Estado, como en La Rioja, Argentina.

En la segunda de las capas, la del *Hardware (b)*, se alude a las tecnologías digitales que permiten almacenar, procesar y transmitir la información digitalizada. La principal distinción respecto de la capa anterior está dada por el nivel de inversión requerido para una y otra. Esto es: una computadora portátil puede ser adquirida por un costo relativamente bajo en el ámbito doméstico.[10] Mientras tanto, la inversión que requieren los componentes de la capa de infraestructura (los tendidos de fibra óptica, por ejemplo) difícilmente puedan ser costeados por un particular.

En cuanto a los modelos 1:1, en nuestra región se identifican dos tipos de hardware entregados: las XO de *One Laptop per Child* (OLPC) y las Classmate de Intel. Al mismo tiempo, todos los programas que se han implementado aquí asumen que los Estados, en cualquiera de sus niveles (nacionales, provinciales o municipales), son los encargados de comprar y distribuir el hardware en comodato.

Ya en la tercera de las capas nos adentramos en el mundo de la información digital, en el *Software (c)*. Esta capa "está conformada por códigos digitales, protocolos y todo el software necesario para hacer funcionar la infraestructura de la red [o, en otras palabras, es el software

---

10. Esta afirmación no desconoce que sólo una pequeña proporción de la población mundial puede concretar esta posibilidad.

que hace funcionar el hardware]" (Vercelli, 2006: 33). Aquí se incluye tanto a los estándares y protocolos contenidos en los dispositivos de almacenamiento como a los sistemas operativos (las aplicaciones que posibilitan que el hardware y la infraestructura de conectividad funcionen, a la vez que los contenidos sean desarrollados).

En cuanto a este nivel, en los 1:1 regionales es posible establecer una primera distinción. Se ubican aquellos en los que corren dos sistemas operativos: software privativo y software libre (SL)[11] y los que únicamente traen como sistema operativo SL, como, por ejemplo, OLPC. Respecto de las aplicaciones, en la mayoría de estos planes se instalan programas de código abierto y/o libre.

El último de los niveles refiere a los *Contenidos (d)*. Estos son entendidos como "aquellos materiales y recursos digitales que sirven para apoyar los procesos de enseñanza y aprendizaje" (Brunner, 2003: 65). Algunos pueden ser producidos por los prosumidores de este tipo de tecnologías, pero también por los Estados o por terceros, como empresas privadas. Aquí un punto a considerar consiste en la calidad de estos materiales.[12]

La mayoría de los contenidos en los 1:1 son creados por los Estados. Principalmente estos se objetivan en sus correspondientes portales educativos y plataformas. No obstante, dicha preponderancia no invalida la presencia de empresas y/o fundaciones en este nivel. En cuanto a la calidad de estos, se advierte que en nuestra región, al día de hoy, no se han explicitado los criterios de certificación

---

11. Las diferencias entre el software privativo y el software libre radican en la posibilitad de disponer, compartir, estudiar y modificar el código fuente. Para más información: Vidal (2004).

12. "Muchos países han organizado sistemas de evaluación de materiales con distinto grado de compulsividad, ya sea sugiriendo la adhesión a unos criterios de calidad declarados, ya sea estableciendo un 'ranking de aprobación' o 'acreditación'" (IIPE-UNESCO, 2006: 65).

de calidad, así como tampoco se han establecido normativas al respecto.

A partir de lo señalado para cada uno de los niveles analíticos propuestos, y sin perder de vista la materialidad y regulación diferente para cada uno de estos, podemos suponer que aquellas capas hechas de información digital (o sea el nivel del software y los contenidos) se sustentan (o podrían hacerlo), tal como lo advierte Lessig (2001), en un abanico de asociaciones diferentes. Algunas pueden tener al Estado como actor principal, en cambio otras se apoyan en la producción mercantil de estos, por ejemplo. Más aun, la potencia de estas capas se registra principalmente en esta capacidad (*latente*, claro está) que se genera del encuentro entre las tecnologías digitales e Internet y algún lego. En este sentido, podemos suponer el papel nodal de éstas en los sistemas educativos.

En esta sección se han presentado los diferentes niveles y componentes que constituyen los 1 a 1; así como hemos mencionado a algunos de los actores presentes en cada uno de ellos. Naturalmente, en este capítulo no detallamos la diversidad de actores que intervienen allí; sino que simplemente hemos presentado un mapeo general. Que puede servir para aplicar a casos particulares. Dicho esto, pasemos entonces a presentar las diferentes dimensiones de la institución educativa.

La institución educativa y sus dimensiones

En este tránsito por analizar las dinámicas y tensiones que se co-producen en las instituciones educativas con 1 a 1, comenzamos por definir el concepto de institución.[13]

---

13. Dada su polisemia vale recordar sus distintas acepciones. "Por instituciones se entiende: las formas sociales establecidas, es decir aquellas formas que remiten a lo instituido, reglado, normado; los procesos por los cuales las sociedades y los individuos se organizan, o sea que nos remite a los procesos de cambio, de transformación de lo instituido, es decir, lo instituyente; el proceso de

Retomando a Dubet (2000: 32) una institución es un "proceso social que transforma valores y principios en acción y en subjetividad por el sesgo de un trabajo profesional específico y organizado". Esta definición se acompaña con aquello que vuelve particular a la institución educativa, siguiendo a Trilla (1985: 20): "lo que distingue a la escuela es su particular forma de organizar series de actividades en aras de cumplir la función educativa o alcanzar esos fines educativos". Para ello este autor propone las siguientes notas como distintivas de las instituciones educativas:

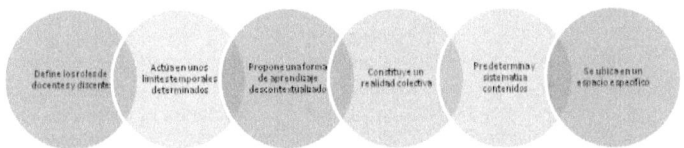

Sin dudas, desde hace más de dos décadas algunas de dichas características han comenzado a experimentar transformaciones, como, por ejemplo, el lugar de los docentes en la producción de conocimiento. Por supuesto, la idea planteada no es reducir las diversas transformaciones a la introducción de computadoras portátiles e Internet, sino encuadrarlas dentro de transformaciones mayores como las que se suscitan en la etapa actual del capitalismo informacional. Así, siguiendo lo planteado por Barbero[14] es posible suponer ya no solamente una dislocación de la institución educativa, sino, más aún, la informacionalización de ésta. Entonces, en pos de mapear las dinámicas y tensiones que experimentan las instituciones con planes 1 a

---

institucionalización, que resulta del permanente interjuego y tensión entre lo instituido y lo instituyente" (Frigerio y Poggi, 1992: 34).

14. "Las tecnologías digitales deslocalizan los saberes modificando tanto el estatuto cognitivo como institucional de las condiciones del saber y las figuras de la razón. Es disperso y fragmentado como el saber puede circular por fuera de los lugares sagrados que antes lo detentaban y de las figuras sociales que lo administraban" (Barbero, 2012: 2).

1 se presenta la propuesta realizada por Frigerio, Poggi y Tiramonti (1992).

Cuadro 2: Dimensiones de la dinámica institucional

	Dimensión curricular[15] (I)	Dimensión organizacional (II)	Dimensión comunitaria (III)	Dimensión didáctico-pedagógica (IV)
Dinámica institucional	Eje vertebrador del formato escolar moderno. Estructura la identidad y labor de los profesores.	Organigramas, distribución de tareas y división del trabajo, canales de comunicación formal, toma de decisiones, uso del tiempo y del espacio. A la vez, hay que incluir al modo en que los actores institucionales "encarnan" las estructuras formales.	Actividades que promueven la participación de representantes del ámbito en el que está inserta la institución educativa.	Modalidades de enseñanza, teorías de la enseñanza y del aprendizaje que subyacen a las prácticas docentes, el valor y significado otorgado a los saberes, los criterios de evaluación de los procesos.

Fuente: Frigerio, Poggi y Tiramonti (1992).

Si bien existen otras propuestas para el abordaje de la dinámica institucional (Schlemenson, 1993; Tyack

---

15. La naturaleza del currículum escolar es de corte disciplinar y se sostiene incólume e impoluto y porta sólo variaciones menores.

y Cuban, 2001), aquí se ha seleccionado este encuadre por considerar que es el que mejor nos permite captar "una escuela de la modernidad que procura persistir, al tiempo que también busca su reinvención" (Southwell, 2008: 4).

En efecto, en cada una de las dimensiones educativas señaladas se pueden identificar rupturas y continuidades. Más aún, lejos de estabilizarse, dichas cuestiones permiten suponer, por un lado, un momento de hibridez de estas instituciones y, por otro, la convivencia de dimensiones que comienzan a experimentar transformaciones junto con otras que se presentan como inmutables.

En síntesis, podemos observar la diversidad de dimensiones que constituyen a las instituciones educativas y, al mismo tiempo, jugar con la idea de ¿en qué dimensiones y cómo se da esta hibridez? En pos de ensayar algunas respuestas para esta pregunta, y esperamos otros interrogantes, a continuación presentamos la matriz analítica ideada para ello en esta oportunidad.

La propuesta

Esta sección, sin dudas, es la más ansiada y, a la vez, la que más inquietudes nos genera ya que como toda propuesta no solo es perfectible, sino que aún se encuentra en proceso de "ajuste". En este sentido, el cuadro que sigue a continuación pretende captar cómo se suscitan las dinámicas institucionales de lo escolar con planes "una computadora, un alumno".

Cuadro 3: La institución educativa según planes
"una computadora, un alumno"

Planes "Una computadora, un alumno"	Institución educativa				
	Dimensiones / Capas	Curricular (I)	Organizacional (II)	Comunitaria (III)	Didáctica-Pedagógica (IV)
	Infraestructura (a)	(I.a)	(II.a)	(III.a)	(IV.a)
	Hardware (b)	(I.b)	(II.b)	(III.b)	(IV.b)
	Software (c)	(I.c)	(II.c)	(III.c)	(IV.c)
	Contenidos (d)	(I.d)	(II.d)	(III.d)	(IV.d)

Fuente: Elaboración propia

A grandes rasgos, las cuatro dimensiones de la institución educativa señaladas han sido estudiadas reiteradamente en el campo educativo. Por el contrario, este aspecto fue poco analizado en los planes "una computadora, un alumno". Así, el cuadro brinda un esquema general que permite abordar los diferentes cruces posibles. Por supuesto, cada una de las dimensiones institucionales propuestas junto con la desagregación de los planes es susceptible de ser retomada por separado. Esperamos que futuras investigaciones recuperen y profundicen en el estudio de éstas. Pasemos entonces a describir lo planteado en cada una de las intersecciones.

En primer lugar, se parte de la dimensión curricular ya que ésta oficia como normativa en el sistema educativo y prescribe aquello que tiene que enseñarse y aprenderse en un momento determinado. Claro, luego, existe un currículum real que consiste en aquel que cada docente pone en juego cada día. Dicho currículum, a nuestro entender, se cristaliza en la dimensión didáctico-pedagógica. Entonces, de manera general, la pregunta para abordar esta dimensión consiste en percibir la idea que subyace allí acerca de si aprender *sobre*, *con* y/o *a través* de las tecnologías digitales.

Luego, se presentan los interrogantes específicos para cada uno de los cruces.

Comenzamos por la dupla *Infraestructura/Curricular* (I.a). Aquí, de manera general, la pregunta que nos guía es: ¿Qué plantea el currículum respecto del uso de Internet? De manera particular, ¿qué lugar tiene la navegación y la búsqueda de información en éste?, ¿se contempla la seguridad en la navegación de los usuarios de las computadoras portátiles?, entre otras.

El segundo cruce (I.b), o *Hardware/Curricular*, busca captar si en los diseños curriculares hay algún tipo de especificación respecto de los artefactos entregados a los alumnos y docentes; así como características puntuales de los servidores distribuidos en las escuelas. Algunos interrogantes posibles: ¿en el diseño curricular se alude a alguna tecnología digital en particular?, ¿qué figura allí de las Tecnologías de la Información y la Comunicación?

Respecto del eje *Software/Curricular* (I.c), el objetivo consiste en rastrear si se recomienda algún sistema operativo en particular; así como captar si se menciona alguna aplicación/programa, en qué asignatura y para qué grado/año. Al mismo tiempo, aquí se indaga por el lugar de las redes sociales, los blogs, entre otros.

Por último, se halla el cruce *Contenidos/Curricular* (I.d). Interesa identificar qué se plantea de la (re)producción de contenidos digitales y de los usos de estos, para qué actores del sistema educativo y en qué áreas disciplinares. Además, si se menciona la figura del facilitador tecnológico digital y de ser así qué lugar se le asigna a éste.

En suma, en cada una de las intersecciones, el objetivo consiste en identificar y conocer qué se plantea a nivel curricular de cada uno de los niveles que conforman los planes "una computadora, un alumno".

El segundo de los grandes cruces, *planes 1 a 1/dimensión Organizacional*, introduce una diversidad de variables. De manera general, y para cada una de las intersecciones, proponemos indagar acerca de: ¿cómo es la división del trabajo en cada intersección? ¿Qué actores, a partir de la implementación de este tipo de planes, comienzan a formar parte de la institución educativa y a quién/es responden? ¿Cómo son los procesos de toma de decisiones respecto de cada una de las capas y quiénes intervienen? ¿Qué tensiones genera que, por ejemplo, los arreglos de hardware y los contenidos sean realizados por actores externos a la institución?

Ya de manera particular, aunque a grandes rasgos, nos preguntamos respecto de: II.a – *Infraestructura/Organizacional*. ¿Cómo se distribuyen las tareas vinculadas al funcionamiento de Internet en la institución y qué actores están involucrados? ¿Cómo se decide el uso de Internet en el establecimiento y quiénes participan de dicha decisión?

En cuanto al eje *Hardware/Organizacional*, los interrogantes giran en torno a: ¿cómo se selecciona a la persona que se encarga de las *netbooks* de la institución? ¿Cuáles son las tareas de los actores encargados del hardware dentro de la institución educativa y quién lo decide? ¿Cómo resuelven dónde y cuándo utilizar las *nets*?

Respecto del eje *Software/Organizacional* (II.c), los aspectos a tener en cuenta aquí son: ¿cómo se eligen los softwares a instalar y a usar en la institución? ¿Qué actores participan de dicha elección? ¿Cómo se distribuyen las tareas respecto al software y cómo se llega a dicha distribución?

Por último, en *Contenidos/Organizacional* (II.d), los interrogantes giran alrededor de: ¿cómo se definen los contenidos a cargar en las *nets* y aulas virtuales? ¿Quiénes participan en dichas decisiones? ¿Cómo es el proceso de producción y distribución de estos? ¿Cómo se delinea la utilización de tal o cual contenido?

Recapitulando, el gran cruce entre las diferentes capas/niveles de los planes 1 a 1 y la dimensión Organizacional posibilita, tal como lo hemos querido señalar en los parágrafos anteriores, por un lado, identificar actores que podrían ser entendidos como "ajenos" a la institución educativa propiamente dicha y, por otro, analizar cómo se suscita (ya no solo la incorporación de dichos actores, en el caso de serlo) sino también las relaciones de poder que dicha presencia comienza a delinear. Además, podemos suponer que entre los propios actores educativos también se re-configuran roles, relaciones y negociaciones. En síntesis, estas intersecciones buscan delinear cómo funciona a nivel organizacional la institución educativa con planes 1 a 1.

Respecto de la tercera gran intersección, planes 1 a 1/dimensión Comunitaria,[16] algunos de los ejes a considerar dentro de cada uno de los cuadros son los siguientes. En primer lugar, el de la dupla *Infraestructura/Comunitaria* (III.c), cuyo objetivo consiste en identificar si se establecen diálogos con actores de la sociedad civil, como, por ejemplo, fundaciones para dar charlas y/o talleres respecto al uso de Internet. Algunas preguntas orientadoras: ¿cómo se estableció el vínculo con dichos actores?, ¿las familias han solicitado algún tipo de capacitación y/o han manifestado inquietudes al respecto?

En cuanto al eje *Hardware/Comunitaria* (III.b), nos interesa captar, entre otras cuestiones: ¿reciben charlas informativas respecto del uso y del cuidado del hardware? De ser así, ¿quiénes las brindan?, ¿en qué consisten?, ¿quiénes las organizan?

En referencia al punto III.c, *Software/Comunitaria*, el objetivo consiste en rastrear, por un lado, qué entidades y cómo han sugerido softwares a las instituciones educativas y, por otro, si las *netbooks/notebooks* traen softwares para ser utilizados en familias, o sea softwares que estimulen la participan de los actores adultos con los que al alumno convive, cualquier sea su denominación.

---

16. Aquí no se desconoce que se incluyen bajo el gran significante comunitario actores diferentes, como, por ejemplo, las familias de los estudiantes/docentes; la comunidad en general y otras instituciones educativas. Así, en futuras investigaciones será necesario diferenciar y precisar el rol de cada uno de estos. Sin embargo, en esta oportunidad, por cuestiones de espacio, resulta imposible.

La última de las intersecciones propuestas, *Contenidos/Comunitaria*, se propone captar si se desarrollan contenidos con actores que formen parte de la comunidad educativa o de alguna asociación. En otras palabras, ¿se convoca para la producción de contenidos a alguna otra institución? De ser así, ¿a quién? ¿Y quién es el actor institucional que realiza la convocatoria? Además, ¿hay actores de la comunidad que produzcan contenidos junto con los alumnos? En ese caso, ¿quiénes?, ¿en qué marcos se realizan este tipo de producciones?

En resumen, de la intersección de planes 1 a 1 (junto con sus respectivas capas/niveles) con la dimensión Comunitaria interesa rastrear mayormente qué relaciones se establecen con los actores de la comunidad civil y cómo se suscitan. De manera específica, en cada uno de los niveles es factible suponer la presencia de una diversidad de actores, entonces, aquí nos importa tanto conocer con quiénes se establecen estas relaciones, como desde qué actores se generan dichos vínculos y cómo se los convoca, entre otras. Por supuesto, no se desconoce que la institución educativa ha sido reacia a la "entrada" de terceros, sin embargo, creemos que ésta puede ser una oportunidad histórica para que la escuela sea transitada por una diversidad de actores.

En el último de los grandes cruces, planes 1 a 1/ dimensión Didáctico-pedagógica,[17] algunos de los puntos a considerar radican en registrar y analizar los (des)usos de cada uno de los niveles analíticos propuestos por docentes y alumnos en el espacio áulico. Así, en la primera intersección: *Infraestructura/Didáctico-pedagógica* (IV.a) se identifica el lugar de Internet en general y de la búsqueda de información en particular en la propuesta áulica. Al mismo tiempo,

---

17. En esta oportunidad, se toma a la dimensión didáctica-pedagógica como equivalente del espacio áulico. Dicha decisión se sustenta, por un lado, en que este espacio no ha sido considerado en el resto de las dimensiones propuestas y, por otro, por considerar que tiene "reglas de juego" propias, diferentes a las institucionales.

se describe la integración de nuevos espacios virtuales de formación e intercambio, como, por ejemplo, redes sociales, blogs, etcétera. En esta línea, además interesa detallar ¿cuáles son los criterios para dicha inclusión? Más aún, ¿qué aportes genera en el aprendizaje de los alumnos? ¿Y qué de nuevo trae en las prácticas de enseñanza?

Respecto del eje *Hardware/Didáctico-pedagógica* (IV.b), el objetivo es analizar el uso áulico de las *netbooks/notebooks* entregadas. Ello implica, entre otras cosas, identificar cuáles son las propuestas de uso de las computadoras portátiles, en qué momento de la clase se realizan dichas propuestas, cuánto tiempo duran y en qué áreas disciplinares. Al mismo tiempo, interesa captar qué usos realizan los alumnos al momento de resolver las propuestas dadas por los docentes, qué tipo de saberes ponen en juego y cómo dichas propuestas habilitan (o no) el desarrollo de competencias diferentes.

En cuanto a la intersección *Software/Didáctico-pedagógica*, aquí se identifican, por un lado, las aplicaciones disponibles en la *netbook/notebook* para actividades áulicas y, por otro, aquellos recursos educativos digitales que se utilizan efectivamente en las clases. Respecto a estos, ¿en qué disciplinas se usan más?, ¿en qué momentos del desarrollo de la clase es propuesta su utilización?, entre otras.

Por último, hemos llegado al cruce *Contenidos/Didáctico-pedagógica*. En éste se describen, en primer lugar, los contenidos disponibles en la *netbook/notebook* para actividades áulicas y, por otro, aquellos programas que se utilizan efectivamente en las clases. De las aplicaciones que se utilizan, ¿en qué disciplinas se usan más? ¿En qué momentos del desarrollo de la clase es propuesta su utilización?

En pocas palabras, la intersección entre los planes 1 a 1 (con sus respectivas capas/niveles) y la dimensión Didáctico-pedagógica pretende dar cuenta de la diversidad de usos y producciones que se suscitan en las instituciones educativas. A la vez, busca caracterizar a nivel del diseño de dichos planes cada uno de los niveles propuestos.

Finalmente, en esta sección hemos presentado, por un lado, una propuesta analítica de las instituciones educativas con planes 1 a 1. Ella se cristaliza en el tercer cuadro. Por otro, a grandes rasgos, operacionalizamos cada una de las dieciséis intersecciones generadas en dicho cuadro.

Algunas conclusiones, diversos interrogantes

En este capítulo nos abocamos a un tipo de incorporación de tecnología digital en las instituciones educativas: los planes "una computadora, un alumno". Así, en la introducción presentamos la diversidad de análisis realizados respecto de dicho objeto de estudio. En ese sentido, identificamos que la mayoría de la bibliografía especializada, hasta el momento, entiende a este tipo de incorporación de tecnologías digitales de manera *homogénea*, como un *ente unívoco* en el que están presentes los mismos actores con iguales elementos. De dicha observación surge la primera de las propuestas realizadas en este texto. Específicamente, desagregar a los planes 1 a 1 en cuatro capas/niveles analíticos: infraestructura de conectividad, hardware, software y contenidos. A partir de ésta se considera posible, por un lado, captar la diversidad de componentes que conviven en dichos planes junto con sus respectivos actores y, por otro, dimensionar y describir las dinámicas que se generan en cada uno de los niveles analíticos propuestos. Aquí nos hemos dedicado a describirlo sintéticamente.[18] No obstante, en la segunda sección, identificamos la diversidad de componentes que implican los 1:1; así como dejamos entrever algunos de los actores públicos y privados presentes en este tipo de incorporaciones. Esto se sustenta en la idea según la cual, al momento de incorporar las *netbooks/notebooks* e Internet en las instituciones educativas, algunos de los actores identificados, o dependiente de ellos, comenzarán a formar parte de dicha institución. Entonces, podemos suponer, por un

---

18. Para un desarrollo más detallado véase Dughera (2011, 2013).

lado, que los planes "una computadora, un alumno", lejos de reducirse a la entrega de hardware, implican una diversidad de componentes y actores necesarios de ser identificados. Por otro, que el diseño de cada uno de ellos interpela e implica funcionamientos diferentes de las instituciones educativas.

En consecuencia, si queremos dar cuenta de cómo funcionan dichas incorporaciones en las instituciones educativas ya no nos alcanza con describir y analizar el diseño de cada uno de estos planes, sino que se vuelve imprescindible zambullirse al interior de dichas instituciones. Ello implica, tal como se realiza en la tercera sección, definir y operacionalizar a las instituciones educativas. En ese sentido, se recupera la propuesta de Frigerio y Poggi (1992) de cuatro dimensiones de análisis, a saber: Curricular, Organizacional, Comunitaria y Didáctico-pedagógica. Una vez que ya disponemos de la propuesta de desagregación en capas/niveles de los planes "una computadora, un alumno" y de las dimensiones de análisis de la institución educativa, estamos en condiciones, podríamos decir, de formular la propuesta que motoriza estas líneas. Específicamente, esta consiste, tal como ha quedado objetivado en el tercer cuadro, en cuatro grandes intersecciones, junto con sus respectivas dimensiones. Así, se obtiene un total de dieciséis cruces posibles. Consideramos que estas permiten dar cuenta de cómo se suscita esta imbricación entre los planes 1 a 1 y las instituciones educativas. Por supuesto, en este capítulo solamente hemos presentado los esbozos de cada una de ellas, es necesario en futuros trabajos profundizar en dicha propuesta.

Finalmente, cabe dedicar unas líneas a los interrogantes que deja pendientes este trabajo. Por lo pronto, si la desagregación de los planes 1:1 tiene alguna utilidad, deberá ser testeada en los diversos planes que se implementan tanto a nivel regional como mundial. Por otra parte, si la operacionalización propuesta para las instituciones educativas con este tipo de incorporaciones permite captar y precisar cambios y continuidades en las dinámicas institucionales de dichas instituciones. Así, en futuras investigaciones también será conveniente identificar y caracterizar a los mecanismos que posibilitan que éstas se conserven.

Por último, la incorporación de los planes 1:1 en *lo escolar* conlleva, explícita o implícitamente, transformaciones en los actores educativos. No obstante, éstas requieren de instituciones que las acompañen. En efecto, se requiere de una observación detallada de lo que ocurre en dichas instituciones, del diálogo con los docentes, del ejercicio indagatorio sobre las vivencias de los alumnos o las expectativas y dificultades de sus padres, así como la observación de los niveles de gestión y organización (Bertely, 2000). Estos son ejes primordiales a considerar y seguir profundizando.

Bibliografía

Aguerrondo, I. (2002). *Escuelas del Futuro (trilogía). I. Cómo piensan las escuelas que innovan. II. Cómo planifican las escuelas que innovan. III. Qué hacen las escuelas que innovan.* Buenos Aires, Papers Educación.

Area Moreira, M. (2010). "El proceso de integración y uso pedagógico de las TIC en los centros educativos. Un estudio de casos". Revista de Educación N° 352, mayo-agosto 2010, pp. 77-97.

——————— (2011). "Los efectos del modelo 1:1 en el cambio educativo en las escuelas. Evidencias y desafíos para las políticas Iberoamericanas". Revista Iberoamericana de Educación N°56, pp. 49-74.

Benkler, Y. (2006). *The Wealth of Networks: How Social Production Transforms Markets and Freedom.* Connecticut (New Haven), Yale University Press.

Bertely, M. (2000). *Conociendo nuestras escuelas: Un acercamiento etnográfico a la cultura escolar.* México, Paidós.

Burbules, N. y Callister T. (2008). *Educación: Riesgos y promesas de las nuevas tecnologías de la información.* Buenos Aires, Granica.

Buckingham, D. (2007). *Más allá de la tecnología. Aprendizaje infantil en la era de la cultura digital*. Buenos Aires, Manantial.
Cabello, R. y Levis D. (eds.) (2007). *Medios informáticos en la educación a principios del siglo XXI*. Buenos Aires, Prometeo.
Castells, M. (1997). *La era de la información* (tomos I, II y III). Siglo XXI, México DF.
Celaya Ramírez, R., Lozano Martínez, F. y Ramírez Montoya, M. S. (2010). "Apropiación tecnológica en profesores que incorporan recursos educativos abiertos en educación media superior". Revista Mexicana de Investigación Educativa, vol. 15, N° 45, pp. 487-513.
Cuban, L. (2006). "1:1 Laptops Transforming Classrooms: Yeah, Sure". Teachers College Record, octubre. Disponible en: http://www.tcrecord.org/Content.asp?contentID=12818
Dubet, F. (2006). *El declive de la institución. Profesiones, sujetos e individuos en la modernidad*. Barcelona, Gedisa.
Dughera, L. (2011). "La institución escolar como protagonista de la inclusión digital. Una aproximación a la apropiación de tecnología por parte de vecinos y docentes en localidades de Corrientes, Argentina". En S. Palacios (comp.) *Unidades TIC en cooperación y educación*. Madrid, HegoBit aldea.
————— (2013). "El desembarco del modelo 'Una computadora, un alumno' en las escuelas primarias pioneras comunes de CABA (2010-2011). Un análisis desagregado de los actores, las relaciones problemas-soluciones y las regulaciones que se co-construyen en el Plan Sarmiento BA". Tesis de Maestría, Universidad Nacional de Quilmes.
Dussel, I. (2009b). "La escuela como tecnología y las tecnologías de la escuela: notas sobre el estado de un problema". En *Diploma Superior en Educación, Imágenes y Medios*. Clase N° 4. Buenos Aires, FLACSO.
———– (2011). "Aprender y enseñar en la cultura digital". Documento básico. Fundación Santillana.

Dussel, I. y Quevedo, L. A. (2010). "Educación y nuevas tecnologías: Los desafíos pedagógicos ante el mundo digital". VI Foro Latinoamericano de Educación. Fundación Santillana.
Franca, R., Furzatti, M. y Gonzáles, G. (2010). "Una escuela para el futuro. El profesor como actor del cambio ente los retos digitales". Montevideo, CITS- Plan Ceibal.
Fernández, M. D., Gewerc, A. y Álvarez, Q. (2009). "Proyectos de innovación curricular mediados por TIC: Un estudio de caso". Revista Latinoamericana de Tecnología Educativa RELATEC, vol. 8, N° 1, pp. 65-81.
Ito, M. (2009). *Engineering play: a cultural history of children's software*. Cambridge (Massachusetts), The MIT Press.
Levis, D. (2007). "Enseñar y aprender con informática/enseñar y aprender informática". En R. Cabello y D. Levis (eds.) *Medios informáticos en la educación a principios del siglo XXI*. Buenos Aires, Prometeo.
Lessig, Lawrence (2001). *Code and other laws of cyberspace*. New York, Basic Books.
Lugo, M. T. y Kelly, V. (2005). *Tecnologías en educación. ¿Políticas para la innovación?* Buenos Aires, IIPE-UNESCO.
—————— (2009). "La matriz TIC. Una herramienta para planificar las Tecnologías de la Información y Comunicación en las instituciones educativas. IIPE-UNESCO. Disponible en: http://www.webinar.org.ar/sites/default/files/actividad/documentos/Articulo matriz TIC.pdf
Montes, N. y Ziegler, S. (2010). "Miradas sobre una experiencia de cambio en la escuela secundaria. Nuevos formatos para promover la inclusión educativa". Revista Mexicana de Investigación Educativa. RMIE, octubre-diciembre, vol. 15, N° 47, pp. 1075-1092.
OCDE. "Los modelos 1:1 en educación. Prácticas internacionales, evidencia comparada e implicaciones políticas".
Palamidessi M. (comp.) (2006). *La escuela en la sociedad de redes. Una introducción a las tecnologías de la información y*

la comunicación en la educación. Buenos Aires, Fondo de Cultura Económica.
Palomo, R.; Ruiz, J. y Sánchez, J. (2006). *Las TIC como agentes de innovación educativa.* España, Junta de Andalucía.
Pérez-Gómez, A. (2005). *La cultura escolar en la sociedad neoliberal.* Madrid, Morata.
Ramírez, J. L. (2006). "Las tecnologías de la información y de la comunicación en la educación en cuatro países latinoamericanos". Revista Mexicana de Investigación Educativa, vol. 11, N° 28, pp. 61 – 90. Consejo Mexicano de Investigación Educativa.
Sancho, J. M. (coord.) (2006). *Tecnologías para transformar la educación.* Madrid, Akal.
Sarasola, M. (2007). "Una aproximación al estudio de la cultura organizacional en centros educativos". Archivos analíticos de política educativa, 12 (57).
Schlemenson, A. (1993). *Análisis organizacional y empresa unipersonal: crisis y conflicto en contextos turbulentos.* Buenos Aires, Paidós.
Señoriño, O y Bonino S. (2002). "Institución educativa: las definiciones de la indefinición". OEI-Revista Iberoamericana de Educación (ISSN: 1681-5653).
Spiegel, A. (2010). "Netbooks en las aulas. Nuevas preguntas, viejas respuestas". Novedades educativas, año 22, N° 236.
Tedesco, Burbules, Hepp, Lugo y Kelly, Morrisey, Brunner (2007). *Cómo las TIC transforman la educación.* Buenos Aires, IIPE-UNESCO.
Tyack, D. y Cuban, L. (2001). *En busca de la utopía. Un siglo de reformas de las escuelas públicas.* México, Fondo de Cultura Económica.
Tyler (1996). *Organización escolar.* Buenos Aires, Morata.
Valiente González, O. (2011). "Los modelos 1:1 en educación. Prácticas internacionales, evidencia comparada e implicaciones políticas". Revista Iberoamericana de Educación, N° 56, pp. 113 – 134.

Vercelli, A. (2006). "Aprender la Libertad: el diseño del entorno educativo y la producción colaborativa de los contenidos básicos comunes". Disponible en www.arielvercelli.org/all.pdf

Zidán, E. (2010a). "El Plan Ceibal en la educación pública uruguaya: estudio de la relación entre tecnología, equidad social y cambio educativo desde la perspectiva de los educadores". En Actualidades Investigativas en Educación, Instituto de Investigación en Educación, Universidad de Costa Rica.

Zidán, E. (2010b). "El Plan Ceibal en las escuelas públicas uruguayas". Novedades educativas, año 22, N° 236.

Zukerfeld, M. (2009). *Todo lo que usted quiso saber sobre Internet pero nunca se atrevió a googlear*. Edición Hipersociología.

4

Discursos emergentes sobre educación y tecnología: ¿cambio de rumbo o más de lo mismo?

José Miguel García y Martina Bailón

Introducción

Uruguay ha asumido en la última década la transformación de la educación como necesidad política, y la inclusión de tecnologías[1] digitales ha sido una de las estrategias centrales para su consecución. El acceso a dichas tecnologías se garantiza por medio del Plan Ceibal[2] en el marco del Plan de Equidad[3] que impulsó el gobierno de Tabaré Vázquez.

---

1. Cuando hablamos de tecnologías lo hacemos en el sentido que sostiene Dussel (2012: 2): "La Tecnología no es simplemente una posibilidad técnica, sino que supone prácticas sociales, dinámicas políticas y sensibilidades que son las que determinan sus sentidos y los modos de uso".
2. Ceibal (Conectividad Educativa de Informática Básica para el Aprendizaje en Línea) es el nombre dado en Uruguay al proyecto de implementación del modelo de un alumno - una computadora.
3. Plan elaborado en Uruguay durante los años 2006 y 2007, convertido en el buque insignia del gobierno del Dr. Tabaré Vázquez, que lo anunciaba como "Plan de Equidad: equidad de género, equidad intra e intergeneracional, equidad social y equidad territorial. Porque los uruguayos no solamente tenemos que ser solidarios. También tenemos que ser iguales en todas las circunstancias: iguales ante la ley, pero sobre todo iguales ante la vida" el 15/9/2006, (http://archivo.presidencia.gub.uy/_Web/noticias/2006/09/2006091501.htm). El Plan de Equidad se compone del Sistema Nacional Integrado de Salud, Plan de Igualdad de Derechos y Oportunidades de las

Sin embargo, el discurso de la transformación (desde la reforma hasta la revolución) no es nuevo ni en el campo educativo ni en el terreno de las tecnologías orientadas a la educación.

En el presente trabajo se analizan algunos aspectos sobre la implementación del modelo de un alumno – una computadora, y sobre cómo la incorporación de las tecnologías impacta (o no) en las prácticas educativas. Se profundiza en la noción de la personalización a través de la inclusión de las tecnologías que pone a disposición el Plan Ceibal en la enseñanza Inicial, Primaria y Secundaria en Uruguay, y cómo desde algunos discursos oficiales se asocia la personalización de la educación como su mecanización, sustentando o fortaleciendo los formatos tradicionales de trasmisión de la información, desoyendo las señales de que el conocimiento se construye colectivamente, y que está en permanente cambio. Asimismo, se aborda el tema de la crisis en la educación, su relación con las tecnologías, y de cómo éstas quiebran algunos supuestos educativos, que ya están perimidos. El abordaje de este trabajo realiza cruces entre algunos elementos de la Teoría de la Enseñanza y algunos discursos circulantes en relación al Plan Ceibal, sobre las características de las instituciones educativas y su interrelación con los nuevos medios digitales.

Mujeres, Políticas de empleo, Plan Quinquenal de Vivienda, Reforma de la educación y Red de Asistencia e Integración Social. Esta última se compone de Prestaciones Sociales No Contributivas o transferencias monetarias, Educación, Trabajo promovido o protegido, Política Alimenticia, una reorientación de las políticas sociales de la discapacidad, Procesos productivos y Programa de inclusión social. 12/12/2007, (http://archivo.presidencia.gub.uy/_Web/noticias/2007/12/2007121203.htm).

El Plan Ceibal

El Plan Ceibal fue creado por iniciativa del Poder Ejecutivo en 2007.[4] Si bien surge en el marco del Plan de Equidad desplegado por el gobierno de Vázquez, se lo define desde sus inicios como estrategia orientada a la transformación de la educación.

El discurso presidencial inaugural refiere a la transformación de la educación, excluyendo toda referencia a la noción de reforma educativa, significante asociado en la historia política reciente al período de gobierno de la educación de Germán Rama[5] en la década de los noventa. Sin embargo, en su discurso inaugural el Dr. Tabaré Vázquez establece un paralelismo entre la distribución de tecnologías digitales y la "revolución vareliana".[6]

> En 1875, cuando la revolución valeriana, no sólo hubo cambios conceptuales que hicieron que el Uruguay pudiera en el mundo destacarse por su educación o por la enseñanza, por todos estos valores tan importantes, sino que además aquel proceso fue acompañado por entrega de elementos para aquellos niños de aquella época: útiles de escuela que fueron absolutamente imprescindibles y necesarios para trabajar en esa reforma educativa. (Vázquez, 2006)

Ya aquí Vázquez genera un posicionamiento desde el cual se comienza a construir el perfil del Plan Ceibal estableciendo una línea de continuidad con la "revolución vareliana":

---

4. La Ley de creación del Plan Ceibal es la Nº 18640.
5. Germán Rama fue director del Consejo Directivo Central de la Administración Nacional de Educación Pública (ANEP) entre 1995 y el 2000, impulsando una reforma educativa que alcanzó a todos los subsistemas de la ANEP.
6. La reforma vareliana es uno de los elementos que dan identidad al sistema educativo uruguayo, sus principios básicos están vigentes aún: laicidad, obligatoriedad y gratuidad. Fue impulsada por José Pedro Varela entre 1886 y 1889.

> Claro, en aquel momento eran un lápiz y un papel, era el pizarrón y la tiza, era el borrador, pero eran sumamente importantes y vaya a saber qué costo, qué precio, hubo que pagar en aquel momento para dotar a todos los niños escolares de hojas, de cuadernos, de lápices, de pizarrón y de tiza. El tiempo ha pasado. De 2007 en adelante, el útil escolar fundamental que van a tener nuestros niños va a ser esta computadora y es deber del Estado tratar de dar a los niños y sobre todo a los que más necesitan, igual oportunidad de contar con elementos de aprendizaje para lograr su desarrollo en la vida. (Vázquez, 2006)

Según los discursos oficiales las instituciones educativas están perimidas, o al menos desactualizadas. Ya Vázquez en 2006 hacía mención a la necesaria transformación de la educación, suponiendo que la disponibilidad de la tecnología provocaría esta transformación. Juan Grompone, asesor en los inicios de Plan Ceibal y referente local en lo que hace al terreno de la tecnología enfatiza en este mismo sentido:

> Revolucionario porque, en la medida en que apostemos al Uruguay tecnológico (vuelvo a mi caballo favorito), el hecho de que haya una cantidad de niños que a lo largo de toda su formación se familiarizaron con los elementos electrónicos, con su manejo en el uso cotidiano, se va a producir una generación nueva adaptada a la nueva sociedad y a los nuevos estilos de producción y de fabricación. (Grompone, 2007)

Grompone plantea una mirada prospectiva del tema, procurando delimitar algunos efectos a futuro del acceso masivo a las tecnologías digitales. Sin embargo, pareciera que es necesario definir la crisis de la educación para justificar de alguna forma la necesaria intervención del Estado sobre este campo a través del Plan Ceibal.

El Plan Ceibal se concibió como una política universal, donde todos los alumnos de enseñanza pública tendrían condiciones comunes y mínimas de acceso a la tecnología. Por otra parte, ha tenido una amplia aceptación de la ciudadanía y de los diferentes actores políticos. Según una investigación del Observatorio Universitario de Políticas Culturales/FHCE/UDELAR (Dominzain, s/f) ya en 2009, el Plan Ceibal recogía una amplia aceptación, a dos años del inicio de su implementación, y sin haber llegado al departamento de Montevideo aún.

> Existe un expreso apoyo por parte de la población nacional a la educación. A su vez, la aceptación nos indica, que si bien somos una sociedad que tiene dificultades para el cambio, cuando se trata de tecnología, y si además ésta se vuelca a la formación de nuestros niños y jóvenes, nos mostramos receptivos y damos lugar a las transformaciones. (Dominzain, s/f)

No parecerían existir argumentos que planteen la irrelevancia del despliegue de políticas públicas que garanticen el acceso a las tecnologías digitales. El propio Estado ha hecho importantes esfuerzos para avanzar en la informatización de la gestión por lo que parece evidente la necesidad de garantizar el acceso de toda la ciudadanía al uso de los nuevos medios digitales. Sin embargo, concordamos con Papert en que "poner la computadora en la escuela no desarrollará el alfabetismo digital, de la misma manera que tener lápiz y papel no ha sido suficiente para alfabetizar" (Papert, 2001: 4).

Por parte del colectivo docente la aceptación del Plan Ceibal no es tan uniforme. Si bien existe un amplio acuerdo sobre la necesidad de la inclusión de las tecnologías digitales en la educación, este acuerdo a nivel discursivo no necesariamente tiene una correlación con los niveles de uso en las aulas.

Las tecnologías y la escuela[7]

En Uruguay, hasta la implementación del Plan Ceibal, el uso de las computadoras estaba limitado al aula de Informática, no necesariamente conjugado con la realidad escolar o las actividades de aprendizaje de otras disciplinas. En este contexto la Informática llegó a convertirse en una asignatura más, estando a cargo de un docente especializado, como lo es Educación Física o Música. Estos espacios son elementos muy importantes a ser trabajados en la escuela, y es clave que se desarrollen, sobre todo en una institución fuertemente academicista, centrada en la letra escrita y controlando el cuerpo. Pero, al igual que en Educación Física, hay un momento para moverse, para correr y hacer deportes, y otro momento para el quietismo, el quedarse en el banco, sin levantarse, ni hablar, ni moverse. Así, en la escuela había momentos para trabajar con computadoras, en espacios específicos para ello, pero sobre todo de la mano de actividades muchas veces ajenas a la realidad escolar, y hasta a la lógica de los niños y adolescentes, en las que el mundo adulto fue condicionado al infantil a trabajar con los paquetes de oficina.

Las escuelas uruguayas han permanecido por años ajenas a los cambios tecnológicos que ocurrían en la sociedad, incorporando muchas veces las tecnologías en cuanto se adaptaron a las lógicas escolares. Las computadoras se comenzaron a utilizar primero en el ámbito comercial o industrial y pasaron luego a los hogares y escuelas, con una metáfora del adulto, de una estructura ordenada y clasificada de escritorio.

A partir del Plan Ceibal esta situación cambió porque cada alumno tiene su máquina y la utiliza en el ámbito cotidiano de la clase. El maestro debe entonces asumir un rol

---

7. Escuela refiere a Institución de educación formal, independientemente del nivel específico de Primaria, Media o Técnica.

más activo en la inclusión de las computadoras en el aula, dejando de ser un mero espectador de la "clase de Informática". Éste es un cambio fundamental que se ha originado desde la implementación del Plan.

Las tecnologías pueden verse como un caballo de Troya, que ingresaron en las aulas y están sacudiendo la práctica, brindando herramientas, posibilidades, abriendo espectros para que el cambio sea posible, cambios acordes con la sociedad en la que estamos inmersos. El docente tiene que tomar estos cambios y repensar su rol.

La implementación de modelos 1:1[8] supuso un gran quiebre con las lógicas establecidas. Por lo pronto, las *laptops* invadieron el aula, dejando solo al maestro con sus alumnos y sus máquinas. Si bien al comienzo se tendió fundamentalmente a adaptar las lógicas previas al uso de la computadora, la implementación de una plataforma como *Sugar*,[9] rica en contenidos diseñados especialmente para niños, habilitó o permitió revertir esta tendencia. La metáfora de *Sugar* se presenta más como un cuarto de juegos, diseñado especialmente para niños y para la educación. Para los docentes uruguayos significó un gran cambio, por la diferencia de enfoque respecto de lo que estaban acostumbrados a realizar en las computadoras de escritorio, pero se entiende que esto ha sido una fortaleza para propiciar el cambio. La salida del ámbito específico del aula de Informática, y sobre todo de los docentes especializados, permite una incorporación más acorde a las actividades de aula. Así, con gran trabajo e interés de innovación, los docentes fueron buscando las herramientas que podían utilizar para favorecer los aprendizajes. A modo de ejemplo, el

---

8. Modelo 1:1 es un modelo educativo que provee de un recurso para cada alumno. En este texto, refiere en todos los casos a la entrega de una laptop a cada estudiante.
9. Sistema operativo basado en Linux, que se utiliza en las computadoras entregadas a maestros y alumnos de la educación Primaria. Más datos en: http://wiki.sugarlabs.org/go/What_is_Sugar

proyecto Sembrando Experiencias[10] recoge un importante número de estas prácticas.

Por otra parte, el acceso permanente a Internet ha permitido al docente visualizar algo que ya ocurría pero que muchas veces no comprendía: la clave de la educación no está en los contenidos, ni el docente debe saber todo sobre todo. Esta percepción promueve la implementación de otras propuestas, así como el vivir con más naturalidad el "no lo sé, vamos a buscarlo" de los docentes. Esto, sumado a la proliferación de actividades en la web de carácter abierto, y de programas específicos en las *laptops*, permite al docente revisar su rol, que ya estaba siendo cuestionado por el entorno social.

Sobre la personalización de la educación

A siete años de la implementación del Plan Ceibal, habiendo ya resuelto el acceso básico de niños y jóvenes a computadoras e Internet en los centros educativos (primera fase de acceso), se instalan nuevos desafíos que tienen que ver, entre otros elementos, con la transformación de los modos de enseñar y aprender. Pareciera ser que en la actualidad —y sólo luego de haber garantizado el acceso básico a la tecnología— el horizonte común para la educación es la personalización, entendida inicialmente como la adecuación a las necesidades, características, ritmos e intereses de cada alumno en particular.

La noción de personalización como objetivo del Plan Ceibal surge en el discurso público a partir de 2011:

> El desafío mayor que tenemos para adelante se llama la personalización de la educación. Nuestro actual sistema educativo es producto de la revolución industrial, tiene más de 250 años de diseño. En ese momento había que

---

10. Proyecto de recolección y publicación de experiencias innovadoras en el aula usando tecnologías. http://www.anep.edu.uy/sembrando/

agrupar a los niños por edades y hacerlos estudiar en grupos como si fueran uniformes. (Brechner, 2011)[11]

Y también:

> Ceibal transformó un privilegio en un derecho. Estamos en el proceso de personalizar la educación. La inclusión hay que darla todos los días, la tecnología hay que usarla pero hay que integrarla con la pedagogía. Nuestro gran desafío para los próximos cinco años. (Brechner, 2013)

La personalización a la que se podría acceder —únicamente— a través de las tecnologías digitales, sería una vía de acceso, planteando ahora una perspectiva más evolucionista que revolucionaria de la educación.

Construcciones discursivas sobre la personalización de la educación con tecnologías

A partir de algunos fragmentos discursivos oficiales recogidos en la prensa local, podemos identificar ciertas ideas fuerza asociadas a la noción de personalización que serán presentadas a continuación.

Por un lado, la personalización aparece como "efecto". Es entendida en tanto producto concreto —sobre todo en términos de aprendizajes, suponiendo que estos pueden ser medidos, cuantificados—, que puede ser obtenido a partir de la mediación de la tecnología en el proceso de enseñanza-aprendizaje. La función que tendría la tecnología —como prótesis en tanto extensión de las capacidades del sujeto— sería maximizar los resultados educativos y controlar sus resultados. De este contexto se desprende que la tecnología permitiría potenciar los aprendizajes —medidos como rendimiento— que se lograrían sin su intervención, en función de las propias capacidades y por la intermediación de herramientas diseñadas con anterioridad. En

---

11. Miguel Brechner es presidente del Consejo Directivo del Plan Ceibal.

esta primera asociación no aparece la figura del docente ni una mención al rol sustitutivo o compensatorio de su función. ¿La tecnología hace lo que el docente no sabe hacer o lo sustituye liberándolo de esta tarea?

A partir de esto se construye una perspectiva típicamente tecnicista que coloca a la personalización como "proceso natural" que surge de la interacción del alumno con las tecnologías.

> El plan permite personalizar la educación y es un tema importantísimo la personalización. Cuando hacemos evaluación en línea —y el año pasado tomamos 90.000 pruebas al mismo tiempo entre segundo y sexto de escuela y este año vamos a tomar tercero, cuarto, quinto y sexto—, el maestro tiene el resultado en forma inmediata, el maestro ve cómo trabajaron sus alumnos comparativamente entre ellos y a su vez frente a otros alumnos. (Brechner, 2013)

Dussel alerta sobre una vuelta a la utopía post-escolar que ofrecería la disponibilidad de la tecnología para la auto-organización del aprendizaje. En esta concepción (que tiene mucho que ver con una oferta de mercado) "hay una suerte de vuelta a una utopía rousseauniana de que los niños deben saltearse la influencia de las instituciones sociales y explorar por sí mismos el mundo y la naturaleza" (Dussel, 2010: 6).

Desde estas perspectivas, las tecnologías son percibidas como prodigiosas y cuentan con un "poder transformador" *per se*:

> En buena medida, la forma en que las tecnologías se imbrican en la producción de prácticas sociales depende de la capacidad que los sujetos, las instituciones y las sociedades tengan para construir y recrear conocimientos y sentidos en torno de sus potencialidades de usos. Y si bien en Internet o en las librerías puede encontrarse una gran cantidad de textos sobre estas cuestiones, la producción de conocimientos y la "recontextualización" local de los discursos generados en otros contextos sociales es aun débil. (Palamidessi, 2006: 10)

Independientemente del necesario análisis para la recontextualización, en este caso se construye la noción de que la única vía para lograr la personalización es a través de las tecnologías.

> "Cuando uno habla de personalizar la educación solo lo puede hacer con tecnología", aseguró [Brechner]. Dijo que de otra manera es "imposible", y mencionó en ese sentido la evolución de la escuela y la necesidad de aumentar la personalización de la atención. (Pereira, 2013)

Aparece aquí una noción más evolutiva del cambio que revolucionaria. En este caso pareciera que la forma de superar la crisis a la que asistimos podría establecerse a través de un plan lógico donde, luego del uso de las tecnologías, se puede observar como efecto la personalización. En un principio sería prescindible la intervención del docente, ya que sería suficiente la interacción del alumno con los medios digitales para desencadenar el aprendizaje. A posteriori el docente podría intervenir, agregando valor al proceso y sirviéndose de sus beneficios: el control de los "avances" de los alumnos, la ampliación del conocimiento que puede tener del alumno a partir de la información producida y la posibilidad de analizar comparativamente a los alumnos. Asimismo, este proceso se puede realizar de forma masiva. La "masificación" es otra de las ideas fuerza que aparece vinculada a la personalización. Opera bajo la lógica de que es posible, con la mediación de la tecnología, multiplicar el alcance de la acción del docente generando una intervención individualizada así como la automatización de la tarea artesanal que realiza el docente, sobre todo en cuanto al control de aprendizaje de los alumnos como proceso virtuoso. Este proceso permitiría entonces enriquecer al alumno y también al docente, quien podrá retroalimentarse en la enseñanza-aprendizaje, así como producir mayor información sobre el acto educativo.

> Ahora tenemos una plataforma de Matemáticas —que está instalada hace dos meses, más o menos— y cubre desde 4° de escuela hasta 4° de enseñanza media. Hay 100.000 ejercicios de Matemáticas y el docente le manda al estudiante o el estudiante entra por su cuenta en un problema y
> —a medida que lo va haciendo— si lo resuelve, se hace más difícil y si no lo resuelve, se empiezan a hacer más fáciles y en los lugares donde él tiene dificultad, hasta encontrar dónde está la dificultad de entendimiento. (La Onda Digital, s/f)

La "automatización" es un supuesto asociado a la personalización del proceso de enseñanza y aprendizaje con el uso de tecnologías. Éste opera bajo el supuesto encubierto de que el sujeto no necesita de otro sujeto para desarrollar sus habilidades. Al respecto Brechner sostiene:

> La infraestructura virtual que ofrece Ceibal tiende a una educación personalizada donde los estudiantes pueden desarrollar sus habilidades en distintas áreas, como la lectura a través de los 300 libros digitales que están cargados; o las matemáticas, a través de la olimpíada que se realizó en setiembre o la competencia Cazaproblemas en la que juegan 42.000 niños, duplicando las cifras registradas en esta misma actividad en el año 2012. (Departamento de Comunicación. Presidencia de la República, 2013)

Finalmente, una última noción asociada a la personalización es su "función compensatoria", que opera bajo la lógica de que existe un canon de conocimientos y contenidos (como corpus relativamente estable) que puede y debe ser alcanzado por el universo de los alumnos. Por diferentes motivos, algunos sujetos no acceden al conocimiento según una pauta de normalidad. Este *handicap* puede ser compensado con el uso sostenido de tecnologías para el aprendizaje. Sólo es necesario que el sujeto se ponga a trabajar con los dispositivos adecuados que le permitirán, de acuerdo a sus habilidades previas, ampliar sus conocimientos.

Hablando de tecnologías digitales y personalización de la educación

Cuando nos referimos a tecnologías digitales, y en especial las que pone a disposición el Plan Ceibal, hacemos referencia a *laptops* en sus diferentes modelos que cuentan con software adaptado al contexto nacional pero siempre con altos niveles de preconfiguración. En general se trata de software libre y esto implica (entre otras cosas) que los usuarios podrían acceder al código para modificar tanto el programa como los contenidos.

Sin embargo, en general los usuarios docentes no suelen dedicarse a la programación. En algunos casos (excepcionales todavía) generan recursos para trabajar en el aula. Es extendido entre los docentes y alumnos el "consumo" de recursos, aplicaciones y programas generados en contextos distantes al aula y a las instituciones educativas. Esta no es una novedad en el terreno de la educación. Resulta relevante destacar el valor simbólico del acceso a la web en las instituciones educativas, sin embargo es fundamental revisar las pautas de acceso y utilización de los recursos digitales. Fundamentalmente Internet se ha constituido en la biblioteca de la humanidad, no sólo por el contenido disponible sino también por la amplia accesibilidad. "Internet no es sólo una herramienta de comunicación o transmisión y búsqueda de información sino que constituye un nuevo y complejo espacio global de integración y acción social." (Palamidessi, 2006: 25). La amplia distribución y el acceso masivo que caracteriza a la web (y su uso extendido en la educación) generan un supuesto de libertad en la que el sujeto podría acceder al mundo. En este espacio virtual se cumple la ilusión de acceso al mundo y la web se constituye en algunos casos como la materialización del conocimiento accesible a los sujetos. Desde esta perspectiva se invisibilizan para el usuario los diferentes mecanismos de prohibición y jerarquización de la información disponible.

La multiplicación de recursos disponibles (y su amplia disponibilidad) parece resolver el problema de la diversidad y despliega además (en algunos discursos) la ilusión de sustitución del docente por la inteligencia artificial.

> Sí. Ahí le vuelve al docente para que trabaje con el estudiante. Ahí es donde hablamos de "personalizar". ¿Ustedes tienen una idea por qué es el formato actual de la escuela y del liceo? Es un formato de la era industrial, porque había que meter a los niños en clase y —entonces— metían a todos los de 8, a todos los de 9, etcétera. Por edades. Porque no nos olvidemos que la primera personalización de la educación era el tutor —en las viejas épocas de la Edad Media— que trabajaba con diez o quince niños y a cada uno le daba lo que necesitaba. Cuando empieza el proceso fabril de la educación, ahí es donde —de alguna manera— hay una cantidad de gente que es parecida, después una cantidad de gente muy avanzada y otra cantidad de gente avanzada más o menos. La única manera que nosotros podemos ver esta personalización es que —en realidad— cada uno pueda dar lo máximo posible y que cada uno pueda aprender y ser atendido, es usando la tecnología. No podemos pretender que el docente pueda recordar a treinta o treinta y cinco estudiantes de Matemáticas en cada ejercicio en dónde cada uno se trancó. (La Onda Digital, s/d)

En este sentido las tecnologías se plantean con una función sustitutiva a la escolar en cuanto a la prescripción curricular.

Resulta pertinente por un lado indagar en algunos efectos pedagógicos de este discurso así como rastrear antecedentes en el ámbito de la enseñanza. Interesa particularmente desde el desarrollo de la Teoría de la Enseñanza como perspectiva para el análisis. Desde este posicionamiento entendemos que pueden establecerse líneas de continuidad entre el discurso analizado y la didáctica moderna.

Una didáctica magna[12]

La Didáctica en tanto disciplina procura el despliegue de tecnologías y métodos para garantizar la inscripción de todos los sujetos en la cultura. En tanto magna disciplina, se ha erigido en la modernidad como garante para las instituciones educativas, para la profesión docente y para la sociedad toda, del acceso universal al conocimiento. Así, la escuela (en tanto institución educativa) estaría en condiciones de asumir el mandato inclusivo y homogeneizante a través de la enseñanza, poniendo a disposición de los alumnos el corpus de conocimiento que la sociedad ha definido como relevante para su transmisión a las nuevas generaciones. Las instituciones educativas continúan operando sobre este mandato, en un contexto algo diferente al de su fundación, padeciendo aún los síntomas de este imposible mandato: la educación como proyecto específico de la sociedad moderna para la transmisión de un corpus de conocimiento pertinente, relevante, universal y estable a todos los sujetos y singularmente a cada uno. Bordoli (2005) sostiene que el problema central que ha buscado resolver la Didáctica tiene que ver con el acceso de las grandes masas y al mismo tiempo de cada sujeto en su singularidad a la cultura. "En esta búsqueda de inscripción de lo social-cultural a todos los sujetos y singularmente a cada uno, la Didáctica ha operado oscilantemente, con dos lógicas: los saberes y los sujetos" (Bordoli, 2005: 19).

La Didáctica moderna surge desde una fuerte tradición instrumental como tecnología de la enseñanza (Behares, 2005) cuyo objeto es el proceso unificado y transparente de la enseñanza-aprendizaje.

---

12. Bordoli (2004) retoma esta noción comeniana como artificio universal para enseñar "todo a todos" que permitirá además organizar a las instituciones de enseñanza.

> La teoría propia de la tecnología de la enseñanza de la modernidad implica que admitamos en forma definida la posibilidad de concebir la transparencia intersubjetiva y la relación de enseñanza aprendizaje, en sentido inicialmente prepsicológico (S XVII a XIX) y luego psicológico (SXX). (Behares, 2005: 11)

Bordoli (2005) distingue tres formaciones discursivas de la Didáctica en la modernidad: la "didáctica comeniana" como tecnología de la mediación, la "didáctica psicologizada" con un giro ético y psicologicista y la "didáctica curricularizada" con un fuerte énfasis en el procedimiento técnico del método.

La Didáctica moderna pone énfasis en el método, supone que el saber se procesa en la mente, y puede ser planificado, transmitido y controlado. El saber puede ser regularizado, puesto en orden y la enseñanza puede entenderse como un proceso (y por tanto relativamente lineal).

Es bajo esta concepción de enseñanza-aprendizaje que es posible sostener que la enseñanza se debe personalizar y que éste es un mecanismo planificable y, aún más, controlable. En plena era digital surgen discursos que afirman que la personalización se puede desplegar únicamente con el uso de tecnologías digitales y que sostienen que es necesario tecno-personalizar la enseñanza para garantizar mayores y mejores aprendizajes para abatir así la crisis en la educación. Esta tecno-personalización (personalización a través del uso de tecnologías digitales) permitiría ampliar los horizontes de los aprendizajes, maximizar los beneficios que otorga todo proceso educativo a los sujetos, pero sobre todo a quien ocupa el lugar del alumno.

La tecno-personalización puede ser pre-configurada con anterioridad y fuera del ámbito escolar, y en general tiene una fuerte relación con los análisis de consumo y de tendencias y pautas ajenas al contexto de aplicación. Las promesas de las nuevas tecnologías digitales aplicadas a la educación no parecen dar frutos en términos de aprendizajes curriculares (al menos en lo inmediato). Sin embargo, no debemos apresurarnos en adelantar conclusiones sobre los impactos de las tecnologías en los resultados educativos. Los discursos analizados apuntan sobre la necesidad de revolución (o al menos evolución), de un sistema educativo en crisis.

> No es posible desde hace ya largo tiempo poner en duda que la cultura de occidente se encuentre, en medio de tantos esplendores, en una honda crisis. No es posible tampoco desconocer desde hace algún tiempo que esta crisis sea la de la mediación en todas sus formas. Son ellos, en gran parte, más en grado eminente, los mediadores mismos, quienes en forma cada vez más clara lo exponen, lo publican. (Zambrano, 2007: 1)

Parece relevante indicar que las instituciones educativas encarnan aquella superficie de simbolización que la sociedad pone a disposición de las nuevas generaciones para su incorporación a la cultura.

Es necesario revisar entonces esta idea de institución en crisis como espacio que no habilita espacios para lo didáctico, para lo que sucede en el orden del acontecimiento. Una didáctica que no deja espacio para el silencio, para el advenimiento del espacio vacío que se configura entre el saber y el no-saber refiere a una didáctica que no da lugar al no saber, o que lo configura como parámetro de anormalidad, de disfunción. Entendemos que de alguna forma los discursos que colocan a las tecnologías como vía para el control, para la automatización de los aprendizajes de los sujetos, cierran toda instancia de falta de saber. De alguna forma, la oferta del mundo virtual es entendida como mercado para la permanente satisfacción, en el que los sujetos no tienen necesidad de procesar e identificar sus necesidades, donde alguien o algo (invisible y omnipresente) ya pre-configuró tanto los caminos como las soluciones. En esta estructuración no hay espacio para el deseo, sino territorio para la satisfacción permanente. ¿Puede el sujeto aprender en un territorio altamente configurado, diseñado y definido? ¿Existe espacio para el saber allí?

La Didáctica moderna integra diversos medios técnico-tecnológicos como prótesis para el aprendizaje y como estrategias de apoyo (para el docente y el alumno) a la función de enseñanza. Estos recursos tienen altos grados de preconfiguración y, sobre todo desde determinados modos distribuidos de uso, tienden a reforzar el lugar del adulto, —y en este caso del docente— como sujeto espectador que ejecuta programas y artefactos estandarizados con el fin de facilitar el aprendizaje de los niños. Toda tecnología como objeto cultural tiene altos grados de estructuración:

> Ya sea la lectoescritura, la forma de organizar la información, las cadenas asociativas que se abren con cada nuevo conocimiento, son siempre parte de una herencia mediada por otros, de una transmisión cultural heredada por las nuevas generaciones. Como señalamos en la introducción, la tecnología misma tiene incorporadas formas históricas de interactuar y de pensar el mundo, al punto que varios autores hablan de la dificultad de separar a los aparatos técnicos de los "protocolos" asociados o prácticas sociales y culturales que se desarrollan en torno a esa tecnología. (Dussel, 2012: 7)

Podríamos sostener que la inclusión arbitraria y ligera de recursos educativos digitales centrados en la interacción de cada sujeto con el dispositivo tienden a producir una posición docente pasiva, frente a la cual no puede más que ubicarse al alumno en el lugar de depositario, de aprendiz mecánico. Desde este tipo de discursos, la función docente parecería distanciarse del territorio simbólico donde las subjetividades se juegan permanentemente, para reforzar a la Didáctica como campo de control de los sujetos y sus capacidades.

En el paradigma de la verdad única, la respuesta correcta o incorrecta puede ser fácilmente procesada por los sistemas informáticos. Mientras que la educación se siga considerando como una transferencia de contenidos, la personalización de la enseñanza podrá verse automatizada con sistemas informáticos. La realización de actividades con una computadora, donde ésta vierta ciertos contenidos, ejercicios y actividades automatizadas estará en este paradigma. Al decir de Mario Kaplún (1998: 159): "¿No estaremos ante la vieja *educación bancaria* tantas veces impugnada por Paulo Freire, sólo que ahora en su moderna versión de cajero automático?".

Entendemos que la tecnología es mucho más que un recurso educativo. La tecnología es estructuradora de pensamiento. Mirar solamente a la tecnología como recurso didáctico puede provocar un encorsetamiento que refuerza el modelo tradicional. Hace muchos años estuvieron en boga ciertos programas educativos de enfoque conductista. Que se utilice un programa informático de enseñanza (como se usó en los primeros casos) para entrenar a pilotos de aviones en este formato puede resultar positivo pues permite, ante una emergencia, reaccionar en forma inmediata. Ese es un formato de aprendizaje, pero entendemos que no es el adecuado para las escuelas.

Cuando se considera la educación como un espacio para la construcción del conocimiento, ninguno de los sistemas preconfigurados puede trabajar con el estudiante en función de contenidos o actividades, porque se desconocen los caminos que recorrerán los alumnos. Asimismo, se habilitan espacios para aprendizajes más abiertos, más autónomos, vitales donde no solo la información aumenta a ritmos frenéticos, sino que también caduca mucho más rápidamente que antes.

Entendemos que la personalización de la educación, en este nuevo escenario, debería pasar mucho más por la habilitación de espacios de aprendizaje, por el estímulo a trabajar en grupos, y el establecimiento de líneas generales que permitan a los alumnos transitar por sus propios caminos de aprendizaje, a veces en solitario, a veces en grupos pequeños, a veces en el contexto de la clase.

Si entendemos la personalización como instancia y acontecimiento de dar y ocupar cuerpo y voz, poco tiene que ver entonces con la disposición de medios técnicos sino más bien con la posibilidad de abrir espacios a la palabra, al silencio, a la disposición de los sujetos para jugar en el territorio escolar como espacio de inscripción de los sujetos en el lenguaje, en la cultura. De poco vale un espacio virtual si no está ocupado por otros sujetos, si no existe interacción pertinente y relevante.

Lo didáctico como acontecimiento

En su dimensión imaginaria lo didáctico opera como escenificación para las relaciones sistemáticas entre el Saber sabio y el Saber a enseñar. La relación enseñanza-aprendizaje es una ficción didáctica, en la que el tiempo de la enseñanza no es idéntico al tiempo de aprendizaje (que se inscribe en la dimensión subjetiva de quien está en posición de aprendiz). Ambas son instancias diferidas: "Enseñante y alumno se inscriben, de este modo, como sujetos didácticos en la ficción didáctica, destinada a la superación de la contradicción antiguo/nuevo en un tiempo que le es propio" (Behares, 2004: 55).

La ficción didáctica coloca a la enseñanza y al aprendizaje en una unidad temporal, al lenguaje en el plano de la representación estable y a los sujetos en sus lugares.

> La distorsión entre el tiempo didáctico y el tiempo del aprendizaje sólo se observa, por tanto, desde fuera de la relación didáctica concreta y muy excepcionalmente cuando el fracaso del aprendizaje obliga a un cierto análisis. (Behares, 2004: 58)

Desde la Didáctica moderna el fracaso del aprendizaje puede construirse solamente como fracaso de alguno de los elementos de la clásica tríada sujeto/alumno/conocimiento.

La Teoría de la Enseñanza presenta a lo didáctico como un conjunto de elaboraciones teóricas sobre el enseñar, en una dimensión epistémica y sobre la ética del saber. La enseñanza desde esta perspectiva tiene más que ver con la adquisición del lenguaje que con la toma de decisiones volitivas, el despliegue de programas de trabajo y el control de los aprendizajes. Lo didáctico no es entendido en tanto disciplina o tecnología de la enseñanza sino en su dimensión intersubjetiva. Lo didáctico está dado por un "conjunto de fenómenos que se observan en la interacción que se da entre dos individuos cuando uno trata de transmitir un conocimiento a otro" (Behares, 2004: 19). Supone, al igual que el discurso, una estructura que es atravesada por las diferentes posiciones de los sujetos y fundamentalmente entiende a la secuencia enseñanza-aprendizaje en el plano de lo imposible, de la imposible transparencia, del imposible control. "Lo didáctico como fantasía representaría al Saber, en lo que éste tiene de vínculo desplazado con el imposible saber" (Behares, 2004: 28). En este imposible saber, toda linealidad entre la enseñanza y el aprendizaje se rompe y es esta ruptura la que habilita la emergencia del sujeto en falta, del sujeto de deseo y por tanto de la emergencia del Saber en tanto acontecimiento.

Desde esta perspectiva el lugar del saber no coincide con el lugar del conocimiento, sino más bien con el lugar de la demanda insatisfecha a partir del cual se abre un espacio para el saber en falta. "Las explicaciones que se reciben hechas y estabilizadas, y que luego identificamos con el *conocimiento*, se oponen al *saber*" (Behares, 2007: 8). La enseñanza opera entre dos territorios: el sujeto escindido por el lenguaje y la convocatoria del deseo.

Toda perspectiva que instale en el centro de la enseñanza a la Didáctica como tecnología que opera a modo de prótesis para "completar" la falta del sujeto estará operando en el plano imaginario, del conocimiento, acotando el espacio para la falta, para la emergencia del deseo y, por lo tanto, para el aprendizaje.

Crisis de la educación en contextos tecnológicos

Dado que la personalización de la educación mediada por el uso de tecnologías digitales se define como necesaria a partir del diagnóstico del estado de la educación, buscaremos mencionar brevemente en qué sentido entendemos la noción de crisis en la educación.

Si por crisis entendemos la recurrencia de situaciones que dan cuenta de diversos fracasos en el mandato de la escuela moderna (homogeneidad y universalidad en el acceso al conocimiento jerarquizado como relevante), también es posible visualizar la emergencia de síntomas que dan cuenta de la educación como imposible, entonces éste es un estado permanente, constitutivo de la enseñanza y de las instituciones educativas. Si por otro lado la crisis atiende al corrimiento entre el mandato fundacional de las instituciones, traducido en la falta de construcciones simbólicas disponibles en ellas, esta crisis es bastante más amplia.

> Lo que ha sido caracterizado como "crisis" o "pérdida" de autoridad es una denominación que no describe adecuadamente la contribución escolar al reordenamiento de las jerarquías culturales, a la horizontalización de las relaciones sociales, a la coexistencia de legitimidades, al movimiento general de las políticas educativas y no educativas, que reorienta su énfasis de las estructuras a los sujetos. (Pinkasz, 2012: 224)

La escuela como tal ha pasado por diversos procesos históricos. Sin adentrarnos en la historia de la escuela, es evidente que la conformación de los Estados nacionales ha seguido procesos similares en el Cono Sur en cuanto a la implementación de la obligatoriedad de la enseñanza primaria. Tan es así, que los textos elaborados por Sarmiento en Argentina son similares a los presentados por Varela en Uruguay, o por Andrés Bello en Chile. En Uruguay, la escuela se expande fuertemente a partir de la declaración de obligatoriedad, laicidad y gratuidad a partir de la reforma escolar de José Pedro Varela, resaltando la importancia de la cultura para el desarrollo de una sociedad democrática. Así se estableció el concepto de *igualdad en la educación*, y el establecimiento de una línea fundante en la que se considera que todos los alumnos deben aprender lo mismo, al mismo tiempo, de la misma manera y en el mismo lugar (Báez y García, 2011: 109). Es así que se establecen planes y programas que, a pesar de las modificaciones planteadas en las distintas reformas, siguen generando directrices específicas de lo que "debe" ser enseñado y lo que debe ser aprendido por los alumnos a determinada edad. (Bordoli et al., 2007).

Así, los programas escolares son prescriptivos, dejando poca maniobrabilidad a los docentes sobre qué enseñar, y dando preponderancia a los contenidos académicos. Las líneas acerca de cómo debe enseñarse, además de prescribirse en los programas oficiales, es llevada fuertemente por los sistemas de gestión escolar (dirección e inspección).

Este modelo es acompañado por una comunicación vertical, entre emisor (docente) y receptor (alumno), donde el conocimiento es "trasmitido" o "depositado" en los alumnos, en un modelo exógeno. (Kaplún, s/f).

El énfasis de la enseñanza está colocado en los contenidos programáticos, por lo que se entiende que el docente debe dominarlos, además de conocer y poder aplicar una didáctica adecuada, que permita acercar a los alumnos al saber preestablecido.

Este esquema, valioso durante muchos años, sobre todo desde la implementación de las políticas generalistas de las primeras reformas del siglo XIX, deja de ser preponderante en el momento en que el conocimiento crece en forma exponencial y caduca, simultáneamente con mayor rapidez. (Aguerrondo, 1999).

Algunos síntomas de esta crisis tienen que ver con la actualidad del "saber a enseñar", en términos de Chevallard (1998), y del valor simbólico que las instituciones educativas ponen a disposición. Por tanto, en algún sentido, la discusión se sitúa en el plano de la "actualidad del saber" que las instituciones ponen a disposición. A través del discurso analizado sobre la personalización de la educación a través del uso extendido de tecnologías digitales, ¿se podría asumir que esta discusión puede delegarse en el mercado de producción de contenidos digitales sin intermediación de las instituciones que han cumplido hasta ahora con el mandato educativo formal? Palamidessi (2006: 90) sostiene que "es muy probable que la presencia de estos artefactos en las aulas todavía responde más a razones comerciales, razones sociales o políticas que a sentidos educativos". Vale la pena discutir si los sentidos educativos refieren a algún tipo de racionalidad pedagógica o más bien a la construcción de sentido como espacios de interjuego de subjetividades, de polos identificatorios, en fin, como terreno inestable.

La repentina irrupción extendida de las tecnologías digitales en las aulas ha renovado la crisis de la educación y, sobre todo, la importancia de la intervención del Estado para su resolución. Las tecnologías digitales se han incrustado dentro de las aulas, y fundamentalmente los docentes han sufrido esta irrupción como una violación del aula como (supuesto) espacio privado.

La crisis en la educación no fue generada por la entrada de las máquinas en las clases, así como tampoco va a ser solucionada por ésta, pero la presencia de las computadoras en el aula puede favorecer cambios que tienen que realizarse necesariamente en la estructura educativa. La gran preocupación de los gobiernos es que los niños y jóvenes no aprenden lo que se espera que aprendan, y no el hecho de que lo que aprendan no les resulte significativo o útil para la vida. A nivel de enseñanza media la educación no responde, en general, a las necesidades de los adolescentes y tampoco a los requerimientos para integrarse al mundo del trabajo ni a la cultura en general. La masificación de educación media, que fundacionalmente tuvo el sentido de la preparación para el ingreso a la universidad, no generó la contrapartida de una modificación en el sistema educativo que permitiera dar respuesta a toda la población que antes estaba por fuera del sistema educativo formal.

Una de las características de la cultura digital que se presenta como elemento problemático en las instituciones educativas es la explícita ruptura de las nociones clásicas de tiempo y espacio. Los dispositivos tecnológicos explicitan el corrimiento del tiempo de enseñanza y el tiempo de aprendizaje cuando el alumno tiene presencia física en el aula pero su palabra (en términos de Zambrano, 2007) está en un entorno virtual, o cuando se espera que un estudiante aprenda determinado contenido a través de un videojuego y esto no sucede. Estos síntomas son tomados por los detractores de la inclusión de la tecnología digital como argumentos para su forclusión del aula, evitando así analizarlos como síntoma del propio acontecimiento educativo.

En Uruguay la proliferación del uso de la tecnología en la escuela, tímidamente en los orígenes, pero generalizada a partir de la implantación del modelo de un computador por alumno a partir del año 2007, rompe aún más la hegemonía del saber, ya agonizante, que estaba depositada en el docente. La posibilidad de que los alumnos contrasten con textos o con búsquedas en Internet en tiempo real lo que dice el docente provoca que éste ya no sea el canal exclusivo hacia el conocimiento. (Báez et al., 2011).

La tecnología precipita nuevos formatos de trabajo dentro y fuera de la escuela. Por un lado, la frontera entre adentro y afuera se comienza a quebrar porque, al tener la máquina en propiedad, los alumnos tienen acceso a estas tecnologías estando fuera de la escuela. Esto democratiza el acceso a la información, pues el poder y la autoridad del docente deja de estar basada en la posesión del conocimiento —todos tienen acceso inmediato a muchas fuentes de información— y tiene que basarse también en el saber hacer, en el facilitar, en el compartir. Entendemos que esos cambios son necesarios e imprescindibles en el sistema educativo, y que el hecho de que la máquina entre ahí —además de democratizar el acceso a la información— habilita a los docentes a realizarlos. El docente en general es conservador en muchos aspectos. Asumir e implementar cambios en el aula y en las instituciones educativas implica costos muy altos en diversos sentidos. La irrupción de las computadoras en el aula es un cambio que instala la complejidad técnica en el quehacer y además quiebra con lo que el docente ya hacía, obligándolo a la reformulación. La apuesta es que esa reformulación sea para modificar las prácticas de una forma más radical y no para utilizar las tecnologías para dar continuidad a las prácticas ya establecidas. Papert (1996) sostiene que "en vez de convertirse en algo que socavara estas formas anticuadas de las escuelas, las computadoras fueron asimiladas. [...] Así las escuelas tornaron lo que pudo haber sido un instrumento revolucionario en uno conservador".

El fortalecimiento de los enfoques de la construcción del conocimiento en la sociedad actual choca también con la transmisión del conocimiento acabado que aun abunda en las prácticas docentes. Pasada la etapa de expansión de las tecnologías, que garantiza el acceso a ellas de todos los niños y adolescentes, se comienza con la etapa de profundización de modificaciones pedagógicas que transformen realmente la escuela.

Los discursos analizados sobre la personalización de la educación a través de las tecnologías digitales no asumen al docente como sujeto implicado en la integración de dichas tecnologías. Por su parte, los docentes no necesariamente ocupan este espacio. Para el caso de Uruguay —país pionero en la dotación universal de tecnologías digitales a los estudiantes y docentes de la educación pública—, pareciera que el terreno discursivo del cruce de la educación y las tecnologías no es un espacio de disputa de sentidos por parte de los distintos actores. En cierta forma asistimos al "vaciamiento de sentido"[13] sobre la especificidad de la tecnología en la

---

13. El vaciamiento de sentido hace referencia a la producción social de "significantes vacíos" que enuncia Laclau (1996). La función del significante vacío es "renunciar a su identidad diferencial a los efectos de representar la identidad

enseñanza y a una profundización del posicionamiento de los sujetos de la educación como espectadores.

Por otra parte, la extendida mirada de las nuevas generaciones como "nativos digitales"[14] instala la inconmensurabilidad intergeneracional. Desde una noción restringida de este término, las generaciones nacidas en el mundo digital cuentan con una configuración neurológica que posiciona en otro territorio —el de los "inmigrantes digitales"— a aquellos nacidos con anterioridad a la última revolución tecnológica. Prensky (2010: 5) afirma que "se ha producido una discontinuidad importante que constituye toda una 'singularidad'; una discontinuidad motivada, sin duda, por la veloz e ininterrumpida difusión de la tecnología digital, que aparece en las últimas décadas del siglo XX". Desde esta concepción el legado analógico de las generaciones adultas opera como impedimento para el desarrollo de las nuevas generaciones. Sin embargo, coincidimos con Pinzask (2012) en que:

> Entendemos que no es productivo postular la existencia de modos polares de apropiación de las tecnologías digitales entre las generaciones, tales como un modo resistente y un modo adherente, un modo reactivo y un modo proactivo, un modo opaco y un modo transparente, un modo distante y un modo directo. Análogamente, creemos importante desconfiar de los universos culturales como homogéneos y cerrados.

Sí sucede que ante un contexto de falta de legitimidad del corpus de contenidos a enseñar es necesario que la

---

puramente equivalencial como algo perteneciente al orden de las diferencias" (Laclau, 1996: 78). Resulta relevante identificar en el análisis de discurso los efectos que provoca el vaciamiento de sentido sobre la identificación de los sujetos y sobre la producción de un orden social (o al menos su enunciación).

14. "Por mi parte, la designación que me ha parecido más fiel es la de 'nativos digitales', puesto que todos han nacido y se han formado utilizando la particular 'lengua digital' de juegos por ordenador, vídeo e Internet." (Prensky, 2010: 5)

autoridad pedagógica sea renovada cotidianamente. Esta tarea recae actualmente sobre los docentes y las instituciones particulares.

Es natural que cuando el docente utiliza una herramienta nueva trate de adaptarla a su práctica habitual. Esto puede ser positivo en un inicio, para no saltar directamente al vacío, pero es necesario luego transformar radicalmente las prácticas. A modo de ejemplo, muchos docentes en vez de escribir en el pizarrón, traen su *laptop* y el proyector para que cumplan la misma función que la pizarra sin optimizar otras funciones como por ejemplo, la de presentar obras de arte en una gran pantalla, cosa que antes no podía hacer. Se puede asumir que si la computadora es utilizada para hacer lo mismo que ya se estaba haciendo, su presencia no resulta significativa. Si sus usos modifican la situación de los alumnos, donde pasan a ser más protagonistas, dejan de ser receptores de información y empiezan a trabajar y a elaborar su propio conocimiento, validando al otro, modificando las metodologías, serán cambios fundamentales, que van más allá de la tecnología. Julio Castro escribía en 1942 sobre la necesidad de pasar del banco fijo —el viejo banco vareliano— a la mesa colectiva. Resulta relevante una integración de tecnologías en este sentido. En la clase de corte tradicional la comunicación tiende a ser unidireccional, del docente a los alumnos. En casos un poco más actualizados pasa a ser de docente a alumno y de alumno a docente, aunque muchas veces buscando retroalimentación para corroborar que el mensaje llegó correctamente. Sin embargo, hay que apuntar a una comunicación multidireccional, y de verdadero trabajo colaborativo. En las primeras experiencias con tecnologías educativas, los primeros softwares educativos eran de entrenamiento, en un formato de estímulo-respuesta. Dentro de los procesos educativos, la importación de ese tipo de dispositivos puede resultar nefasta.

Por otra parte, el impacto de recibir las *laptops* es bien distinto según las características sociales de los alumnos. Para un niño o adolescente que no tiene acceso a las tecnologías puede resultar trascendente, aunque para quienes ya tenían acceso a tecnologías como computadoras de escritorio en sus hogares no resulte tan impactante. Un claro ejemplo de este impacto es la posibilidad de que adolescentes que, por su situación social no tuvieran acceso a computadoras, puedan resultar ganadores en un concurso *Google-Code In*, como ocurrió a fines de 2013.

A modo de cierre

Los discursos circulantes y analizados continúan operando bajo la lógica moderna y progresista (en el sentido de asumir que la educación es un proceso lineal) de que es posible acceder al ascenso social a través del conocimiento por medio de las tecnologías que la propia sociedad pone a disposición. En sentido amplio entendemos también a la institución educativa como una tecnología:

> Una combinación de aspectos técnicos y simbólicos, o también, como la definía Foucault, una disposición táctica y estratégica de espacios, objetos, ideas, organizada con ciertas regularidades. Está llena de decisiones técnicas y de aparatos materiales y mentales que organizan la acción de los seres humanos. (Dussel, 2010: 3)

Las diferentes significaciones en torno a la personalización analizadas en este trabajo tienen más que ver con la distribución de mecanismos de control homogeneizantes que con la asunción de la complejidad implícita en la noción de enseñanza y aprendizaje, ya no como un único proceso, sino también como acontecimiento en el que la confrontación, la interpretación ponen en juego las subjetividades, permiten habilitar el terreno del deseo y de la angustia, de la falta y por qué no del Saber. Entender que sólo a partir de allí es que existe un territorio para el Saber implica asumir que los sujetos deben poner en juego el cuerpo y la palabra, su presencia pero no sólo su presencia sino también la palabra, en términos de Zambrano (2007). Entender a las instituciones como ámbitos donde los sujetos se someten a un orden para circunscribirse en la cultura requiere que éstas estén habitadas por sujetos con disponibilidad psíquica. Con esto queremos decir que la mediación provisoria que pueda ofrecer un dispositivo tecnológico no sustituye al lugar de un otro, del adulto, de la institución, sino que quizás en alguna medida lo evoca. En suma, todo vínculo, todo sujeto y todo objeto evocan a un otro.

En la interacción del sujeto con el dispositivo tecnológico, el sujeto actualiza aquello que alguien en determinado contexto produjo. Esta actualización implica que no puede establecerse un proceso lineal entre el trabajo que realiza el alumno y el contenido que se espera que sea aprendido. "Para que algo devenga otra cosa en el mundo social-histórico y en el aparato psíquico del sujeto, es necesario, a la vez, un trabajo político y un trabajo psíquico" (Frigerio, 2005: 26).

Por otra parte, esperar que el sujeto establezca un vínculo especular con sí mismo, autorreferencial, donde la tecnología opere como motor del conocimiento implica desconocer que el motor (si pudiéramos tomar este concepto en términos de energía psíquica) del conocimiento es interno al sujeto, y emerge en todo caso a partir del vínculo con un otro.

> Para que algo devenga otra cosa, no serán indiferentes las presencias a las que el sujeto tenga acceso. Las presencias significan necesidad de todo sujeto de otro, no cualquier otro, no presente de cualquier manera. Otro capaz de sostener una oferta, aun allí donde podría parecer que no hay demanda, para crearla. Otro capaz de hacer de algo otra cosa, de un amor de transferencia, la transferencia de un amor en otra cosa. (Frigerio, 2005: 26)

Por tanto, entendemos que pretender construir un proyecto reformista o revolucionario de la educación evitando de forma silenciosa aludir a los sujetos allí implicados constituye al menos una ingenua omisión. Procurar restituir el lugar de una didáctica magna, valiéndose de la oferta técnica disponible en la actualidad omite al mismo tiempo una mirada compleja sobre la educación como ámbito de permanente disputa de sentidos.

Si la reforma vareliana puede tomarse como proceso trascendente para la constitución de la sociedad moderna uruguaya no será por el uso de tizas y pizarrones o por la dotación de material didáctico,[15] sino por la capacidad de leer las demandas de su tiempo y generar las condiciones de base que provocarán a los sujetos a ocupar las instituciones. En todo caso, además, los efectos seguramente fueron bastante más lejos de lo que el planeamiento educativo y social pudiera preconfigurar.

La enseñanza en tanto transmisión coadyuva en el traspaso de la cultura de una generación a otra, que no es más que la inscripción del sujeto en la cultura o la conformación del sujeto. "Es a través de esta inscripción en el orden de la cultura que el individuo se constituye en sujeto escindido, sujeto de la falta y por consiguiente sujeto del deseo" (Bordoli, 2005: 24). Para provocar aprendizajes, lejos de llenar vacíos o completar al alumno con el resto de ciencia regia del que carece, la enseñanza debe instalar la pérdida de sentido y saber. Sólo allí, en instantes fugaces, es que la falta de saber provoca el deseo en el sujeto. Sin embargo, este no es un proceso controlable sino que tiene más que ver con la emergencia, con lo que de hecho se presenta, acontece.

En un contexto de crisis de la adultez como posición estructurante de la inscripción en la cultura, pareciera que se distribuyen las ansias por dejar el terreno de lo simbólico a las máquinas que hemos producido aspirando a que la cría —el Emilio de Rousseau— se desarrolle a partir de la mediación con la máquina.

Parecería una redundancia afirmar que no hay tecnología sin sujeto. Esta afirmación vale tanto en su perspectiva

---

15. ¿Cuánto habría aquí del orden del sentido pedagógico antes mencionado?

histórica y material como en la dimensión subjetiva. No hay espacio simbólico para la tecnología sin que, al menos, un sujeto "se ofrezca" como superficie, que habilite poner en juego su aparato psíquico. De la misma forma, no hay aprendizaje sin una instancia de falta de saber. Para ser más explícitos, queremos indicar que la interacción del sujeto —cualquiera sea su posición: docente o estudiante— con un dispositivo (del tipo que sea, tanto un dispositivo de enseñanza, como un libro, un videojuego o una plataforma) no necesariamente provoca un cambio subjetivo y/o cognitivo. Más bien que el cambio cognitivo es del orden de lo fortuito, acontece a veces en el sentido buscado y otras en sentidos divergentes a la intencionalidad educativa.

Preferimos entender al estado de crisis como oportunidad abierta al cambio permanente. Instalamos y postulamos la imposibilidad de realización de todo proyecto que postule la crianza de las nuevas generaciones a partir de las máquinas prodigio que hemos creado. Defendemos el sujetamiento del sujeto (valga la redundancia) a la necesidad permanente de trabajo psíquico, y que éste puede acontecer con el apoyo de medios tecnológicos, sin desconocer que la "personalización de la educación" remite, necesariamente, a las personas más que a las máquinas.

Bibliografía

Aguerrondo, I. (1999). *El nuevo paradigma de la educación para el siglo*. Organización de Estados Iberoamericanos para la Educación, la Ciencia y la Cultura. Disponible en: *http://www.campus-oei.org/administracion/aguerrondo.htm*. Consultado 10/6/2014.

Báez, M., y García, J. M. (2011). "Desafíos a la pedagogía en la era digital", en *El modelo Ceibal. Nuevas tendencias para el aprendizaje.* Pp. 97-117. Montevideo, ANEP-Ceibal. Disponible en: http://www.argos.edu.uy/sitio/documentos/Cap_04_Baez_Garcia_-

Desafios_a_la_pedagogia_en_la_era_digital.pdf. Consultado 1/7/2014.

Behares, L. E. (2004). "Enseñanza-Aprendizaje revisitados. Un análisis de la 'fantasía' didáctica", en Behares (et al.). *Didáctica Mínima. Los Acontecimientos del Saber*. Pp. 11-30. Montevideo, Psicolibros Waslala.

—————— (2005). "Didáctica Moderna: ¿Más o menos preguntas, más o menos respuestas?", en Behares y Colombo. *Enseñanza del Saber-Saber de la Enseñanza*. Pp. 9-15. Montevideo, Departamento de Publicaciones de la FHCE.

Bifo, F. (2007). *Generación Post-alfa. Patologías e imaginarios en el semiocapitalismo*. Buenos Aires, Tinta Limón.

Bordoli, E. (2004). "Didáctica: ¿tecnología o disciplina de la mediación? Apuntes para pensar la problemática", en Behares (et al.). *Didáctica Mínima. Los Acontecimientos del Saber*. Pp. 65-84. Montevideo, Psicolibros Waslala.

———— (2005). "La Didáctica y lo didáctico. Del sujeto epistémico al sujeto de deseo", en Behares y Colombo. *Enseñanza del Saber-Saber de la Enseñanza*. Pp. 17-25. Montevideo. Departamento de Publicaciones de la FHCE.

Bordoli, E.; García, J.; Santos, L. (2007). "Modificaciones, permanencias y ausencias en el sistema de enseñanza formal (2002 – 2004)", en Pablo Martinis. *Informe de Avance del Proyecto de Investigación "Las formas del gobierno de la pobreza en el Uruguay de la agudización de la crisis* (2002-2004). Crisis y búsquedas de rearticulación de un proyecto educativo nacional". Montevideo, Papeles de Trabajo. FHCE, UdelaR.

Brechner, M. (2011). "Discurso en el acto del 5 aniversario de la creación de Plan Ceibal". Disponible en: http://www.fedaro.info/2012/06/11/cinco-anos-del-plan-ceibal/ (Consultado 2/12/2013).

—————— (2013). "Desafío del Plan Ceibal es unificar tecnología y pedagogía para generar mayor inclusión 27/10/2013 Página Web Uruguay Sustentable". Disponible en: http://www.uruguaysustentable.com.uy/portada/desafio-del-plan-ceibal-es-unificar-tecnologia-y-pedagogia-para-generar-mayor-inclusion/ (Consultado 13/11/2013).

Castro, J. (2007; 1942). *El banco fijo y la mesa colectiva: Vieja y Nueva educación.* Montevideo, MEC.

Chevallard, Y. (1998). *La Transposición Didáctica. Del Saber Sabio al Saber Enseñado.* Buenos Aires, Aique.

Departamento de Comunicación. Presidencia de la República. (2013). "Brechner en Apertura de ExpoAprende. Desafío de Ceibal es unificar la tecnología con la pedagogía para generar mayor inclusión". Página web de Presidencia de la República. 17/10/2013. Disponible en: http://www.presidencia.gub.uy/comunicacion/comunicacionnoticias/desafio-ceibal-unificar-tecnologia-pedagogia-generar-mayor-inclusion (Consultado 2/11/2013).

Dominzain, S. (S/D). "Sonrían… digan wisky". Disponible en: http://www.1811-2011.edu.uy/B1/content/sonr%C3%ADan%E2%80%A6digan-whisky?page=7 (Consultado 2/12/2013).

Dussel, I. (2010). "La escuela y los nuevos medios digitales. Notas para pensar las relaciones con el saber en la era digital". En AA.VV. *La educación alterada: aproximaciones a la escuela del siglo veintiuno.* Córdoba: Eduvim – Salida al Mar Ediciones.

Frigerio, G. (2005). "En la cinta de Moebius", en G. Frigerio y G. Diker (comp.). *Educar: ese acto político.* Buenos Aires, Del Estante.

Grompone, J. (2007). En entrevista de Emiliano Cotelo: "Arrancó el Plan Ceibal" http://www.espectador.com/tecnologia/95290/arranco-el-plan-ceibal

Kaplún, M. (1998). "Procesos educativos y canales de comunicación". Comunicar 11. Pp. 158-165. Disponible en: http://www.redalyc.org/pdf/158/15801125.pdf Consultado 1/7/2014.

––––– (s/f). *El Comunicador Popular.*

Laclau, E. (1996). *Emancipación y diferencia*. Buenos Aires, Ariel.
Palamidessi, M. (comp.) (2006). *La escuela en la sociedad de redes*. Buenos Aires, FCE.
Papert, Seymour (1996). "¿Las escuelas están out?" Entrevista de David S. Bennahum. Disponible en: http://neoparaiso.com/logo/escuelas-out.html Consultado 1/7/2014.
————- (2001). "¿Qué es Logo? ¿Quién lo necesita?" Disponible en http://www.eduteka.org/modulos.php?catx=9&idSubX=288 Consultado 1/7/2014.
Pereira, J. (2013). "Miguel Brechner: repetición bajó en Primaria". En http://www.republica.com.uy/repeticion-bajo-en-primaria/ Consultado 25/11/2013.
Pinkasz, D. (2012). "Una crítica a la noción de 'distancia entre generaciones' como clave de interpretación de la complejidad de la tarea educativa contemporánea", en Myriam Southwell (comp.). *Entregeneraciones. Exploraciones sobre educación, cultura e instituciones*. Pp. pp. 217-229. Rosario, Homo Sapiens.
Prensky, M. (2010). "Nativos e inmigrantes digitales". Cuadernos Sek. Página web Mark Prensky Practical & Visionary.
Vázquez, T. (2006). "Discurso de lanzamiento de Equidad para el acceso a la información digital". En página web de Presidencia de la República. Disponible en http://archivo.presidencia.gub.uy/_web/noticias/2006/12/2006121402.htm (Consultado 29/11/2013).
Zambrano, M. (2007; 1965). "La mediación del maestro". Revista El Cardo, Entre Ríos, feb-2007. Disponible en http://revistaelcardo.blogia.com/temas/entre-maestros-y-maestros.php Consultado 5/12/2013).

La comunidad educativa frente a la incorporación de tecnologías digitales: dilemas y perspectivas

5

La innovación educativa no es sólo tecnológica: la relación tecnología – educación – territorio

Susana Finquelievich y Patricio Feldman

Resumen

Este trabajo documenta los resultados finales de investigación del proyecto "Observatorio del desarrollo e impactos de las Escuelas Públicas Digitales" en la provincia de San Luis. Su objetivo fundamental fue efectuar un seguimiento y documentación de la creación y la consiguiente evolución de las Escuelas Públicas Digitales (EPD) y Escuelas Públicas Digitales para Adultos (EPDA) en la provincia, en relación con dos factores: las políticas públicas provinciales y su relación con el territorio geográfico y socio-político.

Las EPD y las EPDA son una iniciativa provincial, una experiencia piloto que busca ofrecer una opción de educación alternativa a la tradicional o convencional, a partir de la utilización de las Tecnologías de la Información y la Comunicación (TIC) y de la presencia de una estructura modular de enseñanza/aprendizaje. Si bien las EPD no serían posibles sin el soporte de las TIC, el capítulo sostiene que lo innovador, en ese caso, no es (sólo) el uso de tecnologías, sino la concepción modular de la enseñanza / aprendizaje y la atención personalizada de los alumnos.

La investigación ha relevado y analizado el proceso y los canales de difusión de este tipo de enseñanza / aprendizaje y las razones de su elección por alumnos y padres;

las diferencias existentes en los impactos educativos de las EPD comparadas con las escuelas tradicionales, fundamentalmente en la apropiación de saberes de las áreas de Ciencia y Tecnología, Matemáticas, Ciencias Naturales, Ciencias Sociales, Lengua, Juego, Arte y Deporte.

La investigación realizada abarcó el evento San Luis Digital 2011 e incluyó el evento SLD 2012, con el fin de analizar la percepción de docentes, alumnos, padres y comunidad con respecto a las EPD entre los dos eventos.

El capítulo se estructura de la siguiente manera: en "Introducción" se describen la problemática analizada y la metodología empleada. El punto siguiente estudia la creación y desarrollo de las EPD y EPDA, desde su creación hasta el año 2012 y se analizan las particularidades de esta modalidad de enseñanza. Posteriormente, se realiza un análisis cuanti-cualitativo de la información acopiada por medio de entrevistas a alumnos de escolaridad primaria, secundaria y adultos, docentes, coordinadores de EPD y EPDA, padres de alumnos de primaria y secundaria, y miembros de las comunidades en las que están localizados los establecimientos educativos estudiados. En las conclusiones extraídas de la investigación se señala que en las EPD, si bien se utilizan intensivamente las TIC, lo innovador no son las tecnologías, sino su enfoque pedagógico y los cambios en la organización de los tiempos y el espacio escolar, que las transformó en una experiencia revolucionaria, al menos en sus inicios. En el punto "La post-investigación" se describe brevemente la evolución de las EPD y EPDA desde el año 2012 hasta el presente. El capítulo finaliza con propuestas para optimizar los resultados ya logrados.

Introducción

Este trabajo documenta los resultados finales de investigación del proyecto "Observatorio del desarrollo e impactos de las Escuelas Públicas Digitales" en la provincia de San Luis. El objetivo fundamental fue efectuar un seguimiento y documentación de la creación y la consiguiente evolución de las Escuelas Públicas Digitales (EPD) y Escuelas Públicas Digitales para Adultos (EPDA) en la provincia. Se documentó la implementación de esta forma innovadora de educación y sus impactos en los siguientes actores: responsables por la iniciativa (Universidad de La Punta, Ministerio de Educación de la provincia); coordinadores de EPD; docentes de EPD; alumnos de educación primaria, secundaria y adultos; padres y miembros de la comunidad en general.[1]

Las EPD y EPDA representan un sistema pedagógico-educativo innovador en Argentina. Sus características principales son buscar la excelencia educativa y usar las Tecnologías de la Información y la Comunicación (TIC) como instrumento principal para la construcción del aprendizaje. No se trata de un modelo 1:1 propiamente dicho, puesto que no implica la entrega de una computadora para cada alumno, sino que utiliza la capacidad instalada de otros programas (Todos los Chicos En La Red, y las computadoras que ya tenían los CID –Centros de Inclusión Digital–). Sin embargo, utiliza las TIC como herramientas de aprendizaje, y se vale ellas para desarrollar un enfoque pedagógico diferente: organización del currículo en módulos, enseñanza personalizada, otra concepción del tiempo escolar, etcétera.

Las EPD son la experiencia piloto de una opción de educación pública que en el momento de la investigación contaba con siete instituciones en diversas localidades de la provincia. Tres de estas instituciones se encuentran en localidades rurales del interior de la provincia, dos en comunidades de pueblos originarios (Ranqueles y Huarpes) y dos en la ciudad de San Luis.

Se ha analizado la apropiación social (estudiantes, docentes y comunidad) de esta propuesta pedagógica. También se identificaron y analizaron: el proceso y los canales de difusión de este tipo de enseñanza / aprendizaje y las razones de su elección por alumnos y padres; las diferencias existentes en los impac-

---

[1]. Para facilitar la lectura, nos referiremos a estas instituciones educativas como EPD y en los casos en que se trate de Escuelas Públicas Digitales para Adultos como EPDA.

tos educativos de las EPD comparadas con las escuelas tradicionales, fundamentalmente en la apropiación de saberes de las áreas de Ciencia y Tecnología, Matemáticas, Ciencias Naturales, Ciencias Sociales, Lengua, Juego, Arte y Deporte, teniendo en cuenta que la utilización de las TIC es transversal a todas las áreas; y los impactos causados por las EPD sobre los habitantes de las localidades donde éstas se implementan. También se han identificado y analizado los procesos sociales emergentes originados en esta metodología educativa.

El estudio fue de carácter exploratorio y cuali-cuantitativo. Se centró en la evaluación y el análisis, a lo largo de quince meses (octubre 2010 – enero 2013) de la implementación y evolución del sistema de EPD en la provincia, la transformación de Centros de Inclusión Digital en EPD y EPDA, los cambios en la formación docente, y los impactos sobre alumnos, docentes y padres. La investigación abarcó desde el evento San Luis Digital 2011 hasta el evento SLD 2012, con el fin de analizar la percepción de docentes, alumnos, padres y comunidad con respecto a las EPD entre los dos eventos.

La metodología de recolección de información consistió en un cuestionario diseñado específicamente para responder a las preocupaciones centrales de este estudio. Este cuestionario fue aplicado a coordinadores, docentes, alumnos de diversos niveles, padres y miembros de las comunidades de las EPD y EPDA en cinco establecimientos educativos ubicados en tres localidades de la provincia de San Luis: San Luis Capital (EPD Albert Einstein, EPD Isaac Newton), Villa Mercedes (EPDA Centro Cívico y EPDA Ex-Instituto Industrial del Barrio La Estación) y la EPD XUMUCPE en Pueblo Huarpe. Se realizaron 162 entrevistas en profundidad.

Una innovación educativa: las Escuelas Públicas Digitales

Las Escuelas Públicas Digitales (EPD) fueron implementadas en la provincia de San Luis mediante la Ley Nº II-0738-2010. El Senado y la Cámara de Diputados de la provincia de San Luis sancionaron con fuerza de Ley la Escuela Pública Digital, creando un nuevo sistema pedagógico-educativo. Su fin es la excelencia educativa y utiliza como herramienta principal las TIC para la construcción del aprendizaje.

La EPD es un sistema organizativo y curricular de educación en todos los niveles del sistema educativo provincial. Su modelo pedagógico se basa en la educación personalizada de niños, jóvenes y adultos, en el que cada alumno avanza de acuerdo a sus propios procesos y ritmos de desarrollo del aprendizaje. Para ello, la EPD funciona durante todo el año.

Los contenidos mínimos de cada área de conocimiento (Matemáticas, Ciencias Naturales, Ciencias Sociales, Lengua, Juego, Arte y Deporte) son los adoptados por el Ministerio de Educación, pero están organizados por módulos. Aprobando estos módulos, los alumnos van completando el plan de estudio correspondiente a cada nivel. El título otorgado es registrado en el Ministerio Nacional de Educación.

Las particularidades de esta modalidad de enseñanza fueron diseñadas, planificadas, realizadas y evaluadas por la Universidad de La Punta (ULP), con el criterio de personalizar el proceso de enseñanza / aprendizaje. La entonces rectora de la ULP tomó la iniciativa de implementar las EPD basándose en experiencias de Estados Unidos, Finlandia y las escuelas Fontán de Colombia.

La educación personalizada se diferencia notablemente de todos aquellos programas educativos que facilitan tutorías u horas extras de acompañamiento y ayuda para los alumnos que manifiestan dificultades en el aprendizaje. Se trata de una modalidad que no se focaliza sólo en los alumnos con mayores dificultades, sino que asegura acompañamiento y seguimiento de todos los alumnos, estimulando las capacidades y habilidades de cada uno, aceptando la diferencia en el ritmo de aprendizaje, y favoreciendo el avance en los campos de conocimiento donde el alumno se encuentra más motivado y tiene mayor facilidad.

Las EPD difieren notablemente entre sí, tanto por su población estudiantil, sus diversos contextos socioeconómicos y culturales, como por el personal y la infraestructura con la que cuentan.

El siguiente cuadro describe sintéticamente las EPD analizadas:

Nombre de la escuela	Albert Einstein	Isaac Newton	Pueblo Huarpe	Centro Cívico	EPD Barrio Estación
Localización	San Luis, centro	San Luis, barrio 9 de Julio	Comunidad Huarpe, límite con San Juan	Villa Mercedes, centro	Villa Mercedes, barrio Estación (Escuela ex Industrial)
Apertura	2011	2011	2011	2011	2011
Matrícula	300	60	40	300 (700 más están en lista de espera)	60
Contexto socioeconómico de los alumnos	Recibe alumnos de variados orígenes socioeconómicos y culturales	Recibe alumnos del barrio 9 de Julio y de barrios aledaños, en situación de vulnerabilidad socioeconómica	Única escuela de la comunidad Huarpe. Todos los alumnos pertenecen a la comunidad	Localizada en el centro de Villa Mercedes, al interior del Centro Cívico. Recibe alumnos jóvenes, con sobre edad y adultos	Recibe alumnos adultos y jóvenes con sobre edad
Coordinación	dos coordinadoras	una coordinadora / docente	una coordinadora / docente	dos coordinadoras / docentes	una coordinadora / docente

Equipo docente	un docente por área de conocimiento	un docente por área de conocimiento	una coordinadora / docente	dos coordinadoras / docentes	una coordinadora / docente
Visita de campo. Entrevistas realizadas	dos coordinadoras, tres docentes, seis alumnos, un padre, dos miembros comunidad	una coordinadora, tres docentes, cinco alumnos, dos padres, dos miembros comunidad	una coordinadora / docente, seis alumnos, dos padres, dos miembros comunidad	dos coordinadoras / docentes, cuatro alumnos, dos padres, dos miembros comunidad	una coordinadora / docente, cuatro alumnos, dos miembros comunidad

Fuente: datos colectados durante la investigación.

La apropiación de las innovaciones educativas en la provincia de San Luis

En este punto se realiza un análisis cuanti-cualitativo de la información recogida por medio de entrevistas a alumnos de escolaridad primaria, secundaria y adultos, docentes, coordinadores de EPD y EPDA, padres de alumnos de primaria y secundaria, y miembros de las comunidades en las que están localizados los establecimientos educativos estudiados.

Alumnos

Si bien la mayor parte de los alumnos niños y jóvenes señalan que la razón de haber ingresado a las EPD ha sido la decisión de sus padres, el 56% de los entrevistados menciona como principal motivo la predilección sobre ciertas características de estas escuelas: su flexibilidad, que permite organizar mejor los horarios y la posibilidad de terminar más rápidamente la secundaria que en la escuela tradicional, o bien efectivamente poder terminarla. El 31% de los alumnos señala como factor de atracción la utilización intensiva de TIC, así como el mayor grado de diversión durante el proceso de aprendizaje.

En lo que se refiere a la percepción de los alumnos sobre las diferencias entre las EPD y EPDA y la escuela tradicional, en un 100% de los casos se ha valorado en primer lugar la atención personalizada, y luego la rapidez del aprendizaje (78,12%), la utilización de TIC (75%), la autonomía en el aprendizaje (71,85%) y la motivación y el entretenimiento (68,75%). El sentido lúdico de la modalidad de enseñanza / aprendizaje es significativo, al igual que los factores relacionados a la agilidad, flexibilidad y educación personalizada.

Un 80% de los alumnos señalan haber conocido estas experiencias a través de sus padres, familiares, amigos, vecinos u otros conocidos. Sólo un 16% lo ha hecho a través de los medios de comunicación, y menos de un 5% a través de municipalidades y Centros de Inclusión Digital (CID), lo que muestra que estas instituciones no juegan un rol significativo en la difusión de las actividades de las EPD y EPDA, aun cuando estas últimas funcionan en dependencias municipales.

Respecto al "contagio" en el uso de herramientas TIC, el 46,87% de los entrevistados señaló haber "contagiado" a sus padres.

El 72% de los alumnos mantiene comunicación con la escuela, a través de la plataforma SAKAI[2] y fuera del horario escolar, fundamentalmente para realizar tareas y mantener la comunicación con compañeros y docentes. Esto refleja el aporte de esta plataforma, que permite un vínculo cons-

---

2. La plataforma SAKAI es un software educativo de código abierto que permite realizar múltiples funciones: comunicación entre profesores y alumnos, lectura de noticias RSS, distribución de material docente, realización de exámenes, gestión de trabajos, etcétera.

tante entre los alumnos y los recursos educativos digitales, así como una comunicación fluida con sus docentes y compañeros de escuela. Casi la totalidad del 28% de los alumnos que señaló no mantener contacto con la escuela fuera del horario escolar, habita en localidades que aún no disponen de conectividad en sus hogares (por ejemplo Pueblo Huarpe).

Entre las actividades que se realizan con TIC mencionadas por los alumnos se destacan buscar información (81,3%), comunicarse por vía electrónica (62,5%), utilizar procesadores de texto (62,5%) y reproducir contenidos multimediales (50%). El 50% de los entrevistados afirmó utilizar vídeos, música y contenidos multimediales dentro de la escuela.

En cuanto al manejo de la información obtenida de Internet, un 56,25% de los alumnos copia y pega la información obtenida, un 53,12% sintetiza la información y consulta las fuentes, tan sólo el 25% arma un mapa conceptual. Del porcentaje de alumnos que copian y pegan, aproximadamente la mitad sintetiza la información y consulta las fuentes, mientras que un 28,12% del total de alumnos, únicamente copia y pega.

En lo que concierne a la comunicación con el mundo exterior, tal como se explica en un trabajo anterior (Finquelievich, Prince, Jolías, Feldman y Fischnaller, 2012), en relación al uso de las TIC, los vínculos limitados de un sistema comunitario restringido se perciben en las observaciones (redes sociales y familiares con un firme anclaje local) y se manifiestan de la misma forma en el mundo virtual: la mayoría de los entrevistados mantienen vínculos casi exclusivamente con familiares y conocidos cercanos (amigos, compañeros de trabajo o referentes), y no manifiestan participar de entramados más extensos y complejos que trasciendan los límites de su ciudad o comunidad. El 50% de los alumnos manifestaron no mantener ningún vínculo virtual fuera de su localidad. Sólo un 15,6% mencionó mantener comunicación con personas que viven en otros países y un 15,6%, con personas que viven en otras ciudades de San Luis. Esta subutilización del potencial de Internet para fortalecer y promover la comunicación intra e intercultural podría resolverse a partir de iniciativas de las EPD y EPDA.

En lo que se refiere a la valoración de los aportes de la EPD al aprendizaje de los alumnos, el 84,37% de los alumnos señala que el nuevo sistema educativo fomenta el trabajo en equipo, los ayuda a tomar mejores decisiones para solucionar problemas que se les presentan, y agiliza el aprendizaje. Un 78,12% afirma que desde que ingresó a la EPD, entiende y utiliza mejor la PC; un 75% se interesa más por la Ciencia y Tecnología y un 71,87% rescata la autonomía e independencia para realizar las tareas demandadas, y el uso con responsabilidad de la información.

Los datos recogidos no revelan una relación directa entre la modalidad de enseñanza / aprendizaje de las EPD y el ausentismo. Aquellos alumnos que solían faltar mientras cursaban escuelas tradicionales manifestaron que aún continúan haciéndolo; una gran parte de los alumnos afirmó no faltar cuando estudiaba en la escuela tradicional, ni ausentarse ahora.

En términos generales, el 87,5% de los alumnos entrevistados evalúa de manera muy positiva a las EPD y EPDA; no se han registrado valoraciones negativas.

Coordinadores y coordinadoras de EPD y EPDA

El análisis de la información brindada por los coordinadores de EPD y EPDA es de tipo cualitativo, dado el reducido universo que integran (se entrevistó a dos coordinadoras y a un coordinador en la EPD Albert Einstein, una en la EPD Isaac Newton, una en la EPD XUMUCPE, dos en la EPDA Centro Cívico y una en la EPDA ex Instituto Industrial).

Con respecto al uso de las TIC en la escuela, los conceptos vertidos por los coordinadores coinciden: las TIC no son el corazón de este modo de enseñanza, sino que son una herramienta más, transversal a todas las materias, tanto con niños y adolescentes como con los adultos. También acuerdan en que las TIC mejoran los logros de aprendizaje de los estudiantes, dado que adquieren nuevas destrezas y nuevas formas de aprender y de razonar. Existe unanimidad de criterios en cuanto a que la aplicación de TIC en usos tangibles (por ejemplo en Matemáticas mediante juegos interactivos) ayuda a mejorar los niveles de aprendizaje.

Con respecto a la flexibilidad del programa de enseñanza, cada coordinador puede adaptarlo al menos parcialmente al contexto en el que trabaja, considerando las características sociales de la localidad y los rasgos personales de sus alumnos. En casos de alumnos con dificultades importantes de aprendizaje los docentes consultan con la ULP o con el Centro de Salud local. Las EPD y EPDA carecen de gabinetes psicopedagógicos, algo que los coordinadores plantean como una propuesta en el mediano plazo.

Los coordinadores también realizan el seguimiento y evaluación de los docentes. Semanalmente, solicitan a los docentes informes sobre los logros y la planificación de actividades de cada alumno. Las actividades futuras se planifican en forma conjunta. Si el alumno ha superado las expectativas fijadas para esa semana, se planifican actividades extras. Por su parte los coordinadores son evaluados por la Secretaría Académica de la ULP.

Docentes de EPD y EPDA

El progreso en la carrera docente es el motivo prioritario por el cual los docentes (50%) eligieron a las EPD como ámbito de trabajo. La segunda opción es "interés en el sistema" (33%). Entre estas dos opciones, suman un 83% de los casos. El salario y la formación docente no son el estímulo para el ingreso a las EPD.

Un 33% de los docentes evalúa que la capacitación docente recibida en la ULP ha sido *excelente*; el 50% la califica como *muy buena* y un 17% como *buena*. Nuevamente, no hay valores negativos. Sin embargo, los docentes señalaron algunos aspectos que habría que atender y mejorar en relación a la capacitación y formación docente: mayor capacitación en el uso de la plataforma SAKAI, profundización de la metodología pedagógica en cada área, capacitación específica de cada área, capacitación docente permanente, entre otros.

En relación a la capacitación realizada por la ULP, el 100% de los docentes señala como positivo el aprendizaje en el manejo de las TIC, el 83% resalta la formación para una utilización más eficaz de los recursos digitales educativos y el 67% pondera el desarrollo del trabajo colaborativo. El 17% de los docentes manifestó como positiva la creación de contenido y el 33%, la formación pedagógica. Puede inferirse que estos tipos de actividades son las que necesitan más refuerzo en la capacitación.

En el caso de los alumnos con capacidades diferentes, la modalidad planteada en las EPD contempla su inclusión. Sin embargo, algunos de los docentes entrevistados manifestaron no haber recibido formación específica para tratar estos casos.

Cuando se interroga a los docentes sobre el criterio del uso de TIC en las EPD y EPDA, el 67% sostiene que potencian la capacidad de aprendizaje de los alumnos. El 33% sostiene que impulsan el trabajo colaborativo, brindan la posibilidad de mejorar los conocimientos en Ciencia y Tecnología y mejoran la posibilidad de la futura inserción laboral de los alumnos.

El uso de las TIC para incentivar la innovación pedagógica es priorizado sólo por un 17% de los entrevistados, quienes también opinan que estas tecnologías permiten la actualización permanente del sistema educativo. Si bien la mayoría de los docentes reconoce el potencial de las TIC para incrementar la calidad educativa, les resulta más difícil identificar de qué modo se pueden utilizar estas herramientas con fines educativos. Por esta razón, la mayoría de los docentes demandan una mayor capacitación en el uso pedagógico de las TIC y un mayor acompañamiento de este proceso por parte de los coordinadores y la Secretaría Académica de la ULP.

La percepción de los docentes respecto a cómo responden los alumnos a esta nueva modalidad de enseñanza / aprendizaje es sumamente positiva. El 100% manifiesta que los alumnos están más motivados, se sienten menos presionados y trabajan mejor en equipo. El 83% sostiene que hay mayor presentismo (aquí existe una diferencia de percepción entre los alumnos y los docentes, puesto que los primeros afirmaron que las EPD no afectaron el nivel de ausentismo, y los segundos respondieron lo contrario), y un 67% remarca que los alumnos continúan con sus actividades fuera del horario escolar, mejoran su rendimiento en áreas específicas, incrementan su autoestima en lo que respecta al aprendizaje y no se desilusionan o frustran a causa de malos desempeños. Los docentes señalan que las EPD logran crear una atmósfera de tranquilidad que repercute en la motivación y entusiasmo de los alumnos.

Con respecto a la utilización que hacen los alumnos de los métodos o herramientas de participación, el 83% de los docentes declaró que las tecnologías multimediales son el canal principal de participación de los alumnos. El 67% mencionó las *wikis*, *blogs* y la propia plataforma SAKAI. El 50% mencionó las redes sociales. En cambio, el uso de otras herramientas colaborativas es aún incipiente: el 33% remarcó la utilización de *Google Docs* y el 17%, de los foros. Todavía falta profundizar la utilización del *Docs* o *Dropbox* para el trabajo colaborativo, y la participación en foros de debate, en términos de promover la participación y formación ciudadana, así como también la comunicación con otras ciudades y países.

En relación a la participación de los padres y de la comunidad en actividades escolares y en proyectos impulsados por la escuela, el 67% de los docentes manifestó una percepción positiva. Los docentes expresan que el uso de las TIC en la escuela, adecuadamente planificado, puede convertirse en un canal de difusión y contagio hacia el resto de la comunidad, incluyendo a los padres. Sin embargo, no se registraron proyectos escolares puntuales que promuevan la participación de la comunidad y/o sociedad civil, sobre todo en el caso de las EPDA Centro Cívico y EPDA ex Instituto Industrial del Barrio La Estación.

En cuanto al nivel de conocimiento sobre programas específicos, según la autoevaluación de los propios docentes, los datos revelan, en líneas generales, que la mayoría se considera de nivel intermedio (caracterizado como "saber instalar y usar aplicaciones"). El conocimiento respecto de Linux es nulo en el 67% de los casos, de 17% entre los docentes que poseen conocimientos básicos, y de 17% entre los docentes que poseen conocimientos avanzados (caracterizado por el uso e instalación de software y hardware). Con respecto a Windows, 67% de los docentes considera que posee un nivel intermedio, y 33%, avanzado.

En el caso del procesador de texto, el creador de presentaciones y los editores multimediales, el 67% de los docentes considera que tiene un nivel intermedio de conocimientos, y un 33% nivel avanzado El 50% de los docentes tiene un nivel intermedio en el manejo de las hojas de cálculo, y un 33% estima que posee un nivel avanzado. El nivel más bajo se registra en el caso de la base de datos y el diseño de páginas web: el 50% de los docentes tiene un nivel nulo y un 33% nivel básico. Son las áreas de formación más débiles, pero las más complejas.

El 83% de los docentes de las EPD (sobre todo las de la ciudad de San Luis), afirmó contar con horas disponibles para perfeccionar el aprendizaje en el uso de las TIC en el aula. Esta disponibilidad de tiempo de aprendizaje representa un avance notable respecto a la escuela tradicional. En el caso concreto de las EPD, los docentes tienen una relación más estrecha con la escuela y trabajan con dedicación exclusiva, lo que les permite utilizar parte del tiempo de trabajo para fortalecer las herramientas de enseñanza.

Los docentes evalúan muy positivamente el sistema de EPD y EPDA. El 33% lo calificó como "excelente", el 50% como "muy bueno", y un 17% como "bueno". No se registran valores negativos. La categoría "muy bueno" refleja el grado de satisfacción de los docentes respecto a la EPD, pero también indica la existencia de algunas mejoras posibles, como mayor capacitación, ampliación en el tiempo de la formación docente, capacitación permanente, provisión de asesoría pedagógica para docentes y profundización de técnicas y metodologías pedagógicas.

Padres

El 50% de los padres entrevistados afirmó elegir la EPD porque está enfocada en desarrollar el aprendizaje en Ciencia y Tecnología; un 40% sostuvo que estimula más a los alumnos y mejora su rendimiento; el 30% señaló que incentiva el trabajo en equipo, y que el sistema les garantiza un mejor futuro. La categoría "otros" registró un valor alto (40%), dado que en algunos casos, como en el de Pueblo Huarpe, la escuela representa la única posibilidad de comenzar o continuar los estudios. La confianza en el sistema, su estímulo hacia el trabajo colaborativo y el énfasis puesto en el desarrollo del aprendizaje en Ciencia y Tecnología a partir del uso de las TIC, la dedicación personalizada de los docentes, explican la motivación de los padres y el interés de enviar a sus hijos a una EPD.

El 50% de los padres tomaron conocimiento sobre las EPD a través de amigos, conocidos, vecinos y familiares, confirmando la importancia de la difusión entre miembros de la comunidad. Un 25% mencionó a los medios de comunicación como canal de información. Tan solo el 12,5% mencionó a la Municipalidad. Estos datos indican la importancia de la transmisión entre miembros de la comunidad, y el rol que ocupan los medios de comunicación. También muestran la poca participación de la Municipalidad y los Centros de Inclusión Digital en la difusión y convocatoria.

No existe un portal de Internet específico de las EPD ni se actualiza permanentemente la información referida a esta experiencia en la página de la ULP.

En relación al vínculo entre los padres y los establecimientos educativos, el 80% de los docentes mencionó que su relación con la escuela se explica a partir del seguimiento del aprendizaje de los hijos, y un 70% afirmó que sólo asiste a reuniones con maestros y autoridades. Sólo el 40% de los padres entrevistados declara ayudar con las actividades de la escuela o participar en proyectos impulsados por los alumnos.

El 80% de los padres respondió que se acerca a la PC "para ver qué está haciendo su hijo", lo que muestra que comparten la responsabilidad de la escuela respecto de los contenidos consumidos y producidos por los niños y jóvenes; en muchos casos representa una puerta de entrada de estos adultos a la sociedad de la información. El 100% de los padres entrevistados respondió que se acercan a la computadora "para saber qué es lo que hace mi hijo en la PC". En muchos casos, la necesidad de controlar las actividades de sus hijos en el ciberespacio impulsa a los padres para familiarizarse con el uso de las herramientas TIC. El 60% de los padres, para "acompañar el aprendizaje de sus hijos". Un 50% de los padres lo hace para "aprender más sobre TIC". Este dato refuerza el contagio de hijos a padres mencionado anteriormente.

El 70% de los padres afirmó que el hecho de que sus hijos hayan ingresado a una EPD influyó para que comiencen a aprender cómo utilizar una PC, o perfeccionen su aprendizaje. En relación a la satisfacción de los padres en torno a la EPD, el 70% mencionó la agilidad en el aprendizaje y el enfoque en CyT. Un 60% resaltó el aprendizaje enfocado en la PC e Internet, el 50% remarcó la atención personalizada y la pertinencia de la propuesta de cara al futuro. El 40% señaló que la EPD tiende a evitar la repitencia, resulta más entretenida y promueve el trabajo colaborativo. En resumen, las valoraciones más positivas de la comunidad de padres respecto de las EPD, son su contribución al aprendizaje en CyT, la atención personalizada, la promoción del trabajo colaborativo y la pertinencia de la propuesta pedagógica.

Un 40% de los padres evalúa al sistema de las EPD como "excelente"; 30% como "muy bueno", y 20% como "bueno". No se han registrado evaluaciones negativas.

Referentes comunitarios

Entendemos como "referente comunitario" al habitante de una comunidad que ejerce un rol de influencia sobre sus conciudadanos, como ocurre en pequeñas localidades con el médico, el sacerdote, comerciantes relevantes, la directora de una escuela, el locutor de la radio local, etcétera. El objetivo de entrevistarlos ha sido relevar qué grado de conocimiento tienen sobre las EPD, y qué vínculos mantienen con ellas. La fuente principal de información han sido los medios de comunicación. Un 45% de los entrevistados conocieron a las EPD a través de diarios provinciales y locales e Internet. Sólo un 20% de los referentes comunitarios se enteró de la existencia de las EPD a través del CID. Ningún entrevistado mencionó a la Municipalidad.

El 60% de los referentes comunitarios que conocían las EPD estaban al tanto sobre sus diferencias respecto de la escuela tradicional. Sin embargo, un 40% todavía no conocía a fondo el nuevo sistema. En muchos casos las diferencias señaladas han sido vagas e imprecisas. Muchas de ellas se corresponden con mitos o percepciones construidos alrededor de estas propuestas. En otros casos, existe un conocimiento más profundo de las características fundamentales de las EPD, como la estructura no graduada, la agilidad en el aprendizaje, la atención personalizada, entre otras.

Un 23% de los entrevistados afirmó ayudar con las actividades de la escuela y un 15% sigue los proyectos que se impulsan desde la EPD. Sin embargo, el 39% de los entrevistados sostuvo que no tiene relación con la escuela. Ningún entrevistado participa en proyectos impulsados por ella, y sólo el 8% ha asistido a los actos escolares, lo que evidencia la escasa participación e inclusión de la comunidad en los proyectos que la escuela implementa.

En cuanto a la opinión de los referentes comunitarios respecto de la necesidad de una instancia de participación en proyectos impulsados por la EPD, el 100% opina que deberían implementarse los medios para que las comunidades puedan participar en proyectos impulsados por la EPD.

El 70% de los referentes comunitarios evaluaron positivamente las EPD. No se registran valoraciones negativas, pero un 30% prefirió no escoger ninguna opción (Ns/Nc), al considerar que le faltaban datos e información más precisa para efectuar una evaluación seria de la EPD.

Síntesis, conclusiones y propuestas

El programa educativo que generó las EPD y las EPDA se ha implementado a través de la articulación de dos actores fundamentales: el Ministerio Provincial de Educación y la Universidad de La Punta. La ULP muestra un fuerte compromiso con las EPD y EPDA, ya que proporciona y financia la formación y capacitación permanente de los coordinadores y docentes que trabajan en ellas, y el funcionamiento de algunas EPD piloto, como la Albert Einstein y la Isaac Newton.

El resto de las escuelas están financiadas por el Ministerio Provincial de Educación y por gobiernos locales, quienes aportan el espacio físico. La ULP designa directamente a coordinadores y docentes. Son una excepción las comunidades originarias como Pueblo Huarpe o Ranqueles, donde la propia comunidad (cacique, Coordinadora de Actividades con Pueblos Originarios) participa de la designación de coordinadores, docentes y celadores. Todas las EPD se inscriben en el marco legal provincial y nacional. Forman parte de la gestión educativa estatal de la provincia, por lo que son públicas y gratuitas.

Las características centrales de las EPD son las siguientes:

a. Características innovadoras

Los rasgos más innovadores de este sistema de enseñanza no son la utilización de TIC, sino la estructura no graduada de la escolaridad, la enseñanza personalizada y la flexibilidad del sistema. Se ha observado que cada establecimiento educativo presenta particularidades que se corresponden con el contexto específico en el cual está inserto, la comunidad educativa con la que se relaciona, y el tipo de sujetos pedagógicos con los cuales trabajan.

En las EPD y EPDA no existen grados: los alumnos se agrupan por edades, de modo de facilitar las relaciones entre ellos. El trabajo es individual y también por equipos. Si bien el objetivo es llegar a la excelencia en el aprendizaje, el tiempo que emplee cada alumno en lograrlo es flexible. El estudiante avanza siempre a su propio paso, no al de otros. Emplea el tiempo que necesita para su rendimiento óptimo.

Este sistema pedagógico está acompañado necesariamente por la tecnología informática. En cada EPD, niños, adolescentes y adultos trabajan con una *netbook* y (en la mayoría de los casos) con una plataforma *e-learning* (SAKAI) en la cual docentes y tutores (y si lo desean, también los padres) efectúan el seguimiento del proceso de aprendizaje de cada alumno. Aunque su uso no es una necesidad imprescindible para el funcionamiento de estas escuelas, resulta una herramienta fundamental para el desarrollo de la modalidad promovida por las EPD. Además de permitir el enlace con la comunidad académica internacional, la plataforma parte de una estructura nodal que promueve el trabajo colaborativo y la formación de comunidades de práctica docente o redes sociales al interior de las escuelas. Brinda un conjunto de herramientas y recursos digitales que pueden utilizarse en el sistema educativo para potenciar el rendimiento y aprendizaje de los alumnos, así como también mejorar la formación docente y el vínculo entre ambos con la comunidad.

En todas las escuelas se acompaña de manera personalizada a todos los alumnos. Para posibilitarlo, la EPD funciona todo el año. Una de las características más relevantes del sistema es su flexibilidad. Si bien se utiliza una currícula única de acuerdo a los requisitos del Ministerio Nacional de Educación y del Ministerio de Educación de la provincia de San Luis, cada coordinador/a de las EPD puede adaptar la enseñanza al contexto particular en que se desenvuelve, en acuerdo con la ULP, ya sea incorporando contenidos o actividades o desarrollando proyectos escolares y comunitarios específicos. Se advierte una gran diversidad de propuestas entre las EPD estudiadas, relacionadas con diversidad de contextos y condiciones en las que funcionan estas escuelas.

Cada escuela presenta características específicas. Por ejemplo, en la ciudad de San Luis, la EPD Albert Einstein ha sido la primera escuela fundada con esta modalidad de enseñanza, por lo que se ha convertido en caso piloto y referente de las demás EPD. Trabaja únicamente con niños y adolescentes, y está físicamente desdoblada en dos edificios, respectivamente para educación primaria y secundaria. El origen socio-económico de los estudiantes es heterogéneo, con un fuerte componente de clase media urbana capitalina y de las inmediaciones. En el año 2013, esta escuela fue reconocida como Escuela Mentora por Microsoft, lo que la coloca como una de las 80 escuelas más innovadoras del mundo.[3] Junto con docentes y alumnos de la Escuela Newton, han realizado a lo largo de 2011 y especialmente de 2012, proyectos "hacia afuera" de la escuela, como la proyección de stands en los eventos de San Luis Digital 2011 y 2012, y la cobertura periodística de este último evento.

---

3. http://agenciasanluis.com/notas/2014/03/09/la-escuela-albert-einstein-entre-las-mas-innovadoras-del-mundo/

En la misma ciudad, la EPD Isaac Newton está localizada en el barrio 9 de Julio, una zona de bajos recursos en la periferia de San Luis. A partir del año 2012 se han integrado alumnos provenientes del centro de la capital y de otros barrios, lo que contribuyó a dar más heterogeneidad al grupo. Estos jóvenes presentan características particulares, relacionadas con su edad y con su situación de vulnerabilidad social: repitentes de otras escuelas, embarazos adolescentes, necesidad de trabajar tempranamente, etcétera. En este contexto, la personalización de la enseñanza y el seguimiento de cada estudiante por los docentes adquieren una dimensión especial.

b. Infraestructura edilicia

El sistema de EPD aplica en forma creciente, en la medida en que el espacio provisto por las diversas localidades lo permite, una nueva concepción del espacio físico: se promueven aulas amplias con bancos y mesas móviles, que facilitan la autonomía e independencia de los alumnos, y su movilidad a través del espacio de la escuela. Esta característica es más visible en las EPD Albert Einstein, Isaac Newton y Pueblo Huarpe. Se tiende en el futuro a una "escuela sin aulas".

La infraestructura edilicia adaptada al sistema de EPD no es actualmente una condición previa para el funcionamiento de estas escuelas. De hecho, tres escuelas de las cinco entrevistadas han funcionado en locales provisorios o no propios, y dos todavía lo hacen. Sin embargo es evidente que aquellas que pueden llevar adelante de manera más completa la modalidad de enseñanza / aprendizaje que se proponen las EPD como experiencia innovadora, son las que cuentan con edificios espaciosos y modernos que disponen de recursos materiales como computadoras, conectividad en la escuela y en los hogares, disponibilidad de la plataforma, etcétera.

c. Equipo de coordinadores y docentes

El rol de los coordinadores / mentores es clave: son los referentes pedagógicos y tecnológicos de cada escuela y deciden cómo adaptar el método general de enseñanza a cada contexto y cada alumno en particular. Todos los docentes y coordinadores se encuentran bien preparados y motivados para llevar adelante su tarea en las escuelas. En el caso de las escuelas que tienen la posibilidad de tener coordinadores que exclusivamente se dediquen a la tarea de coordinación pedagógica, y no a dar clases, las condiciones mejoran. En general los docentes manifiestan usar productivamente el tiempo del que disponen fuera de los horarios de clase para reunirse con sus compañeros, intercambiar información y compartir la planificación de las actividades. En el caso de coordinadores-docentes únicos, manifiestan mantener correspondencia por medios electrónicos con asesores de la ULP y con colegas.

Con respecto a la formación de coordinadores y docentes, la ULP ha elegido al primer equipo de coordinadores, los iniciadores de la experiencia, a profesionales formados en la enseñanza, la mayoría de ellos con especializaciones o postgrados. A esta formación se le ha añadido la formación especializada proporcionada por la ULP en cursos de verano y actualizaciones permanentes. Estos cursos están abiertos a todos los docentes de la provincia.

La post-investigación

Con una superficie total de 76.748 km^2, una población de 367.933 habitantes (datos del INDEC) y una densidad de 4,8 habitantes por km2, la provincia de San Luis ofrece un contexto ideal para la prueba piloto de las EPD y las EPDA: la población es relativamente reducida, aunque desigualmente distribuida en el territorio (las ciudades más importantes en número de población son San Luis, Mercedes y Merlo). Las negociaciones entre el Gobierno de la provincia y los intendentes de las localidades son en general fluidas y aptas para los acuerdos en lo que se refiere a la educación pública.

Pero el territorio no es sólo geográfico: es también y sobre todo, socio-político. El elemento que posibilitó tanto la aplicación de la Agenda Digital de San Luis, como el Programa San Luis Digital y sus productos, los planes Todos los Chicos en la Red y las Escuelas Públicas Digitales, fue la sostenida continuidad política, el compromiso del gobierno de Alberto Rodríguez Saá, y la intervención de la ULP como agencia planificadora y ejecutora de estos proyectos. En el año 2012 se produjo un importante cambio de gestión en la provincia de San Luis: el gobernador Alberto Rodríguez Saá fue sucedido por el gobernador Claudio Poggi. Este cambio tuvo como consecuencia una discontinuidad en los objetivos de la gestión que se manifestó en la disminución del interés del Poder Ejecutivo provincial en las innovaciones educativas. La rectora de la ULP, Dra. Alicia Bañuelos, quien con gran visión había sido la gestora del proyecto de las EPD, renunció a su cargo y fue sucedida por dos rectores sucesivos. Estos cambios marcaron un cambio de rumbo en las EPD y las EPDA, que según se infiere de declaraciones de informantes clave, han perdido su impulso inicial. Si bien se ha continuado con la distribución de computadoras a los alumnos, no se habrían introducido innovaciones en el sistema educativo.

Las Escuelas Públicas Digitales se han creado en el año 2010, como producto de la Agenda Digital de San Luis, e implementado en el año 2011. Son por lo tanto un proyecto joven, con una serie de desafíos y potencialidades por desarrollar. En el evento de San Luis Digital de septiembre – octubre de 2012 y sólo en la ciudad de San Luis, ya se registraban 361 alumnos estudiando en estas escuelas.

Aunque nuestra investigación terminó en enero de 2013, en mayo de 2014 hemos consultado el poco material de prensa publicado al respecto y realizado en línea algunas entrevistas a informantes clave para verificar la continuidad del plan de EPD y EPDA.

Como resultados posteriores a nuestra investigación, puede mencionarse que en diciembre del año 2013 más de 550 alumnos de las EPDA, de distintas localidades de la provincia, recibieron sus diplomas.[4]

También recibieron sus certificados los alumnos de las siguientes EPD: EPD Albert Einstein (nivel inicial, primario y secundario); EPD Isaac Newton (ciclo superior); EPD N° 2 Estancia Grande (nivel inicial y primario); El Durazno (nivel secundario); EPD Xumucpe – Hijos del Sol de la Comunidad Huarpe (nivel inicial, primario, secundario y EPDA); EPD Feliciana Saá de la Comunidad Ranquel (nivel inicial, primaria y secundario); EPD Terminalidad Rural: Balde, Pencoso, La Carolina, Zanjita, La Florida, Potrerillo, La Vertiente, Villa de Praga, La Maroma y Paraje Puertas del Sol.

Una informante clave, la actual Jefa del Sub Programa Escuelas Públicas Digitales dependientes de la ULP, manifiesta que hasta mayo de 2014 se han implementado en la provincia de San Luis 64 EPDA, 232 aulas 20/30, 15 escuelas llamadas EPD, dependientes de la Universidad de la Punta, además de una EPD de gestión compartida. Desde el año 2013 el Ministerio de Educación de la provincia está implementando escuelas públicas de modalidad digital bilingües o multilingües de autogestión.

Resulta significativo que ni los sitios web del Ministerio de Educación de la provincia[5] ni el de la ULP[6] presenten una página dedicada a las EPD y EPDA, aunque algunas informaciones sobre ellas se muestran en el apartado "Novedades". No se publican estudios ni evaluaciones al respecto. Las únicas informaciones relativas a este tipo de escuelas se encuentran en la prensa cotidiana de la provincia.

---

4. Información de www.sanluistodo.com.ar, Enciclopedia Viva, consultada el 10/5/2014.
5. http://www.sanluis.edu.ar/EducacionAsp/Index.asp
6. www.ulp.edu.ar

La ULP implementó en este lapso el Plan 20/30, un plan educativo cuyo objetivo es ofrecer a jóvenes de la provincia de San Luis, de entre 20 a 30 años de edad, la posibilidad de terminar sus estudios secundarios mediante el pago de una beca mensual de $800 (pesos ochocientos con 00/100)[7]. Este plan utiliza las EPD como espacio de formación de sus estudiantes.

Otra informante clave considera que si bien se han inaugurado nuevas escuelas llamadas EPD, bilingües o multilingües, éstas son meramente escuelas que utilizan tecnología informática, pero que no siguen los principios originales de atención personalizada de los alumnos. Tampoco se han producido innovaciones en las EPD existentes: continúan funcionando como en sus comienzos, sin incorporar las mejores prácticas de escuelas similares en Estados Unidos o Finlandia, como estaba previsto en sus inicios. "La experiencia que no avanza, retrocede", afirma la informante.

Uno de los propósitos originales del proyecto de las EPD era extender este nuevo sistema educativo a toda la provincia. Esto ha producido conflictos con los docentes de las escuelas tradicionales. Como expresan Caracciolo y Zavala (2013):

> En primer lugar se puede hablar del rechazo del sector docente y gremial, que se hizo evidente a través de distintos medios de comunicación y acciones llevadas a cabo por los representantes para manifestarse en contra de la implementación de un nuevo modelo de educación y a favor del aprendizaje bajo el enfoque tradicional. En particular, parte de la comunidad educativa provincial manifiesta ser la más agraviada por la nueva modalidad que introduce el nuevo sistema, dado que implica según la ley (art. 9º), una reducción de la planta docente asignada a las Escuelas Digitales, así como también diversas modificaciones en los contenidos curriculares, entre otras cosas. En este mismo ámbito, tam-

---

7. http://www.plan2030.sanluis.gov.ar/Plan2030Asp/paginas/pagina.asp?PaginaID=26

bién ha sido parte de la controversia la falta de convocatoria a la Junta de Calificación para la selección de los docentes, así como tampoco se ha dado participación al Consejo de Educación provincial.

En consecuencia, al menos por el momento, las EPD constituyen una suerte de sistema de educación paralelo en la provincia.

Desafíos y propuestas

Del trabajo de campo realizado, de las observaciones y entrevistas que se han recopilado, y de su posterior procesamiento, se infieren algunas propuestas para ser consideradas en el proyecto innovador de las EPD y EPDA:

- La alta demanda de matrícula señala la necesidad de preparación de mayor número de docentes a corto plazo.
- Incorporar a los docentes en la generación e implementación de EPD, para que no se trate sólo de una iniciativa "de arriba hacia abajo", sino de una experiencia participativa, de modo de que los docentes puedan apropiarse mejor de esta nueva modalidad de enseñanza.
- Incorporar a la comunidad en general y a los padres en particular a la vida cotidiana de la escuela mediante proyectos, actividades, formas innovadoras de comunicación, etcétera.
- Mejorar la conectividad en los alrededores de las escuelas, fundamentalmente para que los alumnos puedan seguir en línea con la escuela desde sus hogares u otros espacios.
- La demanda de los docentes señala la necesidad de capacitaciones más prolongadas y de la repetición de algunos cursos docentes.

- Disponibilidad de edificios especiales para las escuelas que funcionan, hasta el momento, en otros edificios públicos.
- Generar redes de escuelas EPD y EPDA que se planteen el intercambio de información y experiencias en línea tanto entre los alumnos como entre los docentes.
- Fortalecer la difusión y comunicación de la experiencia ya sea hacia la sociedad en general (a través de los medios masivos de comunicación, de proyectos de difusión o de enlace con la comunidad promovidos desde las mismas escuelas, etc.), hacia las esferas académicas de expertos en educación y en TIC (a través de publicaciones, artículos, foros de debate, eventos científicos, etc.) y hacia funcionarios públicos de educación de otras provincias y regiones.
- Reforzar la visibilidad de la experiencia mediante stands y tracks de conferencias y seminarios en los eventos anuales San Luis Digital.
- Promover un diálogo con el resto de la comunidad educativa (docentes y funcionarios de escuelas tradicionales) de manera de difundir las bases del proyecto, y combatir los prejuicios y resistencias a estas nuevas escuelas. Incluso, sería interesante proponer proyectos y actividades que sean realizados por varias escuelas (tradicionales y EPD), con el sentido de que pueda visualizarse una cooperación allí donde se prejuzga una situación de competencia.
- Fortalecer lazos de acompañamiento, cooperación y planificación conjunta entre coordinadores de diferentes EPD y EPDA, por medio de redes de docentes y comunidades de práctica.
- Fortalecer a las escuelas con mayor matrícula de alumnos y menor cantidad de docentes y coordi-

nadores a cargo, con acompañantes pedagógicos en TIC.
- Proveer apoyo pedagógico y/o profundizar la formación docente en lo que refiere a la planificación e incorporación de herramientas TIC en la currícula.
- Promover el registro de las culturas populares, fundamentalmente en las áreas rurales o en las localidades de pueblos originarios, por medio de la transmisión de la cultura local a través de contenidos producidos por los propios docentes y estudiantes y cargados en la plataforma SAKAI, para compartirlos con los demás alumnos, docentes y comunidades.

Bibliografía

Caracciolo, M. y Zavala, M. (2013). "La Digitalización de la Educación Pública", en: KAIROS. Revista de Temas Sociales. ISSN 1514-9331. URL: http://www.revistakairos.org. Proyecto Culturas Juveniles. Publicación de la Universidad Nacional de San Luís, Año 17, Nº 32, noviembre de 2013.

Engel, Paul (1997). "La organización social de la innovación. Enfocando en/sobre la interacción de los agentes involucrados". Santiago de Chile, KIT Press, Royal Tropical Institute.

Finquelievich, S. (2007). *La innovación ya no es lo que era: Impactos meta-tecnológicos en las áreas metropolitanas*. Buenos Aires, Dunken.

———— (2013). "The Emergence and Development of a Regional Living Lab. The case of San Luis, Argentina". http://www.ci-journal.net/index.php/ciej/issue/view/47 Special Issue: Community Informatics and the Co-Creation of Innovation, Journal of Community Informatics, Vancouver, Canada, vol. 9, Nº 3, mayo 2013.

Finquelievich, S.; Feldman, P. y Fischnaller C. (2013). "Los territorios urbano-regionales como medio de innovación. San Luis, ¿laboratorio ciudadano?". Revista Iberoamericana de Ciencia, Tecnología y Sociedad, Dossier Nº 23, mayo 2013.

Finquelievich, S. y Prince, A. (2010). "El desarrollo de una provincia digital". Universidad de La Punta, San Luis. Accesible en: http://www.ulp.edu.ar/comunicacion/libros_ulp/desarrollo/files/libro.pdf

Finquelievich, S.; Rozengardt, A.; Davidziuk, A. y Finquelievich, D. (2010). "National Information Society Policies: A Template". UNESCO. Accesible en: http: //portal.unesco.org/ci/en/files/29360/12602731983IFAP_-Template_en.pdf/IFAP_Template_en.pdf

Hinostroza, J. E.; Labbé, C. (2012). "Políticas y prácticas de informática educativa en América Latina y El Caribe". Santiago de Chile, CEPAL. Accesible en: http: //coleccion1a1.educ.ar/wp-content/uploads/2012/02/cepal_politicas-practicas-de-Tic.pdf

Robert, P. "La educación en Finlandia: Los secretos de un éxito asombroso". Traducción: Manuel Valdivia Rodríguez. Disponible en: http: //www.otraescuel aesposible.es/pdf/secretos_finlandia.pdf

6

El Programa Conectar Igualdad en el nivel superior: desafíos y perspectivas en la formación docente

Sheila Amado

Introducción

Algunos años previos a la implementación del Programa Conectar Igualdad (PCI), muchos de los debates en torno a la educación y las tecnologías digitales estaban enfocados en intentar anticiparse a un futuro próximo dentro del ámbito escolar, en el mejor de los casos algunas reflexiones remitían a experiencias pilotos locales como forma de poder comprender este nuevo universo. La distribución de computadoras personales en un lapso breve de tiempo, casi cuatro millones de *netbooks* en cinco años, pone a todo el sistema educativo frente al desafío de incorporar las tecnologías digitales de modo repentino y con cierta urgencia. La coyuntura práctica lanza un grito de auxilio a la reflexión teórica, donde lejos de obtener una respuesta sistematizada lo que se obtiene hoy en día es la necesidad de una praxis. Si bien se podría discutir sobre los términos en los que se implementó el PCI, resulta más fructífero debatir en torno a los desafíos que existen hoy en día en relación a cómo está dada la situación en concreto. Esto por supuesto exige realizar una reflexión crítica respecto de lo que existe y de lo que falta construir a la hora de pensar la formación docente y las tecnologías digitales.

El objetivo de este trabajo es describir y analizar las políticas educativas argentinas en ocasión del Programa Conectar Igualdad en la formación docente. El eje del análisis estará centrado en aquellas iniciativas que involucren a los estudiantes de los profesorados orientados a la educación secundaria (normal y especial) de todo el territorio nacional ya que ellos son beneficiarios del programa y se forman para impartir clases donde está enfocado el PCI, es decir el nivel secundario. Los documentos y políticas a analizar serán aquellas brindadas por los organismos estatales a nivel nacional, reservando las iniciativas de tipo jurisdiccionales para futuras investigaciones.

Una de las mayores dificultades a la hora de analizar el PCI en particular y las prácticas pedagógicas mediadas por tecnologías digitales en general dentro de la formación docente, es la falta de datos secundarios brindados por los organismos estatales. Hasta el momento son pocas las estadísticas disponibles en torno al PCI, y prácticamente todos los datos publicados están orientados a la educación secundaria.[1] Por esta razón para poder comprender un poco mejor el estado de situación de la formación docente, se consultaron estadísticas que se remiten a las tecnologías digitales en general o que se restringen simplemente a la utilización de computadoras.[2]

El Programa Conectar Igualdad y la formación docente inicial

De acuerdo con un informe presentado por el propio Programa Conectar Igualdad (2011) para octubre de 2011 se entregaron un total de 135.905 *netbooks* en 389

---

[1]. Un ejemplo de ello es un informe de avances de resultados de evaluación y seguimiento del PCI publicado en el año 2011 por el Ministerio de Educación.
[2]. Los datos disponibles son limitados y en general no nos permiten distinguir los profesorados de Inicial y Primaria de los orientados a la educación Secundaria.

institutos de formación docente de todo el país. Respecto de la conectividad se advierte que el organismo encargado de asegurarla es el Ministerio de Planificación Federal, Inversión Pública y Servicios y que lo hace a través de la articulación con el Programa Argentina Conectada y el Programa Internet para Establecimientos Educativos. Sobre un total de 24 jurisdicciones, 18 están incluidas en el acuerdo que posibilita la incorporación a estos programas.[3] Según los datos publicados, la primera licitación del programa que garantiza la conectividad a Internet alcanza a 406 Institutos Superiores de Formación Docente (ISFD) beneficiarios del PCI.

Hasta el momento no se ha realizado aún una evaluación integral del PCI en la formación docente. Un primer paso para ello es el documento "Línea de base para la evaluación del Programa Conectar Igualdad en la formación docente"[4] elaborado por el Ministerio de Educación y publicado en el año 2013. Este documento, tal como lo indica su nombre, busca establecer una línea base para un futuro seguimiento y evaluación del Programa Conectar Igualdad en este nivel específico, y por tanto solo presenta las características de los ISFD y sus principales actores (directivos, docentes y estudiantes) previo a la implementación del PCI. De allí podemos extraer los objetivos que se persiguen en este primer momento de implementación del PCI:

1. Garantizar el acceso y promover el uso de las TIC en los institutos de formación docente de gestión estatal.

---

3. Las provincias incluidas son: Buenos Aires, Catamarca, Chaco, Chubut, Corrientes, Entre Ríos, Formosa, Jujuy, La Pampa, Mendoza, Misiones, Neuquén, Salta, San Juan, Santa Cruz, Santa Fe, Santiago del Estero y Tucumán.
4. Línea de base para la evaluación del Programa Conectar Igualdad en la formación docente (2013). Disponible en: http://portales.educacion.gov.ar/modelo/files/2013/03/Informe-Final-Linea-de-Base-PCI-FD-PDF-FINAL.pdf

2. Promover el fortalecimiento de la formación docente en el uso de las TIC.
3. Favorecer el desarrollo de procesos de gestión institucional para el uso y aprovechamiento de las TIC en los institutos de formación docente.
4. Disminuir las brechas de la alfabetización digital en la población.
5. Contribuir al mejoramiento de los procesos de construcción e implementación de políticas públicas de nivel nacional y jurisdiccional en la formación docente.

Ahora bien, al analizar los documentos y políticas llevadas adelante en relación con la capacitación de los futuros docentes, ya sea por el PCI como por el Instituto Nacional de Formación Docente (INFD), se puede advertir rápidamente la falta de una política integral orientada específicamente al estudiante de la formación docente.

Si bien desde sus orígenes el PCI contempla dentro de sus destinatarios a los estudiantes de los ISFD, lo cierto es que los contenidos y capacitaciones en general por el momento no distinguen a este tipo de estudiante como un receptor específico. Un ejemplo de ello es la configuración del portal del PCI, en donde al ingresar al sitio se presentan distintos recursos según el perfil del destinatario del programa: alumnos, docentes, familias, directivos y referentes tecnológicos. Al indagar en la sección *alumnos* se puede observar que los contenidos están orientados principalmente a estudiantes del nivel secundario, mientras que la sección *docente* presupone como receptor a un docente en ejercicio. Si bien el estudiante de la formación docente puede obtener recursos e ideas, ya sea para afianzar sus conocimientos disciplinares como para observar secuencias didácticas con recursos tecnológicos, lo cierto es que el portal no se pensó para este perfil de estudiante. Una muestra contundente de ello es la falta de recursos destinados a pensar la didáctica y la pedagogía en sí mismas. Algo similar ocurre con otros portales impulsados por el PCI, tales como Educ.ar o la página del Canal Encuentro, en los cuales el contenido producido pocas veces tiene como destinatario a este grupo en cuestión.

Entre los recursos que se piensan exclusivamente para los profesorados se encuentra la implementación de aulas móviles. De acuerdo con el anexo 2 de la resolución 123/10 "Los ISFD reciben laptops educativas, cada una con un módem 3G y un sintonizador de televisión digital terrestre para conformar una cantidad de aulas digitales móviles proporcionales a la matrícula". El objetivo de la implementación de estas aulas es que los estudiantes se familiaricen con las *netbooks*. Dada la escasa información sobre el impacto de este emprendimiento no existen datos suficientes para conocer los detalles sobre su aplicación efectiva.

Entre las estrategias que lleva adelante el INFD relacionadas con el PCI o el modelo 1:1 en general se pueden destacar dos: el dictado de seminarios y cursos virtuales específicos impartidos por el propio INFD y la posibilidad de cursar el postítulo en educación y TIC para los estudiantes avanzados. No obstante, es necesario mencionar que en el caso del postítulo, la formación central está dirigida a los docentes en ejercicio, por tanto se recomienda no cursar la especialización si aún no se está laboralmente activo. En el sitio web de la especialización se aclara:

> La Especialización, como indica la Resolución que la origina, fue creada especialmente para enriquecer las prácticas institucionales desde la inclusión y utilización de las TIC en la tarea educativa cotidiana.[5]

---

5. Extraído de: http://postitulo.educ.ar/preguntas-frecuentes/#preg23

En este contexto solo se puede ingresar a la formación docente si se es estudiante avanzado y se logra acreditar, mediante los documentos necesarios, que se está en condiciones de egresar el cuatrimestre posterior a la inscripción.

En base a lo expuesto se observa que las acciones que involucran al PCI son fragmentarias y no necesariamente fueron concebidas desde el Programa Conectar Igualdad. Por esta razón es necesario recorrer otros emprendimientos llevados adelante en la formación docente que sirven de insumo para la aplicación del PCI en particular y para la implementación de tecnologías digitales en general. En el próximo apartado se presentan las acciones llevadas adelante por el INFD.

Un mapa de situación en torno al Instituto Nacional de Formación Docente (INFD) y las tecnologías digitales en la actualidad

A partir de La ley Nacional de Educación Argentina N° 26.206, sancionada en el año 2006, se produjeron distintas reformas en la formación de formadores, entre estos cambios cabe destacar que la ley establece cuatro años de duración para todos los profesorados, medida que incrementa y/o equilibra el tiempo dedicado a la formación docente en todo el país. Otro de los puntos importantes de la ley es la creación del INFD, organismo inaugurado a principios de 2007 que coordina y dirige las políticas de formación docente en la Argentina.

La creación del INFD es un cambio significativo en relación a la coordinación nacional de los distintos institutos de formación docente, dado que representa un paso más hacia la coordinación y regulación federal de los distintos proyectos jurisdiccionales. El INFD posee dos secretarías nacionales principales. Una de ellas, la dirección nacional de formación e investigación, es la encargada de instalar la cultura de las TIC en la formación inicial y continua de los docentes. Se puede observar a partir de esto que, aunque sea en forma germinal, el INFD dedica una parte de sus recursos a pensar específicamente la formación docente y las Tecnologías de la Información y la Comunicación.

Desde la creación del INFD a esta parte, se han comenzado reformas en los diseños curriculares para las distintas carreras docentes, por lo tanto, dado que este proceso aún está en marcha, no existen cambios profundos que piensen la incorporación de las tecnologías de modo integral a los planes de estudio. En este contexto, lo que se encuentra entonces son iniciativas focalizadas a necesidades o proyectos concretos, entre los cuales se encuentran: cursos de capacitación virtual, jornadas de capacitación presenciales, promoción de redes colaborativas de trabajo, creación de portales y aulas virtuales, entre otras.

Entre las políticas destacadas en torno a la implementación de tecnologías digitales en la formación docente, se encuentra el Plan Nacional de Formación Docente 2012-2015, el cual entre sus principales estrategias de acción incluye la consolidación de la formación pedagógica con recursos digitales. En él aparecen tres puntos centrales de intervención: el desarrollo de acciones formativas sobre la enseñanza de las disciplinas mediadas por TIC, el fortalecimiento de los nodos virtuales institucionales y el fortalecimiento de la comunicación entre los docentes y entre los institutos. La consolidación de la formación pedagógica con recursos digitales incluye profundizar emprendimientos que se vienen sosteniendo con anterioridad a este plan en concreto, entre las iniciativas destacadas están: el portal educativo AKANA, cuyo fin es lograr establecer una comunidad docente en línea; la red Infod, que engloba a todos los Institutos Superiores de Formación Docente (ISFD) del país; el centro de documentación virtual que recopila publicaciones y bibliografía ya sea producidas por el INFD como así también por otros sitios relacionados a la formación docente; y la revista digital del INFD cuyo fin es dar a conocer las iniciativas que lleva adelante el propio Instituto.

Otro emprendimiento importante es el postítulo docente Especialista Docente de Nivel Superior en Educación y TIC del cual el INFD es el principal organismo responsable de su desarrollo. El postítulo docente es, como su nombre anticipa, una capacitación didáctica pedagógica enfocada al uso de TIC para docentes en curso. Tiene una duración de dos años, es de carácter optativo y se desarrolla prácticamente en su totalidad a distancia. Esta especialización que en agosto de 2013 contaba con 42.000 docentes inscriptos de todo el país, representa una de las estrategias más integrales y ambiciosas, llevada a cabo por el Estado argentino, en relación a la capacitación docente y el uso de las TIC.

En el documento "Línea de base para la evaluación del Programa Conectar Igualdad en la formación docente", se muestra, en base a la construcción de un índice, los resultados de los niveles de participación de los ISFD en las iniciativas TIC impulsadas por el INFD, los resultados obtenidos aparecen resumidos en el siguiente gráfico:

Gráfico N° 1: ISFD según los niveles de apropiación de las iniciativas TIC impulsadas por el INFD

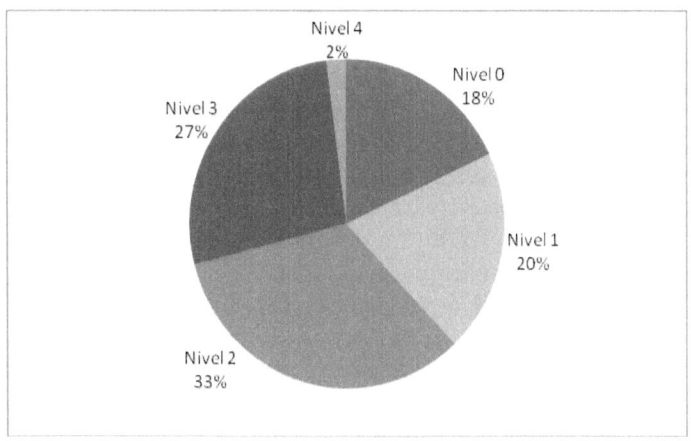

Base: 555 institutos. Fuente: Evaluación PCI – Formación Docente, ME. 2011.

De acuerdo con estos datos, y siguiendo el mencionado informe, el 60,4% de los ISFD del país han desarrollado o están desarrollando institucionalmente entre 2 y 6 líneas de incorporación de las TIC.[6]

Existen diversas iniciativas desde el INFD tendientes a lograr una articulación entre las tecnologías digitales y la formación inicial docente. Y si bien en base a los datos disponibles se puede anticipar que estas pro-

---

6. Los indicadores que componen los valores del índice son: proyectos de mejora institucional en los que se incluyera un componente TIC (2007), investigaciones vinculadas con TIC (2007-2010), uso del sitio web, uso del aula virtual, cantidad de facilitadores que terminaron el curso, cantidad de docentes que cursaron y aprobaron cursos PCI y proyecto de voluntariado (2011).

puestas tienen recepción al interior de los ISFD, resta aún que se lleven adelante los estudios que permitan vislumbrar los resultados de dichas iniciativas.

Finalmente, es importante destacar la línea de financiamiento para proyectos concursables de investigación pedagógica denominada "Conocer para incidir en las prácticas pedagógicas", ya que representa una de las iniciativas que permite vislumbrar un espacio para la evaluación y seguimiento de las propuestas en materia de tecnologías promovidas desde el INFD, como así también una reflexión desde la práctica elaborada por los propios actores. De los 107 proyectos presentados en el período 2007-2010, 59 estaban orientados a la producción de conocimiento sobre diversas dimensiones y actores vinculados con las TIC en el nivel superior. Esto muestra un marcado interés por parte de los distintos miembros de los ISFD de reflexionar sobre las TIC. De acuerdo con el mencionado informe elaborado por el Ministerio de Educación en el año 2013, los temas investigados fueron los siguientes:

Tema de investigación	Cantidad
Herramientas TIC en las prácticas pedagógicas	34
Concepciones de los formadores sobre las TIC	10
Aprendizaje de los estudiantes del nivel con TIC	6
Análisis de propuestas de capacitación en TIC	4
TIC en las didácticas disciplinares	3
Las TIC en la enseñanza superior en general	2

Fuente: Evaluación PCI-Formación Docente, ME, 2011.

Se puede observar, siguiendo los análisis hechos por el propio informe, que la mayor cantidad de proyectos refieren a la utilización de herramientas TIC en las prácticas pedagógicas. A su vez, cabe destacar que en varios de los casos se busca explorar que es lo que pasa al interior del propio ISFD.

A continuación, para pensar una implementación más profunda del PCI se describirán las características de los estudiantes de la formación docente.

Los estudiantes de la formación docente y las tecnologías digitales antes del Programa Conectar Igualdad

Como se mencionó al inicio de este trabajo, se torna dificultoso encontrar datos que refieran específicamente a los estudiantes de la formación docente a nivel nacional. No obstante, con la información disponible se pueden vislumbrar algunas cuestiones que deben ser atendidas desde la formación de formadores.

Según los datos de la Dirección Nacional de Información y Evaluación de la Calidad Educativa (DiNIECE), durante el año 2012, hubo un total de 473.210 estudiantes pertenecientes a la formación docente en organismos de gestión estatal en todo el país.[7] En el siguiente gráfico se puede apreciar cómo se da dicho crecimiento en los últimos años.

---

7. Estos datos incluyen a estudiantes de formación Técnica Superior y a los profesorados de Inicial y Primaria, no incluidos dentro del Programa Conectar Igualdad.

Gráfico 2: Matrícula del nivel superior no universitario (periodo 2007-2012)

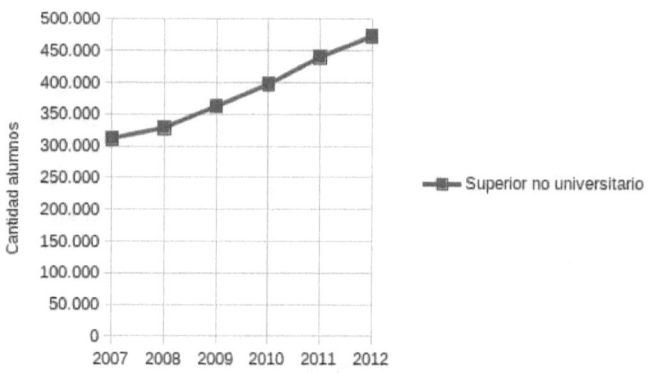

Fuente: Elaboración propia a partir de datos del DiNIECE, relevamiento anual 2012.

Esta tendencia respecto del crecimiento de la matrícula se dio en el contexto de la anulación de los exámenes de ingreso, como así también frente a un incremento en la matrícula de los establecimientos de educación secundaria.[8] Respecto del aumento de la matrícula en educación secundaria, Tenti Fanfani (2000: 1) sostiene que

> la masificación está acompañada por un cambio muy significativo en la morfología social de los alumnos. No sólo los adolescentes y jóvenes que se escolarizan son más, sino que son diferentes. Por una parte, ingresan los que tradicionalmente estaban excluidos. A los "herederos y becarios" se agrega el grueso de la población; es decir, se agregan los hijos de los grupos sociales subordinados de las áreas urba-

---

8. Datos del DINIECE. Relevamiento anual 2012.

nas primero, y de las rurales después, éstos, recién llegados al nivel medio, traen consigo todo lo que ellos son como clase y como cultura.

En este panorama es de suma importancia pensar la formación docente en relación a una población estudiantil más diversa, ya que como se puede observar en el caso de otros niveles del sistema educativo, los distintos mecanismos de democratización tienden a favorecer la incorporación de sectores que antes quedaban relegados. Ahora bien, este desafío que se da a nivel general debe ser analizado en contraste con los datos relacionados con el uso y acceso de tecnologías digitales. En este sentido, un aporte significativo para tal fin es la encuesta realizada a los estudiantes de la formación docente en el documento "Línea de base para la evaluación del Programa Conectar Igualdad en la formación docente".[9] Este relevamiento de alcance nacional otorga datos socio-demográficos e información sobre el uso y acceso a tecnologías, significativos a la hora de realizar el mencionado cruce. Es preciso aclarar que los estudiantes, al momento de la encuesta, no eran beneficiarios del PCI, sino potenciales destinatarios.

Entre los datos destacados, en primera instancia, se menciona que el 72% de los 3.518 estudiantes encuestados son mujeres. El 80% está entre los 18 y 30 años de edad, de los cuales casi la mitad (44%) tiene entre 21 y 25 años. Es decir, que gran parte de la población estudiantil nació y

---

9. Para realizar la encuesta se toma como unidad muestral a los institutos de formación docente. Es decir que "La representatividad no considera la distribución de los docentes y de los estudiantes como unidades de análisis independientes, sino que los mismos se seleccionaron a posteriori dentro de cada ISFD." (Línea de base, 2013: 168). Se encuestaron 165 ISFD sobre un total de 555. Respecto de la proporción de estudiantes encuestados, se utiliza como criterio que los mismos sean asistentes a una materia específica de 2° y otra de 4° año (de ser posible, la de residencia). Se encuestaron un total de 3.518 estudiantes. Para mayor información remitirse al Anexo 1 del documento "Línea de base para la evaluación del Programa Conectar Igualdad en la formación docente".

transitó su niñez en un contexto donde el uso de las tecnologías digitales aún no era masivo.

El 47% de los encuestados manifestó estar trabajando. Entre estos, el 33% trabaja más de 25 horas semanales, el 36% entre 11 y 25 horas semanales y el 31% trabaja hasta 10 horas semanales. Resulta relevante a la hora de pensar prácticas inclusivas el hecho de que prácticamente la mitad de los encuestados se encuentra laboralmente activos.

Un 54,4% de los encuestados tienen padres que no finalizaron sus estudios secundarios, de los cuales el 39,2% tiene el primario completo. Este dato permite vislumbrar el origen social de quienes en muchos casos son primera generación de graduados del nivel secundario, como así también permite advertir la presencia mayoritaria de un estudiantado que no cuenta con experiencias familiares previas en el cursado de un estudio superior.

Respecto a la conectividad y acceso a las TIC: 98% de los estudiantes posee teléfono celular, de los cuales solo un 33,5% tiene conexión a Internet. El 71% de los estudiantes encuestados tiene al menos una computadora en su casa, de este grupo un 84% posee computadora de escritorio, 24% *notebook* y solo un 12% *netbook*. Si bien es alta la proporción de estudiantes con computadora, hasta el momento solo un tercio tiene equipos transportables.

Respecto de la conectividad, 72,2% de los estudiantes que tienen computadora tienen a su vez conexión a Internet en su casa. Independientemente de si tienen computadora o no y de la conectividad en sus hogares, el 80,4% de los encuestados declaró tener muy incorporado el hábito de conectarse frecuentemente a Internet. Entre los lugares donde se conectan figuran: vivienda, ISFD, trabajo, espacios públicos con *wi-fi*, cibercafés y viviendas de familiares o amigos (en ese orden). Es interesante observar que el ISFD aparece en segundo lugar después de la vivienda, lo que lleva a pensar que para aquellas personas que no tienen conexión en su casa, el Instituto de Formación

Docente aparece como un lugar importante para garantizar el acceso a Internet.

Los datos aportados por la Línea de base para la evaluación del Programa Conectar Igualdad en la formación docente, también analizan el grado de conocimientos y uso de TIC entre los estudiantes en contextos no pedagógicos. La conclusión final del informe indica que el nivel de conocimiento de TIC por parte de los estudiantes es elevada. Entre los datos destacados aparece un marcado uso de la web como medio de comunicación social, donde a su vez se destaca un alto grado de participación en las redes sociales. Respecto del uso de la PC en general, el informe dictamina que la mayor parte de los estudiantes (73,1%) posee un uso autónomo de la computadora.

Finalmente, el informe otorga algunos datos sobre la utilización de TIC en las prácticas pedagógicas. Entre las actividades que realizan los estudiantes con TIC se encuentran: buscar y seleccionar información, desarrollar textos y documentos, desarrollar recursos multimediales, crear presentaciones, trabajar en colaboración con sus compañeros, interactuar con los docentes por medio del correo electrónico y otros medios.

> El 59,2% de los estudiantes que ya habían realizado prácticas docentes expresó haber utilizado recursos TIC para preparar material didáctico para dichas prácticas. De las actividades que se le propusieron, la más mencionada fue la búsqueda de información en la web, luego el uso de aplicaciones de ofimática y por último la consulta de blog, foros, portales, etcétera. (Línea de base, 2013: 127)

Distinto es el caso de la utilización de recursos TIC para dar clases durante la práctica docente o residencia, donde el número de estudiantes que utilizan este recurso se reduce notablemente. Aquí la mayoría de los estudiantes declara no haber utilizado nunca las TIC durante sus clases de práctica.

De acuerdo a los datos relevados, se puede concluir que gran parte de los estudiantes de la formación docente es de sexo femenino, tiene entre 18 y 30 años de edad y trabaja. Otra característica relevante es que la mayoría tiene padres que no concluyeron sus estudios secundarios, lo que significa que no tienen experiencia familiar directa respecto del cursado de una carrera de nivel superior. En relación a las TIC se puede observar que un porcentaje alto tiene acceso al menos a una computadora en su casa, que los usos habituales fuera del ámbito pedagógico o de estudio tiene que ver con la comunicación a través de las redes sociales y que el acceso a Internet (independientemente de si tienen computadora o no) es alto. En el caso específico del uso de las tecnologías en la formación docente, la utilización de las tecnologías se limita al propio estudio (principalmente a la búsqueda de información) y prácticamente no tiene aplicación en las prácticas docentes.

En lo que sigue se abordará el concepto de *inclusión digital* y la importancia que adquiere éste a la hora de lograr una mejor implementación de las tecnologías en el ámbito de la formación docente.

Inclusión digital y formación de formadores

La inclusión digital, entendida como

> un conjunto de políticas públicas relacionadas con la construcción, administración, expansión, ofrecimiento de contenidos y desarrollo de capacidades locales en las redes digitales públicas, en cada país y en la región (Robinson, 2005: 127, 128)

surge como un concepto adecuado para pensar la incorporación de tecnologías digitales, ya que no solo piensa la superación de la brecha de acceso, sino que permite tener una perspectiva multidimensional respecto de la implementación de las tecnologías en la formación inicial docente.

En base a esto se puede inferir que la aplicación del Programa Conectar Igualdad puede significar en muchos casos un primer acceso a un equipo informático. Según los datos aportados por el documento "Línea de base para la evaluación del Programa Conectar Igualdad en la formación docente", la proporción de estudiantes sin computadora, dentro de la muestra de ISFD, que alcanza todo el país, es del 30%, lo que representa un valor alto a la hora de pensar en la alfabetización digital. La entrega de *netbooks* puede mejorar el acceso para aquellos que ya poseen un equipo (por ejemplo posibilidad de transporte y uso exclusivo para aquellos que deben compartir su computadora con otros miembros de la familia).

Según Brun (2011: 12),

> en el ámbito educativo, la brecha digital va más allá de las desigualdades en el acceso a infraestructura TIC e incluye las diferencias entre estudiantes de distintos contextos socioculturales y características personales con relación a las competencias necesarias para usar las TIC y aprovechar las oportunidades de aprendizaje que brindan.

Restringir la inclusión digital a la entrega de equipamiento tecnológico solo se enfoca entonces en mejorar el acceso, pero no necesariamente asegura la inclusión entendida en estos términos. Esta falencia se profundiza aún más al tomar en cuenta que no solo se trata de lograr que los estudiantes puedan utilizar las tecnologías, sino que además deben ser capaces de integrar esos conocimientos a la labor pedagógica. De acuerdo con un informe realizado por Hepp (2012: 10) para la Red Latinoamericana de Portales Educativos (Relpe):

> Si bien las nuevas generaciones de estudiantes están más familiarizadas con las TIC en forma personal y ha aumentado –en todos los niveles socioeconómicos– el acceso a ellas a través de plataformas móviles, estos conocimientos no se transfieren a las prácticas de enseñanza.

En este sentido, es central que la inclusión en materia educativa en general, incorpore la reflexión en torno a la inclusión digital de los estudiantes pertenecientes a los Institutos de Formación Superior en particular. Se trata entonces de superar un doble desafío:

- La inclusión digital de los estudiantes del profesorado.
- La capacitación de ese futuro docente en tecnologías digitales y su efectiva aplicación pedagógica.

Algunos desafíos para la formación docente

El panorama que se observa en Argentina encuentra similitudes con otros países de la región, múltiples informes de organismos internacionales (UNESCO, 2005; CEPAL, 2011; OEI, 2012) advierten sobre la falta de políticas públicas específicas destinadas a la capacitación de estudiantes del profesorado para incorporar las tecnologías digitales en su futura práctica pedagógica. Mario Brun (2011) describe la situación actual de los países de la región respecto de las políticas de integración y uso de las TIC en las instituciones formadoras de docentes e identifica siete áreas deficitarias para la implementación de las TIC en la formación docente:

- Información insuficiente o de difícil acceso.
- Infraestructura y/o conectividad insuficiente.
- Capacitación docente insuficiente o incompleta.
- Políticas públicas que abordan parcialmente la complejidad de la temática o que no garantizan su sostenibilidad.
- Bajo nivel de coordinación y cooperación entre instituciones de formación inicial docente.
- Insuficientes procesos de seguimiento y evaluación y falta de indicadores aplicables al sector.
- Escasa promoción de actividades de investigación.

En base a los datos disponibles, para el caso argentino se pueden identificar cinco de estos problemas.

Capacitación docente insuficiente o incompleta. Las políticas educativas orientadas a la capacitación del docente que ejerce en los ISFD es escasa en comparación con las acciones implementadas en otros niveles educativos. Esto trae a cuenta que no solo es inexistente una política específica para los estudiantes de los ISFD, sino que además hay poco producido en torno a la capacitación de formadores de docentes. Lo interesante que señala Brun es que esta falencia también puede encontrarse en países europeos.

Información insuficiente o de difícil acceso. Esta categoría se refiere a la complejidad que presenta el acceso a información completa, actualizada y centralizada sobre la formación docente y las tecnologías. En este sentido se puede advertir que, si bien Argentina posee políticas tendientes a mejorar esta dificultad (la Red Infod; el portal Educ.ar; la comunidad AKANA, etc.), aún existen marcadas carencias para acceder de forma rápida y clara a la información. La información suele estar dispersa, y en particular en torno a lo que hace al PCI aparece mezclada con datos pertenecientes a otros niveles.

Bajo nivel de coordinación y cooperación entre instituciones de formación inicial docente. Aún son pocas las iniciativas para garantizar la efectiva coordinación entre institutos, generalmente las experiencias halladas se restringen al interior de los ISFD. De todas formas, la creación de la Red Infod aparece como una experiencia interesante que será necesario evaluar de aquí a unos años.

Insuficientes procesos de seguimiento y evaluación y falta de indicadores aplicables al sector. La carencia de procesos de evaluación y seguimiento representa una de las grandes falencias que encontramos en los organismos relacionados con la formación docente argentina.

> La falta de información sistemática sobre el monitoreo de los problemas afrontados por una iniciativa suele generar

frustración y su posible abandono, limitando la posibilidad de volver a implementarla luego de corregir los errores en los que se incurrió. (Brun, 2011: 48)

El déficit de indicadores que den cuenta y que sean construidos pensando específicamente en la formación docente y la implementación de tecnologías es otra de las grandes deudas que tiene el sistema educativo argentino. Esto probablemente tenga relación con que aún son recientes las políticas que buscan unificar y coordinar a nivel nacional la formación docente.[10]

Escasa promoción de actividades de investigación. Al igual que en el resto de Latinoamérica, aún son escasas las investigaciones que aportan evidencia empírica sobre las particularidades que adquiere la implementación de tecnologías digitales en la formación docente. En esta línea no se encuentran en Argentina iniciativas que aborden esta problemática o programas que promuevan iniciativas relacionadas. No obstante, pueden encontrarse programas no específicos del INFD tendientes a fomentar la investigación educativa en los institutos de formación.

En términos generales puede observarse que si bien en Argentina aún se tienen que sortear muchos obstáculos para lograr una verdadera articulación entre las tecnologías digitales y la formación docente hay múltiples intentos para superar estas dificultades. Será necesario analizar en próximos estudios cuál es el rumbo que toman estas iniciativas y qué impacto real tienen estas políticas en la cotidianeidad de los institutos de formación docente.

A diferencia de Chile, Argentina (junto con el resto de los países latinoamericanos) aún no cuenta con estándares TIC para profesores en ejercicio y para quienes están

---

10. En relación con esto debe tenerse en cuenta que el INFD recién se inauguró a principios del año 2007 por disposición de la Ley Nacional de Educación 26.206. Previo a esto, la descentralización en torno a la formación docente era aún mayor. Para más datos ver Res. CFCyE N° 251/05.

formándose. En un informe de la Red Latinoamericana de Portales Educativos[11] (Hepp, 2012) se presenta una serie de estándares mundiales para pensar la integración de las TIC en la formación inicial docente. Los casos mencionados allí son: ISTE (International Society for Technology Education), QTS (Standards for the award of Qualified Teacher Status), European Pedagogital ICT y la Red Enlaces (Chile). Si bien en Argentina aún no han surgido iniciativas en torno a la conformación de estándares, es importante que, llegado el momento, la construcción de estos no se dé siguiendo acríticamente los lineamientos pautados por los distintos organismos internacionales, sino que se defina un para qué de la formación docente en relación con las tecnologías digitales, lo que necesariamente implica pensar no solo qué clase de enfoque pedagógico se está pensando, sino también qué postura se tiene frente a las tecnologías digitales.

Reflexiones finales

A lo largo de este capítulo se ha puesto en evidencia que, pese a que el PCI tiene entre sus destinatarios a los estudiantes de la formación docente, hay muy poca producción dedicada específicamente a ellos. Esta falencia aparece en parte sopesada por los emprendimientos que lleva adelante el INFD tendientes a la incorporación de las tecnologías digitales en este nivel de la educación. Estas medidas, en muchos casos complementarias al PCI, son aún pequeñas, pero allanan el camino para lograr poco a poco este encuentro. No obstante, se debe tener en cuenta que aún queda mucho por hacer para lograr una verdadera articulación entre tecnologías digitales y formación docente.

---

11. "La Red se constituyó a fines de agosto de 2004 por acuerdo de los ministros de Educación de 16 países latinoamericanos reunidos a tal efecto en Santiago de Chile. Conforman esta red los portales educativos —autónomos, nacionales, de servicio público y gratuitos— designados para tal efecto por el Ministerio de Educación del país respectivo." http://www.relpe.org/que-es-relpe

Para lograr esta articulación e incrementar las potencialidades que tiene el PCI, un punto que es central es prestar atención a las características que poseen los estudiantes del profesorado, ya que ello permitirá vislumbrar cuáles son las acciones que se deben llevar adelante para arribar a una inclusión digital efectiva que no culmine en el mero acceso. En este sentido es importante reflexionar sobre los desafíos que implica la aplicación de recursos digitales en el contexto de los profesorados, donde el fin último es que los estudiantes puedan egresar utilizando las tecnologías para su propia práctica profesional.

Resta para futuras investigaciones indagar sobre la articulación entre las normativas nacionales y las jurisdiccionales, como así también obtener datos de experiencias concretas que pongan en marcha el PCI aplicado al dictado de clases tanto por parte de los estudiantes como de los profesores de la formación docente.

Bibliografía

Brun, M. (2011). "Las tecnologías de la información y las comunicaciones en la formación inicial docente de América Latina". Disponible en: http://www.eclac.cl/publicaciones/xml/2/44612/serie_172_mario_brun_tic_alis_09.2011.pdf

Ministerio de Educación de la Nación (2011). Informe de avance de resultados 2010. Ministerio de educación evaluación y seguimiento Programa Conectar Igualdad. Disponible en http://www.bnm.me.gov.ar/giga1/documentos/EL003242.pdf

Ministerio de Educación de la Nación: Ros (2013) Ros, C. [et.al.] "Línea de base para la evaluación del Programa Conectar Igualdad en la formación docente" Buenos Aires: Ministerio de Educación de la Nación. Disponible en http://portales.educacion.gov.ar/modelo/files/2013/03/Informe-Final-Linea-de-Base-PCI-FD-PDF-FINAL.pdf

Ministerio de Educación de la Nación (2011) Nuevas voces, nuevos escenarios: estudios evaluativos sobre el Programa Conectar Igualdad. Disponible en http://repositorio.educacion.gov.ar:8080/dspace/bitstream/item/96909/Investigacion%20PCI.pdf?sequence

RELPE: Hepp (2012). Hepp, P. "Caracterización de Buenas prácticas en formación inicial docente en TIC." Disponible en http://www.relpe.org/wp-content/uploads/2013/04/12-Caracterizaci%C3%B3n-de-buenas-pr%C3%A1cticas-en-formaci%C3%B3n-inicial-docente-en-TIC.pdf

Robinson, S. (2005): Reflexiones sobre la inclusión digital en Nueva Sociedad, Venezuela, N° 195, enero- febrero.

Tenti Fanfani, E. (2000). Culturas Juveniles y cultura escolar. Documento presentado al seminario Escola Jovem: un novo olhar sobre o ensino médio. Organizado por el Ministerio da Educaçao. Secretaria de Educaçao Média e Tecnológica. Coordenaçao-Geral de Ensino Médio. Brasilia.

UNESCO: Semenov (2005). Semenov, A. "Las tecnologías de la comunicación y la información en la enseñanza." Disponible en http://unesdoc.unesco.org/images/0013/001390/139028s.pdf

Resoluciones consultadas

Resolución CFE N°167/12 – ANEXO I "Plan Nacional de Formación Docente 2012-2015" http://www.me.gov.ar/consejo/resoluciones/res12/167-12_01.pdf

Resolución 123/10 Anexo 2 Manual operativo para la gestión institucional del Programa Conectar Igualdad. http://www.me.gov.ar/consejo/resoluciones/res10/123-10_02.pdf

Resolución N° 1163 de la Secretaría de Educación de la Nación. Disponible en: http://portales.educacion.gov.ar/infd/files/2011/06/resolucion-1163.pdf

Sitios web consultados

Canal Encuentro http://www.encuentro.gov.ar
Centro de Documentación Virtual http://cedoc.infd.edu.ar/
Comunidad AKANA http://akana.infd.edu.ar/
Instituto Nacional de Formación Docente http://portales.educacion.gov.ar/infd/
Postítulo Docente en Educación y TIC http://postitulo.educacion.gob.ar/
Red Infod http://red.infd.edu.ar/
Red Latinoamericana de Portales Educativos http://www.relpe.org/
Revista Digital INFD http://portales.educacion.gov.ar/infd/revista-digital/

7

Rupturas y continuidades de discursos que refieren a la educación, la comunicación y la tecnología

Lucas Bang

En este capítulo se pondrán en juego dos conceptos que refieren al funcionamiento de los saberes de una comunidad en una determinada época, que son entendidas como unidades del discurso que permitirán relacionar la comunicación, la educación y la tecnología en los discursos que refieren a éstas. Ruptura y continuidad permiten describir un estado de cosas sobre dinámicas culturales productoras de tipos subjetivos, de nuevas formas de articular el ser/hacer.

En los últimos años hemos asistido a procesos de la transmisión de la cultura fuertemente atravesados por las lógicas que imprime la difusión de las Tecnologías de la Información y la Comunicación. En la actualidad, este debate ha adquirido especial intensidad en Argentina a partir de la puesta en marcha del Programa Conectar Igualdad; esto es, del modelo 1 a 1 impulsado desde hace algunos años por Negroponte bajo el lema *One Laptop Per Child*. Este conjunto de procesos redefine los debates en torno a las tecnologías en el aula y, especialmente, a los procesos de transmisión de la cultura; a la vez que han instalado un complejo escenario en relación a los modos de implementación y uso de éstas en el espacio escolar.

Ruptura y continuidad del discurso que permite avanzar sobre un estado de cosas integrando lo nuevo y lo viejo porque los cambios no son radicales sino solapados donde se intenta desmovilizar algunas prácticas, que no implica que siempre se logre, e impulsar otras para "dar vida a lo nuevo".

Tecnología y comunicación: el mundo es un pañuelo

Una de las líneas para poder pensar esta relación entre tecnología y comunicación es la conexión entre ambas en su relación con el imaginario social. Durante los últimos treinta años estamos asistiendo a un proceso de globalización que nos pone como condición de participar aceptar la idea de que el mundo está conectado globalmente y lo que ocurre en Buenos Aires tiene su efecto en varios lugares del globo ya no sólo desde lo económico sino también desde lo cultural.

Para poder materializar esta idea de conexión desde finales de la década de los noventa, la Organización de Naciones Unidas (ONU) encargó a la Unión Internacional de Telecomunicaciones (UIT) la realización de una cumbre mundial con la intención de permitir el crecimiento y el desarrollo sostenible de las redes de telecomunicaciones y de información; y facilitar el acceso universal para que todos en todas partes puedan participar en la sociedad mundial de información y beneficiarse de ella.[1] Así, la Sociedad de la Información (SI) empieza a delinear un mundo que necesita de infraestructura en telecomunicaciones, donde el sector privado tiene un fuerte interés en participar de esta etapa; y a la vez, dar un plan de acción a los gobiernos y los insta a brindar acceso a la información pública, promover la creación de los Centros Tecnológicos Comunitarios (CTC) y la necesidad imperiosa de incorporar a las TIC en la educación.

---

1. Para profundizar esta conexión se recomienda leer Sandoval (2009).

Un mundo conectado entre sí, un acceso del ciudadano a la información pública, a los centros tecnológicos, una renovación y "actualización" de la educación gracias a la incorporación de las TIC parecieran ser las promesas que permiten pensar una ruptura con una forma de hacer/ver el mundo. Para cumplir con la promesa, los Estados y los sectores privados debieron invertir en infraestructura en telecomunicaciones y ofrecer a la población este tipo de tecnología (computadoras fijas o portátiles, celulares, *tablets*, etc.) para que la conexión entre los dispositivos sea posible porque las TIC son vistas como tecnologías de relación (Echeverría 2008) que no modifican la sustancia pero sí transforman las formas sociales, las representaciones.

En el caso particular de la educación, punto que abordaremos en profundidad después, la incorporación de las TIC permitió "decir" que éstas actualizaban las prácticas docentes en la escuela y por eso la didáctica tomó la iniciativa o renovó el paisaje de la discusión sobre la incorporación de éstas en la escuela.

Promesas de una ruptura sobre "una forma de hacer el mundo" porque se necesitan nuevas capacidades y roles de los sujetos al igual que nuevas formas de gestionar a las instituciones. Según el informe de Ginebra hecho por la ONU en el 2004 "debe promoverse el empleo de las TIC en todos los niveles de la educación, la formación y el desarrollo de los recursos humanos [...]" porque según la ONU, "estamos entrando colectivamente en una nueva era que ofrece enormes posibilidades, la era de la información".

Ruptura anunciada sobre las reglas de producción de un tipo de sujeto – mundo ante una revolución tecno-científica que modifica las prácticas humanas que hacen a la vida cotidiana. Así, la profundización del modelo neoliberal continúa y se plasma con la SI, que en latinoamérica presenta una fuerte complicidad discursiva con la modernización neoliberal, racionalizadora del mercado como único principio organizador de la sociedad en su conjunto, según el cual, agotado el motor de la lucha de clases, la historia habría encontrado su recambio en los avatares de la información. La "revolución" de la información impulsa "la desregulación, la liberación y la integración competitiva del planeta como escenario de realización de la economía del mercado" (Becerra y Mastrini, 2001: 102).

Es así que la centralidad y ubicuidad que las tecnologías ocupan hoy en esa concepción de sociedad resultó posible gracias a la infraestructura necesaria para que haya intercambio de información y de mercantilización, para hacer de todo una relación proceso – producto. Para esta nueva concepción se necesita la presencia significativa de los instrumentos tecno-comunicativos para asegurar la circulación de la información necesaria para el desarrollo de las lógicas de mercado encargadas de regular en parte el espacio social y el consumo. Para Lazzarato (2000: 12),

> [la] necesidad de consumir, la capacidad de consumir, la pulsión de consumir, ya no son producidas indirectamente por el objeto (producto), sino directamente por dispositivos específicos que tienden a identificarse con el proceso de constitución de la subjetividad.

De aquí que algunos autores hablen de sociedades mediatizadas o en vías de mediatización, donde "las prácticas cotidianas están de una forma u otra atravesadas por alguna dimensión mediática" (Saintout, 2009: 14). El problema no es que un niño use celular o navegue en Internet sino cómo se percibe, siente y construye en esa relación imaginaria con sus pares de todo el planeta desde las modas culturales, musicales y consumistas.

El fuerte proceso de homogeneización que impulsa el neoliberalismo no sólo es desde lo económico sino también desde lo cultural. La noción de mundialización de la cultura (Ortiz, 1999) es un claro ejemplo de esto. Ahora bien, desde lo cultural se nos muestra otra ruptura que produce la masificación de la reproducción técnica de mensajes que es la relación que se está forjando entre los sujetos, la información y la cultura.

Estos cambios en la estructura de la producción comunicativa hicieron que la producción cultural fuera encontrando nuevos caminos de circulación y difusión orientándose a un proceso de auto-organización de reglas y códigos. Se busca producir por fuera de esa homogeneización pero sobre la base de la auto-organización. Hay aquí una ruptura con la producción cultural del capitalismo industrial porque obviamente se responde a la lógica de producción posindustrial: trabajadores empujados a verse como empresarios de sí mismos, que puedan transitar por los caminos de la imprevisibilidad sin perder nunca la convicción de que de ellos depende el éxito o fracaso, de saber que debe estar presente la comunicación horizontal porque los límites entre jefes/empleados han sido borrados.

La relación información, sujeto y cultura no es algo que haya nacido en la década de los noventa o a principios del siglo XXI, cuando el saber o el conocimiento se dislocan o descentralizan en palabras de Jesús Martín Barbero (1999) o cuando la información se vuelve materia prima desde las lecturas de Gonzalo Abril (1997). Lo que hay de nuevo en esto es la aparición de tecnologías digitales que permiten manipular la información y hacer de ésta un insumo diario y cambiante. El desarrollo tecnológico de fines de los años ochenta produce una ruptura, un cambio en las dimensiones objetivas de la técnica científica que Gilbert Simondon (1969) definió como "una expresión diferente sobre el linaje técnico: el paradigma numérico".

Aquí la relación comunicación – tecnología empieza a ser vista como producción cultural; cuando "los medios de producción de mensajes pueden generar experiencias lingüísticas y comunicativas que permitieron integrarse de forma diferente al ciclo de vida capitalista" (Berardi, 2005: 169). Es decir, la industria cultural avanzó en la instrumentalización cuando la informática aplicada a medios aplicó la digitalización, transmisión y almacenamiento de textos, datos, imágenes animadas; generalización de equipamientos cada vez más potentes que hicieron que la tecnología genere otros usos sobre los medios de producción de mensajes.

"Diversificación de las redes y de la conmutación por vía terrestre, hertziana, satelital" (Paquienséguy, 2010: 4), eran algunas cualidades de esta mutación. El desarrollo tecnológico hacia principios de los años noventa dio vida a las Tecnologías de la Información y la Comunicación Numéricas (TICN), renovando el paisaje de la discusión.

Los años noventa decantaron con tecnologías digitales polivalentes; es decir, herramientas terminales que tienden a verificar la conexión, la digitalización y todo tipo de datos. La información circula de un lado al otro y su cualidad es la portabilidad que se transmite de terminales en terminales, las cuales son de una alta masividad. Aquí la comunicación personal se encuentra cada vez más mediatizada, apoyada por herramientas técnicas que, como lo expresa Paquienséguy (2010) "a pesar de la distancia y de la falta de tiempo, en ocasiones, incluso, en ausencia de los destinatarios o de los emisores (autoplay de las mensajerías, contestadores y buzones de voz)" las condiciones de producción modifican las formas de emisión y recepción a partir de un *continuum* de usos dados entre los sujetos y aparatos por un lado; y por otros entre los sujetos mediados por aparatos.

La mediación tecnológica depende pura y exclusivamente de lo que se pueda hacer con la información en una relación expresada entre los sujetos, los aparatos, sus relaciones y al acceso a la cultura. En esta fase capitalista

> la cultura deja de ser considerada una superestructura, para entenderse como producción simbólica que entra a formar el imaginario, es decir, el océano de imágenes, de sentimientos, de expectativas, de deseos y de motivaciones sobre el que se funda el proceso social, con sus cambios y sus virajes. (Berardi, 2005: 52)

Así, la información y su acceso son una forma del sujeto de acceder a la cultura y son explicadas a través de una relación metonímica o de proximidad con las tecnologías de comunicación, vistas como máquinas que ofrecen al sujeto un sistema abierto en el que él puede encontrar la posibilidad de la acción y la redefinición del mundo en el que vive sabiendo que desde ahora puede manipular la información.

Sobre este escenario se ponen en marcha programas cómo Conectar Igualdad o Primaria Digital[2] con los que se busca que desde el Estado se puedan encauzar ciertos cambios que por fuera del sistema educativo se producen y poder "dotar" a las escuelas de herramientas de enseñanza y aprendizaje.

Comunicación, educación y tecnología. Un modelo convertible: el 1 a 1

Las nuevas grafías sobre la relación educación, tecnología y comunicación versan sobre una producción cultural que excede el dispositivo de la escolaridad e incluye a las tecnologías cómo dispositivos enunciativos y técnicos que inciden en la experiencia y operan a través de las formas en que la experiencia contemporánea modela la subjetividad. Es decir, las tecnologías y los medios forman tipos subjetivos (formas de ser/hacer) que son diferentes formas de acceder a la cultura de las planteadas por la escuela y que siguen renovando la tensión de lo expresado por Carli (2000) cuando afirmó que la "comunicación se ha tornado un problema en la tarea de educar".

La transformación de los discursos sobre educación y tecnología refiere a la inclusión de estas últimas, en particular *netbooks*, a alumnos y docentes bajo la idea de que la inclusión digital debería aumentar el funcionamiento y uso que estimulan dos procesos: formación – capacitación y

---

2. Es un programa de capacitación creado por el Ministerio de Educación que busca motorizar tareas colectivas desde aulas digitales móviles bajo la modalidad "uno a uno" en el aula. En estos momentos algunas escuelas de Santa Cruz están siendo capacitadas para la implementación del programa.

producción de contenidos, porque este modelo convertible no es solo técnico sino comunicacional.

Los modelos 1 a 1 dejan de lado los relatos sobre la formación de los sujetos modernos que

> se constituyeron sobre la base de principios unificadores que, en su seno, albergaban la posibilidad de totalizar la diversidad en torno de un relato único que adscribía funciones a los sujetos, asignaba espacios a ocupar, y unificaba en torno al relato épico de la nación. [...] las instituciones disciplinarias, la administración racional del saber y la legalidad como fundamento institucional, operaban en esta lógica donde la totalidad no sólo era posible, sino deseada. (Grinberg, 2009: 194)

Y responden a la necesidad de adquirir y desarrollar nuevas competencias, motorizando un proceso de configuración de nuevas subjetividades propias de las sociedades del conocimiento.

El modelo pedagógico impulsado con la imprenta parece sufrir alteraciones debido a una "nueva pedagogía basada en la interactividad, la personalización y el desarrollo de la capacidad de aprender y de pensar de manera autónoma" (Castell, 2003: 348) porque se supone que el control de la información, que sería la materia prima del conocimiento, no es ejercido por el docente sino que es de acceso libre para los participantes del acto educativo. Los modelos 1 a 1 cuestionan el uso meramente instrumental de las TIC en las aulas porque suponen un modelo comunicacional que va más allá del aparato y de la elección que el profesor hace para dar un contenido.

Si bien sabemos que toda elección de un contenido a dar es un recorte de la cultura, este modelo permite que el alumno se involucre pudiendo tratar de seleccionar qué ampliar o qué conocer del contenido dado y también existe la posibilidad de que el docente sea el "gestor" de sus propios contenidos para ser enseñados y que el alumno tenga siempre la posibilidad de qué ampliar o en qué reparar.

En consecuencia, el docente decide qué enseñar pero el procedimiento para hacerlo puede sufrir variaciones en su recorrido dependiendo de las habilidades de los alumnos, habilidades instrumentales (de manejo técnico de la computadora) y de acceso y de aprovechamiento de la información; y a la vez, habilidades del docente para el manejo de la herramienta tecnológica.

Los planteos de la era digital y la centralidad de la educación/conocimiento como factor del desarrollo y transformación son claves en la sociedad del conocimiento. Como contracara "la educación o su falta pasaría a ser responsable por el subdesarrollo, el desempleo y la falta de adecuación de los recursos humanos a los requerimientos del aparato productivo y de la sociedad en general" (Grinberg, 2011: 11). Por eso la necesidad de renovarla, de romper con ese modelo de escuela gutemberiano y promover los discursos tecnológicos que sitúan a una escuela capaz de innovarse y promover nuevas competencias en los sujetos porque el conocimiento se ha expandido, ramificado y la competencia es "tanta" que se necesita reestructurar a la sociedad en lo cultural y lo económico desde la información, la tecnología y la comunicación. No será ya, como plantea Grinberg (2011), la función de la escuela la de enseñar conceptos sino también ciertas competencias y actitudes que se necesitan en esta sociedad del conocimiento.

Los discursos que refieren a estas transformaciones o rupturas en la educación definen a este proceso como el pasaje de las pedagogías por objetivos hacia la pedagogía por competencias; y con esto la necesidad de la redefinición del dispositivo pedagógico (Grinberg, 2009). Y en la comunicación se conoce esta ruptura como el paso de las pedagogías de la enunciación a las pedagogías de la participación (Piscitelli, 2005 y Cobos, 2008), donde el sujeto ya no lee ni escribe su yo en el mundo colectivo sino que participa, acciona y promueve un yo individual dentro de un nosotros.

Algunas voces sobre la tecnología con docentes que no trabajan con tecnología

En este apartado se expondrán algunos análisis de entrevistas realizadas a docentes de escuelas de nivel primario de la ciudad de Caleta Olivia provincia de Santa Cruz. Si bien estas escuelas no han sido beneficiadas ni por el Programa Conectar Igualdad ni por el Programa Primaria Digital, y por ende los modelos 1 a 1 no están en funcionamiento práctico, las entrevistas muestran cómo los docentes se encuentran atravesados en la relación con sus alumnos por la información, la tecnología y el conocimiento. Pensamos entonces que la cultura de la celeridad y la virtualidad no sólo afecta nuestra perspectiva espacio-temporal, sino que también "está modificando nuestra manera de producir, de comunicarnos socialmente, de conocer y de pensar" (Regnasco, 1999: 39).

Debemos entender que la escuela o el acto de enseñar y aprender están siendo afectados por nuevos dispositivos que garantizan la transmisión y circulación de signos en espacios y tiempos dados que difieren en algunos casos de las formas de transmisión y circulación hechos "tradicionalmente" por la escuela.

La centralidad de la transmisión del saber pareciera ser que ya no reside en la escuela y por ende en los docentes; lo que su busca para garantizar el aprendizaje en la sociedad del conocimiento es poder operar sobre las acciones de los maestros en relación a la transmisión del conocimiento; sobre lo que permite nombrar el mundo.

A continuación se muestran fragmentos de entrevistas enmarcados en el eje sobre la información, el conocimiento y el contenido. En particular se trabaja con la pregunta ¿qué es la tecnología para vos? ¿Produjo algún cambio en nuestro trabajo docente? Dividiremos las respuestas en dos grupos. El primero va a referir a la tecnología como herramienta, como medio de uso y de acceso; y el segundo se ubica más en ver la posición del sujeto frente a la tecnología; cómo encontramos huellas del "discurso tecnológico" sobre los modos de producción del saber – hacer.

Expresiones de los docentes

Grupo 1: la tecnología como medio

Docente 1: *La tecnología tiene mucho que ver porque es una herramienta que permite hacer cosas que antes no se podía. Por ejemplo generar presentaciones animadas. Yo debo reconocer que no soy adepta a la tecnología pero si los chicos saben usar algún programa para realizar una presentación lo hacen. PowerPoint, el Prezi y videos o enlaces. Creo que hay una selección de la selección. Elijen una cosa, de eso recortan y después vuelven a recortar y es lo que muestran. Igual estos programas permiten mezclar video y sonido.*

Docente 2: *La tecnología como herramientas que permite manejar el contenido. Me parece que eso es la tecnología, una forma diferente de tratar el contenido.*

Docente 3: *Ahora tenés más información, Internet, películas, programas informáticos que te permiten preparar la clase y que los chicos puedan tener acceso al conocimiento más allá del libro o no solo con éste.*

Docente 4: *Nosotros apostamos a generar líderes, o al menos a eso apuntamos. Hay aquí una buena competencia entre los chicos.*

Docente 5: *La tecnología puede ayudar a ordenar y buscar cosas para producir conocimiento. Nada más (gesticula como diciendo que no es poco).*

Docente 10: *La tecnología hace de los sujetos, sujetos activos que buscan y usan tecnologías que le permiten tener acceso a la información y con ella la posibilidad de saber... y para saber si está bien lo que encontraron deben probar.*

Al leer lo que piensan los docentes podemos encontrar varias referencias de autores como Huergo (1999), Fernández (2001) y Arabito (2003), entre otros. Al ver expresiones, todas de tinte positivo, sobre la tecnología que pueden ser entendidas desde una cuestión del buen manejo del dispositivo y con éste el manejo del contenido y la relación con el conocimiento en la lógica de la explicación. Exposición que tanto el docente como el alumno deben tener en la sociedad del conocimiento.

Esto de ilustrar el contenido, cómo "dar luz" a algo que parecía que no lo tenía tanto aparece como cualidad. Por qué PowerPoint, Prezi o programas que permiten trabajar el contenido para su exposición suponen un proceso de relación diferente con el conocimiento en el plano de la comunicación. Hay una relación con la tecnología como medio de uso.

Muy diferente son aquellas expresiones que marcan que la tecnología permitió que los alumnos y los docentes tengan acceso a la información, ya sea para profundizar o conocer de otra forma el contenido. Esto da por entendido que la tecnología es representada como un medio de acceso a la información que permite formar parte del proceso hacia el conocimiento. Estas expresiones que permiten entender la tecnología como acceso son más acordes a los actuales debates sobre la incorporación de tecnología en las escuelas. Es decir, como forma de acceso.

Para cerrar con esta parte del análisis nos parece necesario decir que el acto de enseñar es siempre una elección, donde el docente es quien elige qué enseñar y cómo ensañarlo. Tal vez, la incorporación de la tecnología como acceso, es decir, la tecnología conectada a la red, nos permite que el alumno también tenga la posibilidad de elegir cómo quiere conocer los contenidos, y se comprometa en ese proceso que para nada desautoriza al docente.

Grupo II: el discurso docente sobre los efectos de la tecnología en su trabajo

Docente 1: *Me parece que lo que tenemos que hacer los docentes es generar marcos amplios explicativos, poder explicarles a los alumnos y que ellos puedan entender.*

Docente 2: *Hoy hay un replanteo de la enseñanza por parte de nosotros y hacia los alumnos. Ellos deben pasar por procesos de aprendizajes significativos y nosotros debemos aprender a manejar la tecnología como herramientas que permite manejar el contenido. Me parece que eso es la tecnología: una forma diferente de tratar el contenido.*

Docente 3: *Hay que saber transmitir las ganas por aprender. Por ejemplo, yo tengo ganas de que la matemática que les enseño puedan usarla para resolver algo o en la escuela o en el barrio. No sé, debo pensar bien pero creo que debemos salir un poco del aula, no por aburrido sino para que tenga más sentido. Me parece que vamos hacia la producción colaborativa.*

Docente 4: *Hoy la tecnología es algo importantísimo, clave para el mundo. Saber manejarla, entender cómo producimos contenido en las aulas y cómo los chicos la usan sirve también para saber si estamos bien orientados en relación a lo que el mercado pretende.*

Docente 10: *Por eso es un prueba y error y se debe dejar hacer, con un guía o supervisión del adulto. Antes había una sola forma de llegar a una conocimiento (el libro) hoy hay varias (Internet, el libro, los videos).*

Recordemos que estas escuelas no fueron beneficiarias de los programas Conectar Igualdad ni Primaria Digital. En consecuencia, no han tenido la experiencia de trabajar con tecnología pero tienen cosas para decir, como si hubiese sucedido. Por lo tanto, los enunciados no solo sirven para describir el mundo y su estado de cosas, sino que manifiestan un contrato social en el que se aceptan estas características sobre las tecnologías y sus posibilidades. Hay sujetos que no han experimentado estos cambios pero que han sido afectados por una enunciación colectiva que refiere a esto. Hay una pseudo-experiencia que atribuye "cosas" que la tecnología hace en el trabajo docente.

Conclusión

Para concluir nos parece que estos programas impulsan una "modernización" de la tarea de educar y deben ser entendidos como políticas de desarrollo que buscan modernizar los aparatos de formación de los sujetos y reorientar las formas de acción de éstos. Llevar a las aulas una pizarra digital, *netbooks* para cada uno de los alumnos y lograr una excelente conexión a la red no contiene ninguna capacidad innovadora para el desarrollo del conocimiento porque consiste solo en dotar de herramientas; y la transformación está en la pedagogía y la didáctica, no en la tecnología en sí misma.

Además, la cuestión por el conocimiento nada tiene que ver con el instrumento sino en particular con el deseo de saber. Mejorar el acceso (que no está mal) no cambiará en nada la situación del saber si no podemos volver a encontrar el valor por la curiosidad, la esencia del conocimiento.

Es interesante entender que las tecnologías aplicadas a la educación producen rupturas en el plano del decir y hacer de la tarea docente en particular sobre cómo hay que enseñarlo; y es aquí donde entra en juego la innovación. Si los docentes que no trabajan con tecnología reconocen los cambios que éstas impulsan y el paso hacia las pedagogías de las competencias y de la participación, es necesario hacer una buena lectura sobre cómo los docentes y alumnos comprenden a las TIC como objetos culturales que ambos reinterpretan y utilizan en función de sus propios esquemas culturales.

Por último, si los usos que los sujetos hacen de las tecnologías marcan el modelo de transformación que ellos realizan del acto educativo, es necesario poder diferenciar y/o complementar el uso que el mercado propone de estas tecnologías y los que la escuela pueda impulsar. Pareciera ser entonces, que los docentes saben a qué son llamados en estos tiempos y sobre las expectativas y potencialidades generadas respecto a la incorporación de las TIC, pero los hechos todavía no se reflejan y, en consecuencia, el desarrollo docente, que es la experiencia acumulada y el análisis de su propia práctica de forma individual y colectiva, no puede generar los cambios que se enuncian porque la ruptura teórica no coincide con la continuidad práctica.

Bibliografía

Abril, G. (1997). *Teorías generales de información: datos, relatos y ritos.* Madrid, Catedral.

Becerra, M. (2003). *La sociedad de la información: proyecto, convergencia y divergencia.* Buenos Aires, Norma.

Berardi, F. (2005). *Generación Post Alfa.* Buenos Aires, Tinta Limón.

Breton, P. (1997). *La utopía de la comunicación.* Buenos Aires, Nueva Visión.

Carli, S. (2000). *Comunicación, educación, cultura. Una zona exploratoria.* Buenos Aires, UBA – IGG.

Castell, M. (2003). *La sociedad en red.* Alianza.

Cobos, C. y Novarek, J. (2008). *Aprendizaje invisible. Hacia una nueva ecología de la educación.* Col·lecció Transmedia XXI.

Deleuze, G. (1995). "Deseo y placer". En Archipiélago, N° 23, pp. 12 – 20.

Du Gay, P. (2003). "The tyranny of the epochal: change, epochalism and organizational reform". Organization, V. 10, N° 4, 663-684.

Grinberg S. (2009). *Pedagogías desde América Latina, tensiones y debates contemporáneos.* Editorial LEA.

————— (2011). *Educación, gubernamentalidad y después... Una nueva configuración pastoral.* Editorial IDEP.

Guatari, F. (1992). *Caosmosis.* Buenos Aires, Manantiales.

Huergo, J. (1999). *Los medios y las tecnologías en la educación.* La Plata, UNLP.

Lazzarato, M y Negri, A. (2000). *El trabajo inmaterial. Forma de vida y producción de subjetividad.* Editorial DP&A.

Martín-Barbero, J. y Rey, G. (1999). *Los ejercicios del ver.* Barcelona, Gedisa.

Martuccelli, D. (2002). *Gramáticas del individuo*. Buenos Aires, Losada.
Ortiz, R. (1999). *Pensar las ciencias sociales hoy*. Editorial ITESO.
Paquienséguy, F. (2010). "La noción de uso en las industrias creativas". Publicado en TIC & Societe, vol. 4, N° 2.
Piscitelli, A. (2005). *Internet, la imprenta del siglo XXI*. Barcelona, Gedisa.
Regnasco, M. (1999). "Educación para el siglo XXI: Aportes para un diálogo necesario". Publicado en Redlayc, vol. 6, N° 2.
Saintout, F. (2009). Jóvenes. *El futuro llegó hace rato*. Buenos Aires, La Crujía.
Sandoval, L. (2009). *Tecnologías, comunicación y ciudadanía*. Buenos Aires, Biblos.
Simondon, G. (1969). *Du mode d'existence des objets techniques*. Editorial Aubier-Montaigne.

8

Inclusión social en la educación superior a distancia: motivaciones y prácticas de estudio

Ana Marotias

Introducción

En este capítulo se aborda el análisis de las formas de estudio que se generan en espacios virtuales de formación superior orientados a generar una alternativa a la educación superior tradicional. Se toma como caso de estudio la propuesta de educación a distancia de la Universidad Nacional de Avellaneda (UNDAV), orientada hacia estudiantes que, en muchos casos, constituyen la primera generación de universitarios dentro de su grupo familiar.

Las universidades del conurbano bonaerense tienden a adaptarse al entorno social, cultural y económico en el que se encuentran emplazadas. Por otra parte, la modalidad a distancia contribuye a profundizar aún más esta tendencia y a hacerla extensiva a otras partes del país a raíz de la expansión que las tecnologías digitales posibilitan.

En concordancia con lo anterior, las propuestas pedagógicas son reformuladas a medida que se avanza en las diferentes cursadas para evitar el desgranamiento y tratar de comprender el perfil del estudiante que realiza tecnicaturas a distancia en una universidad pública. Por este motivo es importante analizar las prácticas de estudio que estos alumnos llevan a cabo y las estrategias de los profesores y tutores para motivar a los estudiantes.

Las prácticas de estudio suponen formas de organización del tiempo, diferentes modos de lectura y de producción de textos, uso de diversos materiales, interacción entre pares, todo ello mediado por un entorno tecnológico que posiciona en un espacio y un tiempo diferentes a los participantes del proceso de aprendizaje.

Se parte de una hipótesis general: la educación a distancia a través de Internet puede apartarse del modelo educativo de la Modernidad, caracterizado por la homogeneización de las propuestas pedagógicas, buscando articular lo común con lo diverso y desde allí generar inclusión social tensionando la diferencia entre ambos modelos.

En la modalidad a distancia virtual existe un marcado interés por intentar adecuar la propuesta pedagógica a las necesidades de los estudiantes, ya sea a nivel de pregrado, grado y posgrado. Esto es posible, entre otras cosas, porque para esta modalidad las reglamentaciones, si bien existen, están aún en construcción y en permanente revisión. Por otra parte, a raíz del breve recorrido de esta modalidad a través de Internet y en el ámbito universitario, no existen aún prácticas tradicionales en torno de su funcionamiento.

Vale aclarar que, por el contrario, la educación a distancia a través de medios previos a Internet y a las plataformas virtuales de aprendizaje (correspondencia, teléfono, radio, televisión) cuenta con un largo recorrido histórico que en sus inicios se orientó a la enseñanza de oficios.

Se parte de las siguientes preguntas: ¿es posible generar inclusión social a través del ingreso a la universidad pública en la modalidad de educación a distancia? ¿Cómo se supera la tensión entre el acceso a la cultura universal, propia de las universidades tradicionales, y la adecuación a las problemáticas particulares que presentan, en general, las universidades del conurbano bonaerense? ¿Cómo se resuelve esa tensión en el caso de la propuesta de educación a distancia de la UNDAV? ¿Qué componentes de la inclusión social y educativa pueden verse favorecidos por este tipo de modalidad de enseñanza y aprendizaje?

Para responder estas preguntas se analizarán las prácticas de estudio de los estudiantes universitarios de las tecnicaturas ofrecidas por la UNDAV que realizan su formación a través de Internet para determinar si las formas de estudio están caracterizadas por la condición social de los alumnos, incluyendo como indicadores la edad, el género y la procedencia geográfica. También se analizarán las prácticas y estrategias de los profesores y tutores del área de Educación a Distancia (EAD) de la UNDAV para adaptar la propuesta pedagógica a las necesidades de los estudiantes.

Marco conceptual

Se parte de la corriente de los estudios culturales, que explora las formas de producción y creación de significados y su difusión e interpretación en las sociedades actuales, asignando un papel activo al receptor en el proceso de comunicación. De esta manera, las condiciones sociales, económicas, políticas y culturales en las que se producen y se reciben los mensajes son fundamentales a la hora de generar sentido, puesto que la creación de significado está en estrecha vinculación con las relaciones de poder al interior de las sociedades. Entendiendo el entorno social como el marco en el que se generan determinadas relaciones sociales, políticas, económicas y culturales, los consumos culturales y la producción de discursos de los alumnos de la propuesta de educación a distancia de la UNDAV estarían en estrecha relación con sus formas de estudio.

En el campo específico de la educación virtual pueden citarse las investigaciones de Edith Litwin (2007) en materia de educación a distancia, quien la abordó desde el ámbito de la tecnología educativa. En esta misma línea también se incluye a Marta Mena (2005), especialista en educación a distancia desde épocas previas al avance de Internet y a Carina Lion (2007), quien analiza las vinculaciones entre enseñanza, tecnologías y conocimiento en el contexto de una contemporaneidad atravesada por concepciones de tiempo y espacio no tradicionales. Se centra en las posibilidades de generar conocimiento a partir de las tecnologías digitales y para ello estudia las maneras en que los alumnos universitarios se vinculan con ellas durante el transcurso de sus estudios y cómo los profesores intervienen en esa relación. Una de sus preocupaciones centrales es que las tecnologías favorezcan la formación de conocimiento. En ese sentido sostiene que para que se produzca conocimiento es necesaria la relación entre docente y alumno y vincula las propuestas pedagógicas con las formas de estudio de los alumnos.

Siguiendo esta postura, se intenta relacionar las prácticas de estudio de los alumnos de EAD de UNDAV poniéndolas en relación con las estrategias de mediación de profesores y tutores para fortalecer la propuesta pedagógica tendiente a la inclusión social.

En lo que respecta a la definición de *estudiante*, Bernard Lahire (2004) considera que pertenecen a varios espacios sociales y culturales al mismo tiempo y, por lo tanto, deben apropiarse de valores, rituales, códigos, modos de hacer y de pensar. Es decir, deben socializarse en una subcultura adquiriendo por impregnación su concepción del mundo. En el caso específico de la UNDAV, éstos deben ir apropiándose de los códigos de funcionamiento de una universidad y, además, de las particularidades del modo de educación a distancia. Para ello son guiados por sus tutores y profesores.

En cuanto al concepto de *inclusión social* e *inclusión educativa* Balla y Lapeyre (1997) definen tres dimensiones: social, económica y política. La social se refiere al nivel de acceso a los servicios sociales y educativos y a la participación social, la económica al desempleo, sub-empleo o la percepción de bajos recursos y la política a la privación hacia ciertos grupos de ejercer derechos políticos. En el caso específico de la inclusión educativa estos autores entienden que la educación es un derecho fundamental para obtener las capacidades necesarias para desarrollarse en sociedad.

También se utilizará el concepto de *inclusión educativa*, entendido en estrecha relación con los de *exclusión social, marginalidad, diferencia e integración*. Se trata de términos polisémicos que, en líneas generales, se refieren a la demarcación entre un afuera y un adentro.

El antecedente conceptual de la exclusión es el de la marginalidad. Según Liliane Rioux, "la marginalidad se inscribe en la pareja centro-periferia, [...] el margen se sitúa siempre a una cierta distancia del centro" (Rioux, 1998: 635; en Camilloni, 2008). Esto alude, también, a la relación entre normalidad y desviación.

El concepto de *marginalidad* se opone al de *integración*, por lo tanto, determinados sectores sociales son marginales porque no están integrados a los cánones de la organización social dominante. Desde la perspectiva socio-estructural puede decirse que la marginalidad no es consecuencia de fenómenos de aislamiento social sino que se trata de un componente de ciertos tipos de sociedades. La población marginal no se encuentra fuera del sistema sino que es producto de éste y, por lo tanto, lo integra. Es así que puede pensarse la marginalidad como una clase específica de integración social.

Al mismo tiempo, es necesario entender estos conceptos como procesos, ya que no se trata de estados de los sujetos sociales sino de situaciones dinámicas que cambian con el correr del tiempo. También son multidimensionales, puesto que la marginalidad puede referirse a la exclusión económica, étnica, cultural, de género, etaria, ideológica, educativa, etcétera. Por ejemplo, se puede ser marginal en cuanto a pertenecer a un grupo etario (ser muy joven o anciano) y no serlo en relación al estrato socio-económico de pertenencia.

En el caso de la propuesta de educación a distancia de la UNDAV, se apunta a combatir la exclusión al menos en dos de sus dimensiones: las situaciones desfavorecidas a nivel económico y cultural –si bien abarca todos los sectores sociales, al tratarse de una universidad pública con arraigo territorial en el conurbano bonaerense y orientada a la primera generación de universitarios en su grupo familiar, la prioridad está orientada hacia un grupo que, en su mayoría, se encuentra en situaciones económicas y culturales desfavorables– y, también, a nivel etario, puesto que se orienta hacia estudiantes adultos que no son los que habitualmente se acercan a la educación superior tradicional.

La exclusión, del mismo modo que la marginalidad, posee distintas dimensiones y se modifica en el tiempo. En un primer momento fue asignada sólo a situaciones de pobreza, luego pasó a incluir diversos modos de exclusión social. El concepto de *inclusión social* surge en respuesta al de exclusión y se basa en el reconocimiento de la existencia de excluidos en la sociedad y en la necesidad de intervenir para equilibrar esa diferencia.

En estrecha relación con éste es posible entender el concepto de *inclusión educativa*. En un primer momento se trataba de brindar la posibilidad de que las personas con necesidades educativas especiales pudieran recibir educación de calidad, incluyéndolas, con mucha frecuencia, en escuelas comunes a fin de no generar aislamiento. Más adelante se fue ampliando para incluir a las personas socialmente definidas como diferentes, ya sea por su edad, su situación económica, su localización geográfica, su género, su pertenencia a grupos minoritarios, etcétera.

> La inclusión es vista como un proceso de dirección y respuesta a la diversidad de necesidades de todos los aprendices a través de la participación en el aprendizaje, las culturas y las comunidades y la reducción de la exclusión en y desde la educación. Implica cambios y modificaciones en contenido, enfoques, estructuras y estrategias. (UNESCO, 2003: 3)

Por lo tanto, se entiende la inclusión educativa como un proceso de reconocimiento y abordaje de la diversidad en las necesidades de todos los estudiantes mediante la participación en el aprendizaje, la integración de los establecimientos educativos a las realidades locales en las que se encuentran inmersas, los procedimientos para evitar el abandono, ampliar la matrícula, mejorar la calidad educativa y reducir la exclusión dentro y desde la educación.

En la actualidad el foco está puesto en la inclusión educativa como camino a la inclusión social. Los cambios no deben realizarse sólo en los alumnos o en las instituciones sino en el sistema educativo en su conjunto, con el reconocimiento de la necesidad de incluir a todos y todas.

Los conceptos de *inclusión social* y *de inclusión educativa* son abordados en relación con el análisis de las prácticas de estudio en la educación de nivel terciario a distancia desde una perspectiva socio-estructural, que incluye las interacciones normativas prevalecientes en los distintos grupos sociales y las expectativas de rol asociadas a ellas, las estructuras de desigualdad, las instituciones sociales, especialmente las educativas, y los aspectos demográficos (migraciones, diferencias etarias). En este punto puede enmarcarse la propuesta de educación a distancia de la UNDAV.

Otro de los conceptos a tener en cuenta es el de *motivación educativa*. Según Harter (1992), se trata de un proceso continuo que parte desde la motivación intrínseca para llegar hasta la extrínseca. La intrínseca implica auto-motivación y la extrínseca responde a factores externos.

En el caso de la UNDAV, el alumnado, como ya se dijo previamente, es adulto y ha optado por cursar una tecnicatura, sin embargo, existen motivaciones que lo llevan a continuar o, por el contrario, a abandonar la carrera elegida. Aquí se suman condicionantes de tipo externo relacionados con la situación social, económica y cultural de cada uno ellos, entre los que aparece el manejo de las tecnologías digitales, puesto que se trata de una modalidad con base en Internet y que se lleva a cabo en un entorno virtual de aprendizaje específico, que corre sobre una plataforma educativa *Moodle*.

Por lo tanto, otro concepto a tener en cuenta es el de *inclusión digital*. En términos operacionales la inclusión digital no se refiere solamente a la posibilidad de contar con acceso a las tecnologías digitales y al equipamiento, sino también a las formas en que éstas son utilizadas y el acceso a los bienes culturales y simbólicos que posibilitan.

Otro concepto importante es el de *prácticas*, entendidas como el conjunto de ideas, comportamientos y emociones (Chartier, 2006) que se ponen en juego en cualquier interacción cotidiana, haciendo foco en aquellas relacionadas con lo que los estudiantes de educación a distancia de UNDAV y los tutores y profesores realizan cotidianamente en su labor en torno del campus virtual.

Dentro del ámbito de las Ciencias de la Educación, se utiliza la concepción constructivista de Lev Vygotsky, quien afirma que el conocimiento es producto de la interacción social y de la cultura. De esta manera, el aprendizaje es considerado como una actividad social.

> El constructivismo sostiene la idea de que el individuo –tanto en los aspectos cognitivos y sociales del comportamiento como en los afectivos– no es un mero producto del ambiente ni un simple resultado de sus disposiciones internas, sino una construcción propia que se va produciendo día a día como resultado de la interacción entre esos dos factores. (Mario Carretero, 2005: 4)

Se trata de una interacción entre las capacidades del individuo y las posibilidades que otorga el medio al que éste pertenece o con el que se relaciona. Para realizar esta operación, el ser humano asimila la nueva información a partir de los esquemas previos de pensamiento que posee. A la vez, estos esquemas son productos culturales e históricos.

Aquí se analiza cómo, dentro de un determinado entorno –un campus virtual– se dan las interacciones entre saberes nuevos y previos, posibilitados por las tecnologías digitales en función del medio social del que provienen los estudiantes. No se estudiarán solamente los que hacen a los contenidos específicos de cada materia, sino también a las capacidades que es necesario dominar y asimilar para participar de un espacio virtual en lo que hace al manejo de determinadas tecnologías y espacios de encuentro virtuales, entendiendo que este factor también forma parte del proceso de aprendizaje. En este sentido, y de acuerdo a la teoría constructivista, se analiza cómo se da esa integración entre saberes previos y nuevos en relación con un entorno tecnológico no sólo a partir de los intercambios que posibilita la plataforma, sino de las estructuras previas, sociales y culturales, que poseen los estudiantes de la modalidad a distancia de la UNDAV.

Al mismo tiempo, se utiliza la concepción de *inteligencia distribuida* (Pea, 1993) aplicada a los entornos virtuales de aprendizaje en particular y a las tecnologías digitales en general. Esta concepción se refiere a las actividades de colaboración que los estudiantes establecen con otras personas a través de distintas herramientas.

> Al decir que la inteligencia está distribuida quiero significar que los recursos que dan forma a la actividad y la hacen posible están distribuidos entre las personas, los entornos y las situaciones. Dicho de otra manera, la inteligencia es algo que se ejerce y no algo que se posee. (Pea, 1993: 78)

Esta inteligencia está distribuida de tres maneras: física (las herramientas y artefactos que permiten trabajar con el conocimiento), social (el rol de las demás personas en los procesos de enseñanza y aprendizaje) y simbólica (la mediación de los sistemas simbólicos compartidos en el proceso de enseñanza y aprendizaje). En la propuesta de EAD de UNDAV pueden encontrarse estas tres dimensiones, constituyendo la plataforma virtual de aprendizaje, con sus herramientas internas y sus lógicas de navegación y participación, parte de la dimensión física; el rol de los tutores, profesores, personal administrativo de UNDAV y compañeros de curso constituyen el aspecto social, y las formas de interacción, de expresión, de manejo del lenguaje escrito, de los códigos administrativos de la universidad, etcétera son parte de la dimensión simbólica.

La educación a distancia como factor de integración

En lo que respecta a la educación a distancia, las primeras propuestas datan del siglo VII y se llevaban a cabo por correspondencia. Eran consideradas de segunda calidad en relación con la educación presencial ya que estaban orientadas al aprendizaje de oficios y, por ese motivo, se centraban en un sector social muy diferente al de la educación universitaria tradicional. A lo largo de su historia las universidades fueron adoptándola como una manera válida de enseñar y de esa forma se incorporaron otros sectores sociales a esta modalidad. La primera universidad que incorporó la educación a distancia fue la Open University del Reino Unido en 1968. A partir de ese momento el crecimiento fue ininterrumpido.

> Hoy la educación a distancia es considerada una alternativa casi obligada para pensar las propuestas educativas en los adultos, ofreciendo una de las mejores condiciones de flexibilidad para hacer reales los procesos de una democrática integración socio-cultural. (Morelli, 2013: 38)

La educación a distancia estuvo siempre ligada al desarrollo de las comunicaciones, puesto que se trata de un tipo de educación que requiere una mediación en el proceso de transmisión de los saberes. Así, primero fueron las tarjetas y ejercicios que se enviaban por correspondencia, luego la radio, más tarde la televisión, los *videocasettes*, los CDs, los programas de software, hasta llegar a las plataformas virtuales de aprendizaje a las que se accede a través de Internet. Cada tecnología determinó las potencialidades de este tipo de educación, sin embargo, es siempre la propuesta pedagógica la que moldea las tecnologías disponibles.

Los programas de educación a distancia fueron creados por diversos motivos, fundamentalmente basados en las dificultades de los estudiantes para asistir a un establecimiento educativo, ya sea porque no pueden abandonar su trabajo, sus obligaciones familiares o porque viven lejos de las grandes ciudades. "Se vislumbra la educación a distancia como modo alternativo a la fortaleza de la educación 'presencial', 'obligatoria', 'moderna' instituida en Occidente desde principios del siglo XX" (Morelli, 2013: 41).

Por estas características puede pensarse a la educación a distancia como una modalidad propicia para generar inclusión social y educativa, puesto que posee flexibilidad para adaptarse a las necesidades de los estudiantes y posibilita que un profesor y un estudiante, ubicados en tiempos y espacios diferentes, puedan comunicarse en torno de una situación de aprendizaje.

Por otra parte, la expansión de Internet abrió grandes posibilidades a este tipo de educación y profundizó las formas de interrelación entre sus integrantes al permitir una comunicación fluida y rica. En este sentido es necesario analizar el rol de las tecnologías digitales en la democratización de la educación, permitiendo, además, instancias de trabajo colaborativo que hubieran sido imposibles sin ellas, inclusive en la modalidad presencial.

Vale aclarar que lo anterior responde a una propuesta pedagógica específica que tiene por objetivo la inclusión social y la democratización, puesto que las tecnologías digitales en educación a distancia pueden ser utilizadas para fines contrarios a éstos, teniendo en cuenta que, al mismo tiempo, abren un amplio mercado de oferta educativa privada y con altos costos, que diversifica la formación y en muchos casos la orientan a sectores específicos del mercado laboral.

La propuesta de educación a distancia de la UNDAV

El área de educación a distancia de la UNDAV, a diferencia de lo que ha ocurrido en la mayoría de las universidades, nace al mismo tiempo que la universidad y sus carreras presenciales. Esto posibilita pensar una propuesta pedagógica integral desde su nacimiento, evitando las resistencias internas que habitualmente tienen lugar en universidades de larga trayectoria presencial que incorporan la modalidad a distancia. Depende de la vicerrectoría de la Universidad, ejercida por la Magíster Nancy Ganz. La coordinadora del área es la Licenciada Cecilia Cerrotta. El plantel de procesadoras pedagógicas es de 11 personas, el de tutores de 20. El número total de estudiantes es de 4100 y el de profesores de 123.

La propuesta pedagógica está orientada a un público específico: trabajadores de diversos oficios que constituyen, en su mayoría, la primera generación dentro de su familia en acceder a una institución de nivel superior.

El área de educación a distancia de la UNDAV se propone democratizar el acceso y la permanencia en los estudios universitarios por medio de la flexibilidad que este tipo de modalidad implica, al no requerir para el cursado cumplir con horarios fijos ni asistir a ningún establecimiento. De esta manera los estudiantes que trabajan, tienen obligaciones familiares o viven en lugares alejados de los centros educativos, pueden acceder a la universidad pública superando los principales obstáculos presentados por el sistema superior de educación tradicional. Además, se trata de una universidad pública en la que las carreras son gratuitas, inclusive las que se dictan a través de la modalidad a distancia.

En concordancia con lo anterior, la oferta de educación a distancia consta, en su gran mayoría, de tecnicaturas, es decir, está orientada a carreras pre-universitarias y las propuestas pedagógicas son reformuladas a medida que se avanza en las diferentes cursadas para tratar de adaptarla al perfil del estudiante. Se trata de ingresar a la universidad pública a través de tecnicaturas, una propuesta poco usual en el área universitaria.

La UNDAV cuenta con un curso de ingreso de cinco semanas de duración, tanto para las propuestas presenciales como para las de educación a distancia, que no es excluyente en cuanto a la calificación obtenida. Sin embargo, todos los aspirantes deben realizarlo. Este curso se centra en el entrenamiento en las capacidades de comprensión lectora ya que, durante el transcurso de la carrera, el material bibliográfico será el eje de la propuesta. Al mismo tiempo, un módulo específico de este curso está orientado al uso de las tecnologías digitales, no sólo del campus virtual sino de herramientas colaborativas y de interacción que se utilizarán a lo largo de cualquiera de las carreras elegidas. De esta manera, este curso cumple un rol nivelador en ambas competencias.

Por otra parte, la UNDAV estableció acuerdos con el municipio de San Martín de los Andes, en la provincia de Neuquén, y con el de la ciudad de Goya, en Corrientes. De esta manera, los estudiantes de estas localidades cuentan con un tutor regional y un espacio físico donde reunirse y acceder a computadoras con Internet.

En cuanto al perfil de los estudiantes, se trata de personas adultas, ya que el 77% tiene más de 31 años de edad. Respecto de la composición por sexo, el 70% está compuesto por mujeres, mientras que los hombres constituyen el 30%. La procedencia geográfica de los estudiantes corresponde, en su gran mayoría, a la provincia de Buenos Aires (83%). Respecto al estado civil: hay un 46% de estudiantes solteros, 36% casados, 15% divorciados y 1% viudos. El 80% de los estudiantes terminó la escuela secundaria hace más de 10 años. En cuanto al nivel educativo de los padres, sólo el 18% alcanzó algún nivel de educación superior (terciario o universitario). Por lo tanto, el 72% de los estudiantes constituyen la primera generación de universitarios en sus familias.[1]

Estos datos permiten comprender que se trata de un estudiantado adulto, que retoma sus estudios después de una década, compuesto principalmente por mujeres, que suelen ser las que cumplen con las labores del cuidado fami-

---

[1]. Fuente: Secretaría de Investigación e Innovación Productiva. Informe Final PROAPI 2012. Director: Lic. Luis Bamonte.

liar y doméstico y que, en su gran mayoría, no poseen competencias previas en cuanto a ser estudiantes universitarias.

Las prácticas de estudio

La finalidad de analizar las prácticas de estudio[2] de los alumnos del área de educación a distancia es intentar rela-

---

2. Se tomaron como objeto de estudio seis tecnicaturas de nivel terciario y un ciclo de complementación curricular: 1. Tecnicatura en Intervención Socio Comunitaria. 2. Tecnicatura para la Gestión de Empresas Fúnebres. 3. Tecnicatura Universitaria en Seguridad e Higiene de la Industria Mecánico-Automotriz. 4. Tecnicatura en Política, Gestión y Comunicación. 5. Tecnicatura en Dirección de Orquestas y Coros Infantiles y Juveniles. 6. Tecnicatura en Microcrédito para el desarrollo de la Economía Social. 7. Ciclo de Complementación Curricular en Museología y Repositorios Culturales y Naturales. Las principales dimensiones de análisis son la procedencia social (nivel socioeconómico y educativo), las prácticas de enseñanza y las prácticas de estudio (que incluyen los hábitos culturales de consumo, las prácticas de lectura y escritura dentro y fuera de Internet, la interacción con docentes y colegas). Se utilizaron estrategias cuantitativas y cualitativas, combinando herramientas y técnicas de ambos paradigmas. Se comenzó con la observación detallada de los cursos tomados como objeto de estudio al interior del campus virtual de la UNDAV, identificando las herramientas utilizadas, el diseño de la propuesta pedagógica y el uso que los estudiantes hacen de los diferentes espacios que componen cada uno. Luego se realizó una encuesta a los estudiantes a través del campus virtual y, en función de los datos obtenidos, se seleccionaron 30 de ellos para ser entrevistados en profundidad. El criterio de selección se basó en el máximo nivel educativo alcanzado por los padres, centrándose en quienes poseían los niveles de educación más bajos (desde primario incompleto hasta secundario completo). Se asistió a las reuniones de procesadoras pedagógicas de materiales, a fin de obtener una visión general de la propuesta de educación a distancia desde el interior del equipo que la lleva a cabo. También se asistió a las reuniones de tutores, con el objetivo de conocer en detalle las principales dificultades experimentadas por los estudiantes y las estrategias de resolución implementadas por el equipo de tutores. En ambos casos la coordinadora del área, Lic. Cecilia Cerotta, está presente en las reuniones. El próximo paso será realizar entrevistas en profundidad a los profesores de las diferentes materias. Por tratarse de una investigación en proceso, estas entrevistas aún no fueron realizadas. Sin embargo, se ha tenido oportunidad de conversar, informalmente, con algunos de ellos.

cionar estas prácticas con el origen social de los estudiantes, quienes no cuentan con una larga experiencia en materia de estudio y que, en la mayoría de los casos, se reincorporan a la educación formal luego de, por lo menos, diez años. Por otra parte, por tratarse de una modalidad relativamente novedosa en lo que tiene que ver con el uso de las tecnologías digitales, se tiene en cuenta también el grado de alfabetización digital como un indicador de la condición social.

Las prácticas de enseñanza

Como ya se dijo anteriormente, para ingresar a cualquiera de las carreras de EAD de UNDAV es necesario realizar un curso de ingreso de cinco semanas donde los estudiantes comienzan a familiarizarse con el uso de la plataforma *Moodle*, las tecnologías digitales y el lenguaje académico. Si bien su aprobación no es excluyente, es necesario cursarlo y entregar las actividades llamadas "de mínima", que consisten en ejercicios de comprensión lectora. También cuenta con una unidad dedicada a la alfabetización digital, en la que los estudiantes deben experimentar el uso de herramientas de interacción a través de Internet y de creación de documentos colaborativos. Se trata de brindarles las herramientas necesarias para que puedan encarar la cursada de las materias con éxito, puesto que la propuesta de educación a distancia se basa en la lectura de material bibliográfico y el intercambio a través de herramientas de comunicación basadas en tecnologías digitales.

En este momento el rol de los tutores es de vital importancia, ya que los estudiantes ingresan por primera vez al campus virtual y, en muchos casos, a la universidad, por lo que deben resolver desde cuestiones relativas al contenido hasta dudas puntuales acerca de los trámites administrativos, además de corregir las actividades. Se intenta que el estudiante reciba un trato personalizado, el que será mantenido durante el transcurso de toda la carrera.

"Cosas que... por ejemplo una *wiki*. Cosas desconocidas que uno fue asimilando. Muy bueno. La verdad que la primera introducción que dieron acerca de la plataforma que utilizamos en la carrera, es como que te aclara un montón de situaciones por las que vos después pasas. Así que no, buenísimo. Toda esa introducción estuvo excelente" (entrevista a estudiante de la Tecnicatura de Intervención Socio Comunitaria).

Una vez superado el curso de ingreso los alumnos se incorporan a las materias correspondientes según el plan de estudio de cada carrera.

La propuesta pedagógica de EAD de UNDAV se centra en la publicación de clases que tienen una duración de siete días. Cada clase está compuesta por diversos materiales. En general se trata de una introducción o itinerario, en el que se explican brevemente los principales conceptos a abordar y el recorrido a realizar. Es decir, se presentan los materiales y las actividades. En muchos casos se confeccionan, además, fichas teóricas realizadas por el profesor/a experto/a en la temática. Con ese material introductorio se prepara al estudiante para la lectura de la bibliografía, la visualización de los contenidos audiovisuales –si los hubiera– y la realización de las diferentes actividades. Las actividades correspondientes a cada clase semanal no son obligatorias, sin embargo preparan al estudiante para la realización de los trabajos prácticos obligatorios. Los profesores tienen un plazo de una semana para realizar la devolución acerca de las actividades. Por lo tanto la clase, a diferencia de la modalidad presencial, se compone de un conjunto de materiales pensados para ser abordados en el transcurso de una semana y quedan publicadas durante toda la cursada, de manera tal que se puede volver a ellas en cualquier momento. De esta manera se gana en precisión, ya que el docente debe preparar especialmente los materiales, generalmente de forma escrita, para cada clase y, además, éstos continúan visibles después de su fecha de publicación.

Las materias se aprueban a través de dos trabajos prácticos obligatorios que se entregan por medio de la plataforma virtual de aprendizaje y de un examen final que se rinde de forma presencial y escrita, salvo en las materias Técnica de Dirección Musical I, II, III y IV de la carrera de Dirección de Coros y Orquestas Infantiles y Juveniles, donde el examen final consiste en dirigir una orquesta.

El rol del tutor

En la propuesta de educación a distancia de la UNDAV el rol de tutor y el de profesor están separados, lo que marca una diferencia en relación a la mayoría de las propuestas de educación a distancia. Esto es así porque, al tratarse de un proyecto que tiene como objeto la inclusión social y educativa, el tutor cumple un rol muy fuerte de seguimiento de los estudiantes, motivo por el cual es importante que posean capacidades pedagógicas y comunicacionales, mientras que del contenido específico se ocupan los expertos en la temática, es decir, los profesores, que son quienes moderan los foros, corrigen las actividades, los trabajos prácticos obligatorios y los exámenes finales. Por otra parte, los tutores deben tener un desempeño multimediático en el uso de materiales basados en diferentes soportes.

Los tutores cuentan con un grupo de no más de cincuenta estudiantes a los que monitorean semanalmente, volcando en un sistema informático la última fecha de acceso, la entrega de los trabajos prácticos obligatorios, los mensajes intercambiados, etcétera. Si un estudiante no ingresa al campus virtual por un lapso de dos semanas es necesario comunicarse con él ya sea vía correo electrónico o telefónicamente, para conocer si está experimentando dificultades. De esta manera, los estudiantes se sienten siempre acompañados.

"Bueno, yo tengo a Eliana de tutora y la verdad que es maravillosa, te responde todo inmediatamente, está atenta todo el tiempo, es una persona sumamente agradable. No tengo información de otros tutores, pero mi tutora en particular es un sol, y estoy sumamente agradecida con ella, siempre está, siempre te alienta" (entrevista a estudiante de la Tecnicatura de Intervención Socio Comunitaria).

Los tutores cuentan con un espacio tutorial al que se accede a través de cada materia. Allí colocan información de interés para los estudiantes, la que también es enviada vía e-mail por medio de un sistema de suscripción de los foros de la plataforma. Además hay un espacio dentro del campus virtual de uso exclusivo de los tutores, en el que se publican los insumos necesarios para llevar adelante la tarea: reglamentos de cursada, fechas de examen, procedimiento de inscripción, modelos de respuesta, etcétera.

Por otra parte, todos los días martes se realiza la reunión presencial de tutores, donde se ponen en común cuestiones relativas a la tarea y se intercambian ideas y opiniones acerca de cómo mejorar el trabajo. También se realiza una actualización de información en caso de que fuese necesario: cambios en los trámites administrativos, en la modalidad de evaluación, etcétera.

Se trata de ejercer un rol de seguimiento permanente de los estudiantes; lo que, a diferencia de la universidad tradicional, genera un acompañamiento que equilibra la falta de interacción cara a cara.

"Es muy diferente. Veo que por ejemplo en el ciclo básico (de la UBA) es más complicado el tema, porque acá parecería como que fuera más personalizado en ese sentido. Uno se siente como un individuo al que le prestan atención, podés plantear tus dudas. En cambio en la UBA es como que sos uno y bueno, si llegás llegás. Lo veo distinto. Acá veo como que tenés más posibilidades, es como que hay una inclusión mayor para poder estudiar" (entrevista a una estudiante de la Tecnicatura en Intervención Socio Comunitaria).

Siguiendo a Marta Mena, la tutoría es

> el nexo interactuante entre la organización general del sistema y los alumnos, capaz de captar las expectativas, necesidades, intereses y reacciones, y de intervenir en el proceso de retroalimentación académica y pedagógica. (Mena, 2005: 231)

El procesamiento pedagógico de materiales para la educación a distancia

El grupo de procesadoras pedagógicas del área de EAD de UNDAV está compuesto por once profesionales y la coordinadora del área, provenientes de diferentes disciplinas: Ciencias de la Educación, Ciencias de la Comunicación, Sociología, Psicología, Historia. Se trata de un equipo multidisciplinario donde cada profesional aporta su punto de vista y su experiencia para lograr acuerdos generales respecto al desempeño de la tarea. Este equipo se reúne semanalmente los días viernes y allí se ponen en común dificultades o interrogantes particulares surgidos del proceso de trabajo como así también se consensúan las decisiones a tomar en materia de uso de los materiales didácticos, de la plataforma, de la confección de las evaluaciones, de la capacitación a los profesores y tutores, etcétera. Por ejemplo, se discuten puntos de vista en relación con la posibilidad de realizar encuentros presenciales, los que fueron sugeridos por algunos profesores. Aquí entra en tensión la idea de educación a distancia como facilitadora del cursado para aquellos estudiantes que viven lejos de la universidad, por lo que la realización de encuentros presenciales periódicos dejaría afuera a estas personas. Por lo tanto se intenta, a partir de una propuesta surgida de los profesores, llegar a una estrategia pedagógica viable. En este caso, la realización de un encuentro presencial con transmisión simultánea vía Internet y la posibilidad de realización de preguntas por parte de los estudiantes que asisten a la videoconferencia. De cualquier manera, se han discutido también las posibilidades reales de conexión de los estudiantes que viven en poblaciones con poca infraestructura en materia de telecomunicaciones.

En estas reuniones también han surgido modificaciones al régimen de evaluación a raíz de la información recabada por los tutores en su tarea de seguimiento.

Hasta mediados de 2013 cada trabajo práctico tenía una fecha de entrega y una de recuperatorio. En el recuperatorio podían entregar tanto quienes no habían aprobado en la primera instancia como los que no habían entregado, pero era válida sólo para el trabajo práctico correspondiente. Más tarde se cambió el nombre de *recuperatorio* por el de *reescritura*, y se ampliaron las instancias de entrega. Antes de mediados de 2013 el Trabajo Práctico 1 podía reescribirse una sola vez, luego de la modificación éste también podía ser entregado en la fecha de reescritura del Trabajo Práctico 2. Por lo tanto, en esta instancia podía reescribirse el Trabajo Práctico 2 si no había sido aprobado, entregarlo por primera vez si no se lo había hecho en la fecha prevista y, además, entregar el Trabajo Práctico 1 (tanto si había sido desaprobado como si no había sido presentado). Además, se agregó una fecha de reescritura fuera de cursada, es decir, una vez terminadas las dieciséis semanas del cuatrimestre los estudiantes cuentan con una semana más como última oportunidad para entregar la reescritura de cualquiera de los dos trabajos prácticos.

Este cambio tuvo su origen en que, a través de los tutores, se percibió que muchos estudiantes se atrasaban en la entrega de los trabajos prácticos por cuestiones laborales (especialmente quienes cursan la Tecnicatura de Intervención Socio Comunitaria, que suelen viajar como parte de sus tareas), o por cuestiones familiares o de salud (madres con muchos hijos, enfermedad propia o de algún integrante de la familia, etc.). Sin embargo, estas personas podían continuar con las lecturas de los materiales en otro momento (no en la semana prevista en el diseño pedagógico) ya que, tanto las clases como los foros y las actividades, quedan disponibles en la plataforma y siempre puede consultarse al profesor/a. De esta manera, podían alcanzar las condiciones de entrega de los trabajos prácticos en términos cognitivos, pero no en los tiempos exigidos en primera instancia. Así, se intentó integrar otras trayectorias y formas de estudio diferentes de las tradicionales o de las esperadas, para adaptarse a las distintas situaciones de los estudiantes. En la versión previa, si un estudiante no entregaba o desaprobaba el Trabajo Práctico 1 en la fecha de reescritura, perdía la materia.

De acuerdo a la información obtenida en las entrevistas este cambio fue muy bien recibido por parte de los estudiantes: "Hay muchísimas instancias, te dan un montón de posibilidades para poder salir adelante, o sea están haciendo un gran esfuerzo para que nosotros salgamos con la carrera hecha (risas). Lo cual me parece genial visto desde este lado, visto del otro lado no sé si es tan genial. No sé si está muy bueno que nos tengan que dar tanta ayuda… lo digo siendo autocrítica, absolutamente. Pero bueno, tiene que ver quizás con esto de la inclusión y de tratar de adaptarse a los distintos entornos de cada estudiante. A mí el año pasado… yo en general en el primer llamado doy, y venía dando sin problemas y a mitad del año pasado tuve un problema de salud bastante complicado, y la realidad es que terminé dando materias del segundo semestre casi en el último llamado y ahí entendí un poco cómo eso ayuda. Porque si hubiese sido un solo llamado… en el primer llamado yo estaba internada". (Entrevista a una estudiante del Ciclo de Complementación Curricular en Museología).

Trabajo en equipo

El procesamiento pedagógico en la educación a distancia puede entenderse como el nexo entre lo pedagógico, lo tecnológico y lo disciplinar, destacando su dimensión relacional, en la que se ponen en juego diversas estrategias comunicacionales y cognitivas.

Un pilar fundamental de la tarea de las procesadoras pedagógicas es el trabajo en conjunto con los expertos en contenidos de cada materia. Se realizan reuniones periódicas entre ellos y durante ese proceso, siempre enriquecedor para ambas partes, se ponen en juego los saberes disciplinares y la mediación tecnológica, específicamente, la plataforma educativa *Moodle* y sus potencialidades. De esta manera, quienes conocen el contenido plantean sus objetivos pedagógicos y los materiales de los que constará la materia, mientras que la procesadora pedagógica no sólo trata de convertirlos en materiales y actividades didácticas sino que también imagina, junto con los expertos, las mejores herramientas tecnológicas para su concreción. En esta interacción se intercambian mundos de sentido, puesto que es necesario comprender en profundidad los objetivos planteados por los expertos en la materia y, al mismo tiempo, que ellos conozcan las opciones tecnológicas para llevarlos a cabo. Así se genera una relación dialéctica entre los objetivos pedagógicos y las potencialidades tecnológicas de la plataforma, mediadas por la propuesta pedagógica, eje de esta relación.

A medida que los expertos van conociendo las posibilidades tecnológicas, las propuestas de actividades y de generación de contenidos van mutando de acuerdo a este nuevo horizonte, mientras que para la procesadora pedagógica (y para la propuesta de educación a distancia) las herramientas tecnológicas van cobrando múltiples sentidos. Por ejemplo, un foro configurado de manera tal que sólo los profesores puedan abrir temas de conversación genera un intercambio más fluido entre todos y no sólo entre el estudiante y el profesor, si bien pareciera sugerir lo contrario. De esta manera todos los mensajes quedan en el mismo hilo de conversación, lo que facilita la interacción puesto que no es necesario salir del hilo que se está leyendo para ver las intervenciones de los demás participantes.

Este tipo de trabajo colaborativo entre los tres campos de saberes: la enseñanza, las disciplinas y las tecnologías digitales, genera propuestas de enseñanza enriquecidas y poderosas para la universidad pública.

Por otra parte, y de acuerdo a lo que han expresado algunos profesores, el hecho de crear una materia para el campus de la UNDAV les ha dado la posibilidad de sistematizar sus propios saberes; los que, en muchos casos, están basados en las prácticas necesarias para el dominio de un oficio en particular.

Relación entre las prácticas de enseñanza y las de estudio

Según los datos obtenidos en las entrevistas, el diseño pedagógico de las materias es bien recibido por parte de los estudiantes y facilita la comprensión de los materiales y del recorrido a realizar en el aula virtual: "La carrera estaba bastante bien organizada, diría para mí gusto muy bien organizada. En cuanto a cada semana lo que tenés que ir haciendo o leyendo. El resto depende de tu autodisciplina y la organización propia" (entrevista realizada a una estudiante del Ciclo de Complementación Curricular en Museología).

Consultados sobre sus prácticas de lectura y escritura en función de los espacios destinados para tal fin en el campus virtual, los estudiantes, en su gran mayoría, imprimen los materiales bibliográficos y utilizan resaltadores y anotaciones en los márgenes. En algunos casos minoritarios leen en pantalla y sólo imprimen algunos materiales en los momentos de estudio previos a los trabajos prácticos obligatorios. Visualizan los videos y valoran muy positivamente la posibilidad de combinar lenguajes y soportes, considerando esto una ventaja por sobre la educación presencial.

Como desventaja mencionaron la poca interacción con los compañeros de curso. El intercambio se da entre los estudiantes y los profesores o en los foros temáticos que hacen al contenido de la materia. Sólo en la carrera de Complementación Curricular en Museología hay una interacción fluida entre ellos, pero no se da a través del campus sino de un grupo de *Facebook* creado por una de las estudiantes. En este espacio pueden hablar con mayor libertad ya que saben que allí no tienen acceso ni los profesores ni los tutores.

La totalidad de los entrevistados expresó la imposibilidad de estudiar de forma presencial y valoró muy positivamente la propuesta de EAD de la UNDAV, tanto por las temáticas de las carreras como por la organización de las materias y el apoyo de tutores, profesores y personal administrativo.

"A mí me parece que lo importante es que uno quiere estudiar, y te están ayudando para que lo hagas. Eso es lo que a mí realmente me satisface en el sentido de que unos tienen a lo mejor más y otros menos tiempo para hacerlo, pero te dan las posibilidades" (entrevista a una estudiante de la Tecnicatura en Intervención Socio Comunitaria).

"La verdad que es espectacular. Promueve de una la inclusión social de todas las personas. Y si esa persona también tiene la posibilidad de saber aprovecharla, es un golazo porque cierra todo. La verdad que bárbaro. Yo no hubiera podido estudiar de otra manera porque trabajo como profesor en una escuela, tengo esposa y dos hijos chicos" (entrevista a un estudiante de la Tecnicatura en Seguridad e Higiene en la Industria Automotriz).

"Es muy limitado que vos puedas estudiar presencialmente, aun cuando es dos veces por semana nada más, no estamos hablando de una cursada fuerte, de muchos días... con dos días a la semana ya no se podía. Y era un gran esfuerzo. La realidad es que con este sistema es mucho más fácil. Todavía no le encontramos el dinamismo al sistema, creo que debería ser mucho más dinámico, y mucho más de relación. Creo que esta es una de las cosas a mejorar, a superar, pero creo que tiene que ver mucho con el miedo, el mundo es un lugar en este momento donde uno tiene muy poco derecho a equivocarse" (entrevista a una estudiante del ciclo de Complementación Curricular en Museología).

Conclusiones

Por tratarse de una investigación en proceso, que forma parte de una tesis doctoral, las conclusiones son provisorias. Sin embargo, por los datos recabados hasta el momento, podría decirse que la propuesta de EAD de la UNDAV, así como la propia universidad, están en proceso de gestación y en sus casi tres años de existencia han ido ganando un espacio particular en la oferta de carreras universitarias y terciarias.

En relación con la EAD en particular, puede afirmarse que la propuesta de la UNDAV constituye una vuelta a los orígenes de la modalidad luego de que ésta ha tenido un recorrido de varias décadas que incluye su adopción en el ámbito universitario, puesto que se concentra, principalmente, en la enseñanza de oficios a nivel terciario, como vía para que un público especifico, que no ha tenido acceso o desempeño eficiente en la universidad pública tradicional comience a integrarse a ella.

Parte fundamental de los objetivos de la universidad en particular y del área de EAD en particular es alcanzar altos índices de inclusión social y para ello se vale de estrategias pedagógicas particulares, tendientes a la adaptación de la propuesta en función del público estudiantil. Esto es percibido positivamente por los estudiantes y por los docentes quienes, con ciertas resistencias en algunos casos muy puntuales, van cambiando el contenido de sus materiales y su forma de presentación y ejercitación en función de la devolución que reciben de los estudiantes a través de los tutores, con el objetivo de evitar el abandono. Se destaca el rol diferencial del tutor en el acompañamiento y motivación de los estudiantes.

De esta manera, podría afirmarse que la propuesta de EAD de la UNDAV se vale de diferentes estrategias para facilitar el ingreso y la permanencia de los estudiantes en el ámbito universitario, lo que en general no sucede en la modalidad presencial de las universidades públicas tradicionales, en las que el estudiante no recibe acompañamiento personalizado. Por otra parte, se trata de un alumnado muy diferente, adulto y prácticamente sin antecedentes de educación de nivel superior en su núcleo familiar.

Bibliografía

Balla, A. y Lapeyre, F. (1997). "Social exclusion, towards an analytical and operational framework". En revista Development and Change, vol. 3, N° 28, pp. 413-434.

Copertari, S. y Morelli, S. (comp.) (2013). *Experiencias universitarias de enseñanzas a distancia. Praxis, visiones y horizontes*. Rosario: Laborde.

Carretero, M. (2005). "Clase 1: Introducción al constructivismo". En *Diploma Superior en Constructivismo y Educación*, Cohorte 11. Buenos Aires: Campus Virtual de FLACSO Argentina.

—————- "Piaget, Vigostsky y la Psicología Cognitiva". En revista Novedades Educativas, vol 1, N° 74, pp. 75-79.

Di Maggio, P. y Hartiggai, E. (2011). "The impact of digital technologies: an empirical analysis of european countries". En Guerrieri, P. y Bentivegna, S. (comp.). *The economical impact of the digital technologies. Measuring inclusion and diffusion in Europe*. Massachusetts: Edward Elgar Publishing Limited.

Harter, S. (1992). "The Relationship between Perceived Competence, Affect, and Motivational Orientation Within the Classroom: Process and Patterns of Change". En Boggiano, A. K. y Pittman, T. (eds.). *Achievement and Motivation: A Social-Developmental Perspective*. New York: Cambridge University Press.

Laboratorio de Estadística – Red Federal de Información Educativa. Dirección Nacional de Información y Evaluación de la Calidad Educativa. Ministerio de Educación, Ciencia y Tecnología Argentina. (2009). *Sistema Nacional de Indicadores Educativos*.

Lahire, B. (2004). *El hombre plural. Los resortes de la acción*. Barcelona: Bellaterra.

Lion, C. (2006). *Imaginar con tecnologías. Relaciones entre tecnologías y conocimiento*. Buenos Aires: La Crujía.

Mena, M.; Rodríguez, L: Diez, M. (2005). *El diseño de proyectos de educación a distancia*. Buenos Aires: La Crujía.

Morelli, S. (2013). "La distancia en la educación universitaria". En *Experiencias universitarias de enseñanzas a distancia. Praxis, visiones y horizontes*. Rosario: Laborde.

Pea, R. (1993). "Prácticas de inteligencia distribuida y diseños para la educación". En Salomon, G. (comp.). *Cogniciones distribuidas. Consideraciones psicológicas y educativas*. Buenos Aires: Amorrortu.

O' Sullivan, T.; Hartley, J.; Saunders, D.; Montgomery, M.; Fiske, J. (1995). *Conceptos clave en comunicación y estudios culturales*. Buenos Aires: Amorrortu.

Schneider, D. (2006). "Aprender y enseñar en la red". En Palamidessi, M. (comp.). *La escuela en la sociedad de redes. Una introducción a las tecnologías de la información y la comunicación en la educación*. Buenos Aires: Fondo de Cultura Económica.

UNESCO. Overcoming exclusion through inclusive approaches in education. A challenge & a vision. Conceptual paper. ED.2003/WS/63 UNESCO document 134785, 2003. http://www.unesco.org/education/inclusive.

Wigdorovitz de Camilloni, Alicia R. (2008). "El concepto de inclusión educativa: definición y redefiniciones". En revista Políticas Educativas, vol. 2, N° 1, pp. 1-12. Universidad de Campinas.

El Programa Conectar Igualdad y los jóvenes: algunas reflexiones en torno a los receptores centrales de este plan

9

El modelo 1 a 1 en la articulación entre la escuela media y la universidad

Roxana Cabello y Adrián López

Introducción

Este artículo propone una primera reflexión sobre las relaciones que existen, o que pretendemos construir, entre dos esferas que se han destacado en los últimos años como ámbitos de preocupación respecto de la educación en Argentina: la integración de tecnologías y la articulación entre niveles del sistema.

Por un lado, la integración de tecnologías digitales interactivas (en particular la computadora e Internet) en los ámbitos y las prácticas educativos ha dado lugar a un conjunto de discusiones sobre modelos, acciones asistemáticas e intentos de diferente signo al menos desde la segunda mitad de los años noventa, hasta que se tomó la decisión de implementar el denominado *modelo 1 a 1*[1] a través del Pro-

---

1. La mayoría de los artículos que se reúnen en este libro analizan diferentes aspectos de este modelo, de manera que no abundamos en detalles y solamente mencionamos que entendemos que se trata de "la distribución de equipos de computación portátiles a estudiantes y a docentes en forma individual, de modo que cada uno podrá realizar múltiples tareas, conseguir un acceso personalizado, directo, ilimitado y ubicuo a la tecnología de la información, dando lugar, de manera simultánea, a una vinculación entre sí y con otras redes, en un tiempo que excede el de la concurrencia escolar" (Sagol, 2011).

grama Conectar Igualdad (PCI) a partir de 2010.[2] Una de las inquietudes que ha movilizado ese desarrollo ha sido la idea de que la escuela no puede estar al margen del proceso que inviste a la vida cotidiana de una fuerte penetración y presencia ubicua de dispositivos tecnológicos de producción y transferencia de información digital. Justamente porque le toca contribuir a la socialización en un escenario social que es también mediático-tecnológico, que promueve la reconfiguración fluida y acelerada de las relaciones sociales y políticas y que transforma las dinámicas de la cultura y la economía. Además, en estrecha relación con estas modificaciones en la ecología de los medios, los discursos que emanan de los estados nacionales de los países periféricos comienzan a considerar a las desigualdades en el acceso a las tecnologías digitales como uno de los principales obstáculos a los procesos de inclusión social de los sectores más desfavorecidos de la población. De allí que, muchas veces aprovechando tanto el impulso ofrecido por agencias internacionales[3] como la oferta de los vendedores internacionales de tecnología, se decidan a intentar impactar sobre esas diferencias llevando las tecnologías a las escuelas.

Por otro lado, la pregunta sobre la necesidad o no de articular distintos niveles del sistema educativo se ha originado a partir de preocupaciones diversas y también ha dado lugar a una serie de discusiones y posturas distintas. Una idea que se había instalado es la que sostiene que la falta

---

2. "El Programa Conectar Igualdad fue creado en abril de 2010 a través del Decreto N° 459/10 firmado por la presidenta de la Nación, Cristina Fernández de Kirchner, para recuperar y valorizar la escuela pública y reducir las brechas digitales, educativas y sociales en el país. Se trata de una política de Estado implementada en conjunto por Presidencia de la Nación, la Administración Nacional de Seguridad Social (ANSES), el Ministerio de Educación de la Nación, la Jefatura de Gabinete de Ministros y el Ministerio de Planificación Federal de Inversión Pública y Servicios." Sitio oficial: http://www.conectarigualdad.gob.ar/seccion/sobre-programa/que-conectar-igualdad-53

3. Ver, por ejemplo, el informe PNUD de 1999.

de articulación es un problema constitutivo de todos los niveles, ya que desde su origen han sido orientados y construidos para responder a diferentes objetivos y mandatos (Braslavsky, 1999). Desde esta perspectiva, la articulación no sería una cuestión privativa de las voluntades docentes o de las capacidades de los estudiantes, sino que se trataría de poner en relación la lógica específica de organización de cada uno de los segmentos del sistema. Si cada uno de los niveles ha sido estructurado y organizado con objetivos diferentes, la articulación no es posible, a menos que se realicen acciones destinadas particularmente a propiciar la continuidad de una lógica común. Inés Aguerrondo (2009) sostiene que una adecuada articulación debería construirse en relación con diferentes dimensiones: el desarrollo cognitivo o intelectual, el desarrollo socio-afectivo o maduración del sujeto y una tercera instancia relacionada con la participación y el saber para poder hacer, esto es, la necesidad de generar competencias para resolver problemas específicos. Esta posición acerca de la articulación nos interesa porque pone de manifiesto la complejidad del proceso que se pretende desarrollar y también porque se configura en parte desde la perspectiva de los estudiantes, ya que atiende a la situación y los requerimientos de los sujetos que aprenden.

Cuando nos preguntamos por la relación que existe entre la integración de tecnologías en educación y la articulación entre niveles, no apuntamos a las transformaciones que se producirían a nivel institucional[4] (Harf, 1996), sino que tratamos de analizar algunos de los componentes de una trama compleja de prácticas que realizan o que se espera que realicen los actores como artífices de la articulación,

---

4. Hemos generado una propuesta para abordar la integración de tecnologías digitales interactivas en educación a nivel institucional en un libro recientemente publicado: Cabello, R. (coord.), (2013). *Migraciones Digitales. Comunicación, educación y tecnologías digitales interactivas*. Buenos Aires: UNGS. Disponible en formato e-book.

sobre todo los estudiantes que dejan un nivel educativo para iniciar el recorrido del siguiente.

Pero vayamos por partes. Consideremos en primer lugar, brevemente, de qué manera construimos nuestra mirada sobre el problema de la articulación entre dos niveles específicos: la escuela media y la universidad, para luego analizar el papel que desempeña en ese proceso el Programa Conectar Igualdad.

La articulación entre la escuela media y la universidad

La perspectiva que asumimos en esta aproximación a la relación que nos interesa problematizar intenta recuperar una serie de discusiones y aportes producidos en particular desde los inicios del nuevo siglo. Asumiendo desde nuestro propio lugar de trabajo el punto de vista de los estudios universitarios, observamos que el problema de la *articulación* entre la escuela media y la universidad se ha abordado desde distintas perspectivas y con diferentes expectativas. Repasemos una síntesis de las contribuciones que nos han permitido construir nuestro posicionamiento.

Por un lado, notamos que la articulación se propone como *estrategia para mejorar la escuela media*. En los proyectos que asumen esta perspectiva, la universidad se suma a los equipos aportando conocimiento y experiencia así como apoyo y orientación técnica para el desarrollo conjunto de estrategias de intervención. Uno de los programas que ha trabajado a partir de la convicción de que la escuela media es el espacio con mayores posibilidades de incidir en el proyecto de vida de los jóvenes ha sido el PROYART, desarrollado entre la Universidad Nacional de General Sarmiento, escuelas medias e institutos de formación docente, en el período 2002 – 2006. El objetivo principal del programa se definía como

> mejorar la calidad de los aprendizajes de los jóvenes en las áreas de lengua y de matemática, estableciendo un modelo

de trabajo que articule los esfuerzos y los saberes en pos de dar mayores posibilidades de aprender significativamente y fortalecer las posibilidades de acceso al mundo del trabajo y de la educación superior.

La articulación aparece en esta definición como una propuesta de trabajo colaborativo que hace de la calidad de los aprendizajes de los jóvenes el eje sobre el cual se construyen los avances y las expectativas a futuro.

Por otro lado, la preocupación por producir articulaciones entre la escuela media y la universidad se relaciona principalmente con una situación que se verifica en varias universidades nacionales y que se caracteriza como una realidad no deseada: la dificultad que encuentran algunas personas para acceder a la educación superior universitaria y, sobre todo, para sostener una permanencia y construir recursos y estrategias que les permitan realizar procesos de apropiación efectiva de conocimientos. Las universidades buscan promover mejores condiciones para el ingreso y la permanencia de los estudiantes, disminuir los lapsos de duración de los estudios y aumentar las tasas de graduación.

Desde finales de la década de 1990, distintos equipos se han dedicado a analizar este problema a fin de generar propuestas para su tratamiento. Marquina y Pereyra (2010) se han ocupado de sistematizar algunos de los avances realizados y, entre otros aspectos, han puesto el foco en la manera en que cada uno de ellos define a este tipo de *articulación*. Por ejemplo, para el equipo de la Universidad Nacional de Tucumán:

> La articulación de un sistema se relaciona con la democracia, por la participación de crecientes poblaciones heterogéneas en la medida que facilita el ingreso, permanencia, movilidad y egreso del sistema educativo. Lo contrario de un sistema articulado es el elitista que discrimina circuitos o recorridos educativos para diferentes sectores. (Marquina y Pereyra, 2010: 21)

Entendemos que esta referencia a la "democracia" que incorporan los investigadores puede establecer una vinculación con la idea de *inclusión* y con la noción de *equidad*. La articulación parece visualizarse como estrategia para la garantía de la igualdad de oportunidades. Otra asociación que se instala a través de esa referencia es la de la *participación*, que el propio equipo refuerza al aseverar que la articulación (ya sea vertical, entre niveles del sistema u, horizontal, entre modalidades dentro de un mismo nivel) implica la intervención de distintos actores (docentes, estudiantes, políticos, técnicos, etc.) y la necesidad de establecer consensos respecto de qué se enseña y qué se aprende.

En 2005, el equipo de la Universidad Nacional de Cuyo definió a la articulación como:

> acciones destinadas a facilitar la prosecución de los estudios en el nivel superior, sobre la base de dos principios rectores: el mejoramiento de la calidad educativa en los niveles de educación involucrados, y la contribución al logro de la igualdad de oportunidades. (Marquina y Pereyra, 2010: 23)

Es decir que se introduce un nuevo factor: la *calidad educativa*. Se presupone que es posible y deseable mejorar dicha calidad educativa tanto en la universidad como en la escuela media, y que este mejoramiento repercutiría sobre la prosecución de los estudios por parte de los estudiantes.

De manera que observamos que se ha avanzado en:

a) la demarcación de una situación problemática que repercute negativamente sobre los procesos de inclusión: bajos niveles de ingreso/bajos niveles de permanencia/carreras de larga duración/bajas tasas de graduación en las universidades.

b) la identificación de la necesidad de trabajar colaborativamente entre distintos actores y sectores educativos para intentar revertir esa situación.

Una de las primeras respuestas por parte del ámbito académico ha sido la de la identificación de los principales condicionantes de cada componente de la situación problemática.

La caracterización de una falta de coordinación y articulación entre los distintos niveles y modalidades de un sistema educativo que se visualiza como altamente fragmentado, con insuficiente interacción entre los actores involucrados y con escasa participación de la universidad, ha impulsado la propuesta de la articulación. Algunos estudios han reconocido y analizado un conjunto de otros factores condicionantes sobre los cuales podría operarse, al menos en parte, a través de una estrategia de ese tipo. Hemos explicitado y agrupado esos factores en dos categorías:

1) Un primer grupo de condicionantes es de índole *académico/pedagógico*. Uno de los factores que incluimos en esta categoría es el tipo de *formación previa* que tienen los estudiantes aspirantes a ingresar a las universidades (Marquina y Pereyra, 2010), que en algunos casos se considera como deficitaria y responsable de una mayor distancia académica entre ambos niveles. Gasalla y Serigós (2010) han propuesto que resulta central identificar con qué tipos de conocimientos deben saber relacionarse los jóvenes para enfrentar la salida de la escuela media si tratan de ingresar y desarrollar una carrera universitaria y también qué elementos dificultan su vínculo con este tipo de conocimientos. Desde su punto de vista, la generación de proyectos en los cuales la universidad y la escuela trabajen conjuntamente puede permitir reconocer las herramientas con las que cuenta cada institución para acompañar a los aspirantes en esos procesos de búsqueda y transición y ayudarlos a mejorar los procesos de aprendizaje y de adquisición de competencias para el estudio.

Kisilevsky entiende como condiciones pedagógicas a "los diversos factores del contexto social, económico y familiar que afectan el rendimiento educativo" (Kisilevsky, 2002: 29). Desde su perspectiva, los *recursos académicos* con los que cuentan los estudiantes parecen tener influencia en el tránsito hacia la educación superior en general. Esos recursos pesan en primer lugar en el propio rendimiento de los estudiantes en la escuela media permitiendo que obtengan un rendimiento aceptable (que puede expresarse en los resultados de las pruebas de calidad) o, en el extremo opuesto, que resulten en la repitencia, que esta autora identifica como un factor que desalienta los planes de proseguir estudios.

Otro aspecto que los investigadores identifican como factor condicionante es el *desconocimiento*. Por un lado se llama la atención sobre el desconocimiento, por parte de los estudiantes de escuela media, de la oferta académica de las universidades (Marquina y Pereyra, 2010; Kisilevsky, 2002; Gasalla y Serigós, 2010). Para Gasalla y Serigós (2010) los proyectos articulados entre ambos tipos de instituciones pueden ayudar a producir mejor conocimiento de esta oferta y ofrecer a los estudiantes de escuela media más herramientas para facilitar la elección de las carreras. Pero este desconocimiento tiene otra faceta. De acuerdo con Kisilevsky (2002) las universidades no siempre invierten esfuerzos en conocer el perfil y las expectativas de los estudiantes que aspiran a ingresar a esas instituciones, no están al tanto de la trayectoria escolar previa de esos jóvenes y, por consiguiente, no facilitan el tránsito de un subsistema educativo a otro sino que colaboran en profundizar los desajustes.

2) El segundo conjunto de condicionantes se relaciona con lo que podemos llamar *afiliación a la vida universitaria* y se refiere a los recursos que se requieren para integrarse a este tipo de nueva vida que deben desarrollar los ingresantes: sus códigos, sus prácticas y rutinas, sus requerimientos de tiempo y dedicación. Hace falta aprender a ejercer el "oficio de estudiante" (Kisilevsky, 2002) y construir la disposición para hacerlo. Gasalla y Serigós (2010) entienden que es posible generar propuestas en el trabajo articulado entre la escuela media y la universidad que permitan ofrecer a los aspirantes el conocimiento y los recursos para que puedan realizar una mejor adaptación a la vida universitaria.

Como vemos, los avances producidos a partir de estos trabajos permiten identificar: a) al menos dos dimensiones de análisis y reflexión: la que corresponde a los condicionamientos pedagógicos y la que se relaciona con los procesos de afiliación a la vida universitaria y, b) un conjunto de preocupaciones y de factores a considerar en esas dimensiones a la hora de analizar problemas vinculados con la articulación entre la escuela media y la universidad: la búsqueda de mejores condiciones para el ingreso y la permanencia de los estudiantes en la universidad, la reducción de los lapsos de duración de los estudios y el incremento de las tasas de graduación; la repercusión en términos de inclusión y equidad social; el mejoramiento de la calidad educativa en ambos niveles de enseñanza; la necesidad de conocer los recursos previos con los que llegan los estudiantes a la universidad; la inquietud por ofrecer a los estudiantes más y mejor conocimiento sobre la universidad y la intención de ofrecer a los estudiantes más y mejores recursos para adaptarse a la vida universitaria.

A pesar de la diferencia en los intereses y en los énfasis, la identificación de estas dimensiones y estos factores ponen en evidencia una manera compartida de comprender la articulación entre uno y otro nivel del sistema educativo. No son propuestas que apuntan a una articulación rígida, que pueda establecerse entre un "subsistema" (el de la escuela media) y otro (el de la universidad) a partir del establecimiento de patrones y regulaciones estandarizados. Se trata más bien de pensar en una trama compleja integrada por los componentes dinámicos (los saberes, las actitudes, las competencias), los actores (los estudiantes considerados en sus distintas etapas, intereses, requerimientos y deseos; los docentes trabajando colaborativamente, etc.), las prácticas (las propuestas pedagógicas que se implementan –incluyendo el tránsito hacia la producción y el aprendizaje colaborativo–, las acciones institucionales tendientes a orientar el proceso y ofrecer información, etc.). Es desde esta perspectiva que pensamos nuestro problema, orientados por una pregunta planteada en un sentido muy amplio: ¿podemos decir que el *modelo 1 a 1* como política de integración de tecnologías digitales interactivas contribuye a la formación de disposiciones y prácticas que favorezcan la articulación entre la escuela secundaria y la universidad?

Sobre el modo como estudiamos esta articulación

Una política pública como el Programa Conectar Igualdad produce el ingreso masivo de tecnologías digitales (la computadora y, en menor medida, Internet) en la escuela secundaria de gestión pública en Argentina. Ese hecho implica, entre otras cosas, el reconocimiento de que la tecnología y la información digital comienzan a ocupar un lugar destacado en los nuevos modelos de alfabetización y de construcción de entornos de aprendizaje. Además, dado que el PCI responde al denominado *modelo 1 a 1*, se producen cambios sustantivos en la escuela en general y en el aula en particular por el solo hecho de que cada alumno lleva su computadora y se espera que la use para sus trabajos en clase. Esa computadora tiene, al menos en potencia, el poder de llevar al aula porciones del mundo cotidiano, donde transcurre la vida tecnológicamente mediada y donde también se producen aprendizajes. Y, al mismo tiempo, la presencia y una buena implementación del PCI debería, seguramente de manera gradual, influir en una profunda reorganización del formato de los contenidos, las funciones y los objetivos, no sólo del nivel secundario, sino de la totalidad del sistema educativo en su conjunto. La garantía de este acceso físico a los dispositivos informáticos tiene otro poder: el de impulsar la modificación sustantiva de las prácticas y los sentidos relacionados con los procesos de enseñanza y de aprendizaje, tanto en lo que respecta al estudiante y al docente, como en el caso de las familias y las comunidades. Este proceso de transformación repercutiría luego en la universidad, ya que algunos estudiantes beneficiarios de la política del PCI consiguen mantener su computadora portátil y hoy se encuentran ingresando en las principales universidades nacionales.

De hecho, esta situación de aumento en el acceso y la disponibilidad de los dispositivos en la escuela, que permitió incrementar también las modalidades de uso, se evalúa desde el discurso oficial como un factor que propicia mejores condiciones de ingreso a los estudios superiores.[5] Ahora bien, ¿de qué tipo de nuevos conocimientos o habilidades estamos hablando? ¿Las condiciones de ingreso a la universidad han mejorado efectivamente? ¿Hay signos que nos indiquen que se avanza en esa dirección? ¿Cómo los reconocemos?

Para aproximarnos a la resolución de esos interrogantes realizamos un estudio en la Universidad Nacional de General Sarmiento, en el área periurbana de Buenos Aires, nuestro lugar de trabajo. Realizamos 14 entrevistas en profundidad a estudiantes que cursan el primer año de carrera universitaria y realizamos una encuesta a 420 estudiantes de ambos sexos, entre los cuales consideramos a quienes ingresaron a la UNGS en los años 2011, 2012, 2013 y 2014.[6]

Una vez identificados los estudiantes que tienen y usan la computadora portátil otorgada por Conectar Igualdad, nos interesó analizar los usos que hacen de ésta como clave de ingreso al análisis de su influencia respecto de las

---

5. En el sitio de ANSES puede leerse que "el 81,6% de los chicos consideran que hay una mayor habilidad en el manejo de los equipos, lo cual les permitirá estar mejor preparados para el mercado laboral o los estudios superiores", a propósito de los resultados del Segundo Informe de Avance de Evaluación y Seguimiento del Programa Conectar Igualdad: "Nuevas voces, nuevos escenarios, estudios evaluativos sobre el Programa Conectar Igualdad". http://www.anses.gob.ar/noticia/universidades-nacionales-continuan-con-la-evaluacion-del-programa-conectar-igualdad-477
6. Se realizó una encuesta no probabilística a partir de una muestra coincidental con cuotas de edad, sexo e instituto de pertenencia, a 420 estudiantes que cursan al menos una asignatura en los institutos de Industria, Conurbano y Desarrollo Humano. Entre esos estudiantes, se consideró solamente a aquellos que habían ingresado en los años señalados.

disposiciones y prácticas de los estudiantes en la (nueva) vida universitaria.

Este interés pone de manifiesto algunas cuestiones. En primer lugar, la decisión de centrar la atención en los estudiantes y sus trayectorias de formación, con sus contextos y subjetividades específicas. Sujetos que, en el tránsito de un nivel educativo al otro, van construyendo ellos mismos una cierta articulación. Mientras tanto, van usando las computadoras portátiles del PCI. A través de esos usos y de las situaciones que los promueven van generando unas prácticas y unos discursos asociados al contacto con los dispositivos tecnológicos y van construyendo y consolidando saberes y competencias tecno-comunicativas. Buscamos reconocer cuáles de esas construcciones operan como factores de articulación.

En segundo lugar, y concomitantemente, pensamos en sentido amplio a la articulación como trama de continuidades, de enlaces y de coherencias que se construye a través de las prácticas y discursos de todos los actores (no solamente los estudiantes) y los funcionamientos y culturas organizacionales, y que se manifiesta en distintos planos entre los cuales nos interesan en particular: los tipos de propuestas pedagógicas de integración y usos de tecnologías; la formación de competencias comunicativas en general y tecnológicas en particular; los tipos de relación que se promueve que los estudiantes establezcan con las tecnologías para incluirlas en sus proyectos.

En tercer lugar, y tal como queda manifestado en el apartado anterior, explicitamos que el análisis que realizamos se enmarca en una tradición de estudios sobre los procesos de integración de TIC en espacios educativos que tienen varias décadas de desarrollo. Entre los múltiples avances producidos, este estudio se apoya especialmente en dos ideas: los procesos de inclusión digital que se realizan en el mediano y largo plazo (Cabello, 2011) e involucran procesos de *apropiación* (Prieto Castillo, 1983; Silverstone, 1996; Morales, 2004) de tecnologías digitales interactivas. Se reconocen aquí como dimensiones de análisis para la indagación de procesos de apropiación de tecnologías digitales interactivas: acceso/disponibilidad; conocimiento, reflexividad, competencia, uso y gestión; elucidación, interactividad, interacción y proyecto (Morales, 2004 y 2009).

Nos interesa analizar de qué manera los estudiantes se apropian de las computadoras portátiles del PCI y las integran como recursos para la respuesta a los requerimientos de la nueva vida universitaria. Además buscamos comprender la caracterización que realizan los estudiantes respecto de las competencias que forman al usar esa computadora y la objetivación que realizan de las competencias que ese uso les requiere, así como las estrategias que desarrollan en relación con esos requerimientos. En particular nos proponemos realizar una evaluación cualitativa de las *competencias tecnológicas percibidas*, entendidas como

> sistema finito de disposiciones cognitivas que nos permiten efectuar infinitas acciones para desempeñarnos con éxito en un ambiente mediado por artefactos y herramientas culturales. (González, 1999: 157)

Sin embargo entendemos que este tipo de competencias forma parte de un conjunto más amplio de otros conocimientos y habilidades con los cuales se integran los usos de las tecnologías en general y de estas computadoras en particular. Por consiguiente este estudio intenta dar cuenta de esos procesos de integración de los usos de la computadora portátil del PCI en las rutinas, prácticas, hábitos, lenguajes y conocimientos que los estudiantes desarrollan en su primer año de vida universitaria.

Además, consideramos que los procesos de incorporación de tecnologías implican una reconfiguración de los contenidos que tiende a establecer el acceso a saberes que no son exclusivos de un solo nivel educativo y que requieren de un desarrollo y maduración en el largo plazo. Consideramos, entonces, que la vinculación con la tecnología presenta una primera etapa en la que se adquieren los saberes técnicos fundamentales, relacionados con las funcionalidades necesarias para concretar los usos y la operatoria básica de los dispositivos y, luego, una segunda fase de apropiación tecnológica. Esta segunda fase incluye, por un lado, pasar a la producción de nuevos contenidos de manera individual o con otros, de forma colaborativa, a partir de la conexión a la red Internet, y por otro lado, establecer la incorporación de las funcionalidades y las aplicaciones de la tecnología a las prácticas y proyectos propios de la vida cotidiana.

El PCI como factor de articulación en el plano académico/pedagógico

Entre 2012 y 2013 habíamos realizado un primer estudio cualitativo en la UNGS y en la Universidad Nacional de Tucumán, que formaba parte de la segunda ola de los estudios evaluativos del PCI. En la primera mitad de 2014 realizamos un segundo estudio solamente en la UNGS (ahora fuera del contexto de la evaluación del PCI) en el cual incorporamos, además de las entrevistas,[7] un sondeo cuantitativo. Presentamos aquí algunas observaciones producidas en este segundo estudio, tomando al anterior como antecedente. En una encuesta de 420 casos a estudiantes de esta universidad, focalizamos aquellos que ingresaron durante los años 2011, 2012, 2013 y 2014. Entre esos estudiantes se registraba un alto grado de conocimiento del Programa Conectar Igualdad (84,6%); sin embargo, llama la atención que solamente un 13,5% declaró poseer la computadora portátil que distribuye el programa. El porcentaje aumenta un poco entre quienes ingresaron en 2012 (16,1%).

---

7. Realizamos entrevistas en profundidad a estudiantes de primer año de vida universitaria, sobre la base de una guía semi-estructurada y a partir de un muestreo teórico.

Tomando en consideración tanto algunos de los resultados de la encuesta como los discursos registrados en las entrevistas en profundidad, identificamos algunos aspectos a través de los cuales podemos afirmar que el PCI opera como factor de articulación entre la escuela media y la universidad. Es decir, en mano de los estudiantes, participa de la trama que ayuda tanto a paliar la fragmentación entre un ciclo y otro como a facilitar el tránsito que, tal como explicamos anteriormente, funciona también como importante factor de articulación. En este apartado analizaremos los usos que se hacen en la universidad de la computadora portátil distribuida por el PCI y las competencias que se ponen en juego.

Los usos en la universidad

Los usos que los estudiantes realizan en la universidad de la computadora portátil que recibieron a través del PCI pueden oficiar como factor de articulación tanto material como simbólicamente. Desde el punto de vista simbólico la computadora está en principio asociada a la escuela secundaria, porque es allí donde la recibieron, pero al mismo tiempo está vinculada con la culminación de esa etapa ya que tal era el requisito cuyo cumplimiento les permitió quedarse con la máquina. Desde el punto de vista material, la computadora está equipada con un escritorio orientado sobre todo a la resolución de tareas en ese nivel pero, como cualquier otra computadora, admite una multiplicidad de usos posibles incluidos los de la vida universitaria. De hecho, las conversaciones con los estudiantes nos han permitido identificar una serie de esos usos.

La totalidad de los estudiantes encuestados que poseen la computadora portátil responde que la usa en todas las tareas que realiza en la facultad. La mayor proporción (75%) considera que puede usarse aún sin conectividad (aunque este no es el caso de la UNGS ya que la disponibilidad de Internet es accesible en la mayoría de los espacios comunes) y muchos de ellos tratan de distanciarse de la imagen que asocia la computadora portátil y su uso al entretenimiento y la actividad lúdica: solamente un 35% admite que el uso principal sea el de las redes sociales y apenas un 10% declara que la usa más para jugar que para estudiar. Cabe aclarar que esta última proporción se modifica llamativamente entre los estudiantes que ingresaron en 2014 ya que el porcentaje de los que declaran los usos lúdicos asciende al 50%; habrá que seguir observando esta cuestión para saber si se trata de una tendencia. En lo que respecta a las tareas propias del estudiante universitario, la que parece encontrarse aún más lejos de aprovechar las posibilidades de la computadora es "tomar apuntes" (únicamente la mitad de los estudiantes que poseen la computadora dicen usarla para eso).

Es cierto que el solo hecho de que todos declaren usar la computadora para las tareas de la facultad no significa que se trate del mismo tipo de usos que realizaban en la escuela secundaria. En muchas de las escuelas secundarias a las que acudieron los entrevistados, sobre todo las que no eran de orientación técnica, la incorporación de las computadoras no modificó en gran medida las dinámicas que se producían en las aulas. Los profesores, en general, decidían trabajar sin conexión (en muchos casos no había y en otros se verificaban fallas e inconsistencias en su utilización) y repartían los materiales de trabajo vía *pendrive*, máquina a máquina, o bien, seguían utilizando fotocopias en soporte papel. Por lo general, las tareas planteadas por el profesor no representaban propuestas que anticiparan de alguna manera o prepararan para el uso de la tecnología en la vida universitaria: requerían de una solución individual o grupal, pero nunca colaborativa o en red; además los usos de Internet en el ámbito escolar estaban especialmente destinados a la búsqueda de información necesaria para el desarrollo de las tareas y trabajos prácticos (en la medida en que la disponibilidad de conexión lo permitiera). Por otra parte no se registraron usos y actividades más complejas que integraran la realización de mapas conceptuales, la resolución de *webquests,* producciones colaborativas *on line,* tales como *wikis* o documentos de Google o la producción de información nueva que pudiera ser publicada y compartida en la red.

De manera que, hasta aquí, los usos de la computadora operan como factor de articulación más en el sentido de las posibilidades tecnológicas (¿qué podemos hacer con la computadora?) que de la propuesta pedagógica en el marco de la cual hayan podido plantearse esos usos en la "secundaria de origen".

Las competencias

El 60% de los encuestados afirma que al usar la computadora del PCI en la universidad, aprovecha todo lo que aprendió en la escuela secundaria en lo que respecta a esos usos.

Los estudiantes que respondieron entrevistas en profundidad[8] tienen la impresión de haber consolidado saberes y construido nuevos conocimientos en el primer año de los estudios universitarios, apoyados en un conjunto de competencias formadas en relación con el PCI. Dicen haber puesto en práctica esas competencias en la resolución de problemáticas específicas en algunas de las materias cursadas hasta el momento o en diversas situaciones propias de la nueva vida universitaria.

Las conversaciones permitieron identificar un conjunto de asignaturas que retoman y refuerzan elementos de la formación previa relacionados con los usos de la computadora portátil. Entre ellas se encuentran las materias que puntualizan saberes operativos y funcionalidades técnicas de las computadoras, que ejercitan los programas Word, Excel y PowerPoint del paquete Office de Microsoft; los diferentes niveles de Matemática que continúan los

---

8. Recordamos que el estudio incluyó la implementación de métodos y técnicas complementarias: encuesta y entrevista en profundidad.

aprendizajes sobre el programa GeoGebra y las asignaturas relativas a la planificación del diseño en las que se vuelve a utilizar el programa AutoCAD. Además, en una gran cantidad de actividades universitarias se recuperan todas las habilidades relacionadas con la lectura y visualización de información a través de la computadora, los procesos de búsqueda y selección de información en Internet y los conocimientos particulares de las nuevas aplicaciones y software social en la red. La búsqueda de información en Internet, promovida por el contacto con la bibliografía o la resolución de investigaciones particulares acerca de los temas vistos en las diferentes asignaturas, es una práctica que exhibe la construcción de recursos académicos que realizan un aporte al desenvolvimiento en el conjunto de actividades que componen el nuevo oficio de estudiante universitario. Sin embargo, no hemos podido reconocer de manera explícita que la apertura en el acceso a la información que posibilitó el contacto con la computadora portátil en el nivel medio, haya facilitado el conocimiento acerca de los planes de estudio de las carreras de las diferentes universidades o haya aportado para la toma de decisiones respecto de las orientaciones vocacionales o los perfiles profesionales específicos.

Finalmente, tomamos nota también de que en muchos casos se observa que los principales referentes pedagógicos sobre los usos de la computadora portátil y la formación de competencias tecno-comunicativas en el secundario son los profesores de las materias especializadas en TIC. Esto puede leerse como una señal que pone distancia respecto del ideal de uso universitario de las tecnologías, más autónomo y menos técnico-operativo.

El PCI como factor de articulación en el plano de la afiliación a la vida universitaria

Al momento de evaluar los aportes del PCI y el contacto con la computadora portátil en lo que respecta a facilitar la conexión del estudiante con el espacio universitario y sus novedosas prácticas y relaciones asociadas se detecta que son mucho más valorados los conocimientos adquiridos que los dispositivos propiamente dichos. La *netbook* no aparece con frecuencia en la universidad y el conjunto de acciones concretas relacionadas con la comunicación con otros actores de la universidad, las prácticas de gestión de la vida universitaria y la búsqueda de información aparecen asociadas al uso de las terminales fijas de escritorio que los estudiantes suelen poseer en sus hogares. Esta orientación de los usos hace que la computadora portátil se destine al desarrollo de tareas académicas específicas en el marco de alguna asignatura o sea considerada como segunda opción de acceso a la red en forma portable.

Por otro lado, la *netbook* se integra en el sistema de tecnologías con acceso a Internet que suelen utilizar los estudiantes y comparte su atención con todos ellos. La comunicación entre los estudiantes suele ser mucho más fluida no solo a partir de los beneficios de la *netbook*, sino también gracias a otros dispositivos asociados como es el caso del teléfono móvil, en la medida que cuente con los servicios y aplicaciones necesarias. Además, si nos focalizamos en lo que sucede en el espacio universitario, los estudiantes valoran la disponibilidad de terminales fijas en los laboratorios y en las bibliotecas, el acceso a *wi-fi*, como así también la existencia de personal que los oriente en el uso de esos dispositivos.

A pesar de no considerarse primordial en el desarrollo de las prácticas académicas, los usos asociados a la computadora portátil en la universidad se constituyen como una vía de acceso a Internet que se suma al conjunto de tecnologías que lo permiten, tanto en hogares como en los campus. La investigación demuestra que en este momento los sitios de Internet y los espacios de comunicación interactiva revisten tanta importancia como las relaciones cara a cara a la hora de incorporar prácticas y costumbres propias de la institución. El encuentro virtual entre los sujetos y con la información, permite construir lazos, aporta a la afiliación de los actores con el espacio, hace que los estudiantes logren comprender y dominar los nuevos códigos de la universidad.

Por otro lado, el tránsito por el espacio universitario hace que los estudiantes se encuentren en una gran cantidad de situaciones susceptibles de poner en funcionamiento los aprendizajes previos adquiridos a partir del contacto con la computadora portátil. Estos momentos de uso intensivo y necesario de la computadora, que siempre requiere la conexión a Internet, se circunscriben a tres instancias claramente diferenciadas: una de ellas tiene que ver con todos aquellos momentos en los que deben resolverse cuestiones relativas a la gestión universitaria, tales como las inscripciones a materias y exámenes, la navegación por la página web oficial de la universidad o la utilización de los espacios Moodle para las asignaturas en sus respectivos campus virtuales. Los resultados de la encuesta indican que 75% de los estudiantes que tienen la computadora portátil la utiliza para realizar los trámites universitarios. Otra situación obligada de uso y recuperación de conocimientos se suscita al momento de solucionar cuestiones específicas de comunicación e intercambio de información precisa con diferentes actores, que pueden ser los docentes, la institución u otros compañeros. En estos encuentros virtuales asincrónicos los estudiantes rememoran la utilización de los servicios de correo electrónico y los usos del software social. Descubren novedosas interfaces de la comunicación digital interactiva, que parecen más propias del uso mismo de la computadora y las redes en la nueva vida universitaria que de algún aporte del PCI en el colegio secundario.

Volvemos sobre la pregunta

¿Podemos decir que el *modelo 1 a 1* como política de integración de tecnologías digitales interactivas, contribuye a la formación de disposiciones y prácticas que favorezcan la articulación entre la escuela secundaria y la universidad?

Estas primeras aproximaciones que hemos realizado nos permiten afirmar que el *modelo 1 a 1*, representado en el PCI, es uno de los factores que opera en la construcción de una trama que articula *de hecho* la escuela secundaria con la universidad.

Esto es así, fundamentalmente, porque los estudiantes transitan de un nivel a otro portando la computadora. ¿Qué queremos decir con esto?

El PCI se propone que cada estudiante tenga una computadora portátil. A pesar de que el nivel de penetración que identificamos a través de la encuesta es llamativamente bajo, hay varios estudiantes que tienen la máquina que obtuvieron en la escuela secundaria y la usan en la universidad. Hoy en día la vida universitaria incluye el uso de computadoras y redes como componente activo en sus distintas esferas (académica, administrativa y de producción de conocimiento). De manera que poseer la computadora no es una cuestión menor. Sin embargo observamos que ese parece ser el mayor aporte del programa, ya que los estudiantes realizan con esa máquina actividades que podrían hacer con cualquier otra de las mismas características. Por otra parte, se necesita saber usar la computadora y, en ese sentido, identificamos un segundo factor que teje articulaciones: los estudiantes aprendieron a operar la máquina, sobre todo algunas aplicaciones del paquete Office de Microsoft (a pesar de que las computadoras están equipadas también con Linux, nadie mencionó en ningún momento haber hecho una experiencia de ese tipo). No obstante consideramos que es posible fortalecer el rol del PCI como factor de articulación: desde el punto de los usos, la mayoría de los usos de Internet que están en la base de las prácticas académicas se aprenden en situaciones de auto-aprendizaje o en los grupos de trabajo en la universidad y no se apoyan en aprendizaje previos construidos en torno al programa explícitamente (una vez más, el PCI aporta la computadora).

La mayoría de los usos universitarios requieren Internet o redes (gestión de alumnos, plataformas Moodle, búsquedas y tratamiento de información, uso de correo electrónico, etc.) y en muchas escuelas sigue verificándose un déficit en la conectividad, en la formación de competencias y en sus usos. Desde el punto de vista de las competencias, el contacto con programas específicos que se usan en algunas disciplinas y campos académicos (como AutoCAD y GeoGebra) es mucho menor y hay que promoverlo. De todos modos, si consideramos las tres dimensiones a las que Aguerrondo propone atender al pensar los procesos de articulación, es en la que refiere al saber hacer en donde el PCI parece hacer su mayor aporte (y no tanto en el desarrollo cognitivo y el afectivo) al impulsar el aprendizaje de aspectos operativos de la máquina y, dijimos, sobre todo, ofrecer la tecnología para poder experimentar y aprender a usarla. Finalmente, creemos que es necesario aprovechar el PCI para promover los cambios pedagógicos que se requieren para capitalizar la integración de tecnologías en la enseñanza y el aprendizaje, preparando a los estudiantes para unos desempeños más autónomos y colaborativos a la hora de producir en la universidad.

Bibliografía

Aguerrondo, I. (2009). "Niveles o ciclos. El reto de la articulación". En Revista Internacional de magisterio, N° 38. Bogotá, Colombia.

Braslavsky, C. (1999). *Rehaciendo Escuelas. Hacia un nuevo paradigma para la educación latinoamericana*. Buenos Aires, Santillana.

Cabello, R. (coord.) (2006). *Yo con la computadora no tengo nada que ver*. Buenos Aires, Prometeo y UNGS.

Cabello, R. y Morales, S. (edits.) (2011). *Enseñar con tecnologías. Nuevas miradas en la formación docente*. Prometeo.

Gasalla, F. y Serigós, R. (2010). "La función tutorial en la escuela media y en la universidad", en E. Pereyra (coord.).

Política y práctica de la articulación entre la universidad y la escuela media: reflexiones a partir de una experiencia. Los Polvorines, UNGS.

González, J. (1999). "Tecnología y percepción social: evaluar las competencias tecnológicas". En revista *Culturas Contemporáneas*, Nº 9, v. V. México, Universidad de Colima.

Harf, R. (1996). *La articulación interniveles: un compromiso institucional.* Bahía Blanca, Editorial Nahuel.

Kisilevsky, M. (2002). "Condiciones sociales y pedagógicas de ingreso a la educación superior en la Argentina", en M. Kisilevsy, y C. Veleda. *Dos estudios sobre el acceso a la educación superior en la Argentina.* IIPE-UNESCO, pp.15-84.

Marquina, M. y Pereyra, E. (2010). "La articulación del sistema educativo como problema y como práctica. Un balance de la experiencia transitada en la articulación entre las universidades y las escuelas medias", en E. Pereyra (coord.). *Política y práctica de la articulación entre la universidad y la escuela media: reflexiones a partir de una experiencia.* Los Polvorines, UNGS, pp.15-54.

Morales, S. (2009). "La apropiación de TIC: una perspectiva", en S. Morales y M. I. Loyola (2009). *Los jóvenes y las TIC. Apropiación y uso en educación.* Córdoba, Copyrápido.

———- (2004). *Análisis situacional de las nuevas tecnologías comunicacionales: factores intervinientes para su apropiación y uso en escuelas secundarias de la ciudad de La Rioja (Argentina).* España, Edit. Servicio de Publicaciones de la Universidad de La Laguna.

Padua, J. (1993). *Métodos y técnicas de la investigación en ciencias sociales.* México D.F., Fondo de Cultura Económica.

Prieto Castillo, D. (1983). *Educación y Comunicación.* CIESPAL.

PROYART (2006). *Proyart. El dispositivo de evaluación: una manera de valorar los avances Experiencia de articulación entre universidad, institutos de formación docente y escuelas medias, en una región del conurbano bonaerense.* Los Polvorines, UNGS.

Silverstone, R. (1996). *Televisión y vida cotidiana.* Buenos Aires, Gedisa.
Sagol, C. (2011). *El modelo 1 a 1: notas para comenzar.* Buenos Aires, Ministerio de Educación de la Nación. Disponible en: http://bibliotecadigital.educ.ar/articles/read/modelo-1a1
Taylor, S. y Bodgan, R. (1987). *Introducción a los métodos cualitativos de investigación.* Buenos Aires, Paidós.
Wimmer, M. y Dominick, J. (1996). *La investigación científica de los medios de comunicación. Una introducción a sus métodos.* Barcelona, Bosch Casa Editorial S.A.

10

Los jóvenes, las tecnologías y la escuela

Silvia Lago Martínez

La relación entre educación, jóvenes y tecnologías es una de las problemáticas sociales en debate permanente en la Argentina de los últimos años, sin embargo aún resta mucho por analizar y evaluar sobre la presencia creciente de las tecnologías digitales en la vida de niños y jóvenes.

Partiendo de tal evidencia, este capítulo se propone aportar elementos para la comprensión del fenómeno indagando la vida escolar y social de los jóvenes con el ingreso masivo de computadoras portátiles e Internet en la escuela, a partir de la implementación de una política pública de inclusión digital, el Programa Conectar Igualdad (PCI). Se trata de vislumbrar desde la narrativa de los estudiantes, los usos, adaptaciones y formas de apropiación de las tecnologías digitales, la emergencia de nuevas expectativas y motivaciones y la construcción de imaginarios acerca del mundo digital.

Esta presentación comprende el recorte de una investigación más amplia[1] sobre las tecnologías en las aulas y el PCI, realizada desde el año 2011 hasta el momento en la ciudad de Buenos Aires. Aquí se presentan los alcances del análisis realizado en base a la implementación de técnicas

---

1. Se trata de una investigación acreditada y financiada por la Secretaría de Ciencia y Técnica de la UBA, cuyo desarrollo se detalla en la presentación de este libro. Forman parte del equipo de investigación: Sheila Amado, Mirta Mauro, Lucila Dughera, Ana Marotias y Cristina Alonso.

grupales, entrevistas y encuestas a estudiantes de enseñanza media y técnica de escuelas públicas de la Ciudad Autónoma de Buenos Aires, beneficiarios del PCI. Se trabajó con jóvenes cuyas edades variaron entre 15 y 19 años,[2] de ambos sexos y diversos niveles socioeconómicos.

Los interrogantes que recorren este apartado de la investigación giran en torno a cuál es el lugar que ocupan las tecnologías en el contexto de la vida escolar de los jóvenes; qué cambios se producen en sus vínculos y en las condiciones de equidad que el otorgamiento del dispositivo tecnológico puede producir; cuáles son las expectativas y percepciones de cambio en el hacer y quehacer escolar; qué imaginarios sociales y percepciones se producen en relación con el PCI y la inclusión digital.

Por otra parte, el supuesto que recorre el texto es que si bien la incorporación masiva de las computadoras en las instituciones escolares ha producido cambios en el uso de las tecnologías digitales, los y las adolescentes realizan una apropiación práctica y simbólica diferente según su capital tecnológico,[3] género, edad y pertenencia sociocultural.

El capítulo se organiza en tres ejes analíticos: en el primero se comentan brevemente los objetivos de las políticas de inclusión digital educativa y las categorías empleadas para analizar sus alcances en la vida escolar de los jóvenes, así como también algunas controversias acerca del vínculo de éstos con la tecnología digital. El segundo aporta datos

---

2. Se determinó en 15 a 19 años el intervalo de edad de los adolescentes objeto de indagación por varias razones: el límite superior coincide con la edad donde mayoritariamente los jóvenes culminan los estudios secundarios; el limite inferior se definió a partir de los hallazgos de nuestra primera aproximación investigativa al contexto escolar, se observó que alrededor de los 15 años se ampliaba el uso de la computadora para actividades escolares.
3. Se define como *capital tecnológico* a la confluencia de varios indicadores: posesión de computadoras e Internet en su hogar; habilidades y manejo de uso de las tecnologías; equipamiento tecnológico en la escuela donde estudia el/la joven; estrategias para el acceso y uso de computadoras e Internet de los/as estudiantes que no cuentan con estas tecnologías en su hogar.

respecto del capital tecnológico de los adolescentes de nuestra muestra, los usos que dan a las *netbooks* en el ámbito escolar y en su tiempo libre, los saberes y habilidades que dicen desarrollar y las diferencias según el género, la edad y la pertenencia sociocultural. Por último, se describen sus expectativas sobre el Programa Conectar Igualdad, su percepción sobre los beneficios y resultados como política pública educativa y las asociaciones espontáneas que surgen con el concepto de *inclusión digital*.

La interpretación de los hallazgos se verá enmarcada en los resultados de relevamientos recientes realizados en Argentina sobre los consumos culturales, acceso y uso de Tecnologías de la Información y la Comunicación (TIC) en jóvenes.

Tecnologías en la escuela

El gobierno de la República Argentina promovió el Programa Conectar Igualdad en el marco de un conjunto de políticas de Estado para la Sociedad de la Información y del Conocimiento. Si bien se ha transitado por varios planes y programas de incorporación de TIC[4] en los sistemas educativos argentinos, el PCI se destaca como la experiencia más reciente, de mayor alcance nacional en inversión y expectativas. El programa que se inicia en el año 2010 es identificado como modelo *1 a 1*.[5] Esta modalidad de incorporación de tecnologías digitales, con diferencias en

---

4 En el contexto de este trabajo se entiende por Tecnologías de la Información y la Comunicación a todas las tecnologías digitales, especialmente teléfonos inteligentes, computadores e Internet.

5. Consiste en la entrega de una computadora portátil a cada estudiante y docente de las escuelas de gestión estatal de educación secundaria, técnico profesional y especial e institutos superiores de formación docente de todo el país, junto con lineamientos pedagógicos para su utilización en el aula, conectividad y la implementación de una red escolar en cada establecimiento educativo. Hasta mediados del año 2014 se otorgaron 4.241.044 *netbooks*, fuente: http://www.conectarigualdad.gob.ar/

su alcance, concepción e implementación, se implementó en varios países de América Latina y el Caribe (Sunkel et al., 2013), aunque vale aclarar que solamente Argentina y Uruguay aspiran a una cobertura universal de la población escolar de educación básica y media.

Magdalena Claro (2010: 5) señala que las políticas de incorporación de las TIC a la educación en América Latina y el mundo han estado acompañadas de tres promesas o expectativas fundamentales: preparar a los alumnos en el manejo de las tecnologías –alfabetización informática o digital–, disminuir la brecha digital al entregar acceso universal a computadores e Internet y mejorar el rendimiento escolar de los alumnos transformando las modalidades de enseñanza y aprendizaje.

En Argentina, las razones políticas para justificar la enorme inversión que involucra el PCI descansan, por un lado, en la necesidad de proporcionar igualdad de oportunidades en el acceso a las tecnologías y una mayor equidad social; y por el otro, brindar posibilidades para la revisión y transformación de las prácticas educativas. Asimismo, se pretende fomentar la permanencia de los jóvenes en el sistema escolar para superar al menos una de las aristas de la crisis que sufre el sistema educativo –especialmente a nivel secundario–, donde la repitencia, la deserción, el ausentismo y el bajo rendimiento son los principales problemas. Como señala Sibilia (2012: 207), muchos adolescentes que abandonan el último ciclo de la escuela secundaria no lo hacen sólo por cuestiones sociales y económicas sino, entre otras razones, por la propuesta formativa que se les ofrece.

Citando nuevamente a Claro, en su trabajo *Impacto de las TIC en los aprendizajes de los alumnos* (2010: 5) la autora señala que resultados de investigaciones realizadas a nivel mundial –fundamentalmente en países anglosajones y europeos– aportan como evidencia que se han logrado avances importantes para acercarse al acceso universal de los alumnos a las TIC, pero la mejora en el rendimiento escolar es menos evidente.

En relación con los conceptos de acceso y rendimiento escolar, varios especialistas han creado categorías para entender este proceso que se extiende desde el acceso y uso de equipos informáticos e Internet, hasta la utilización con sentido y la capacidad de beneficiarse de ellos. Las oportunidades de uso con una adecuada calidad en el acceso permitirían reducir la denominada *primera brecha digital*. En tanto el uso con sentido, la aplicación de procesos para generar nuevos datos, la comprensión de la información y la generación de aprendizajes significativos aportarían a la disminución de una segunda brecha digital o brecha de conocimiento, donde el acceso a los bienes culturales y simbólicos que posibilitan adquiere suma relevancia.

Los factores que permitirían disminuir o acortar las desigualdades en materia tecnológica, colocan el acento en las dimensiones educativas, culturales y sociales. Otros autores (Thompson, 1998; Winocur, 2006; Morales, 2009) adhieren al concepto de *apropiación tecnológica*, según el cual apropiarse no supondría solamente uso o consumo, sino también apropiarse del objeto tecnológico y de los significados que el objeto transfiere, posibilita o desencadena.[6]

Desde estos puntos de vista, la relación entre tecnologías digitales y educación es compleja y afecta tanto a los sujetos como a las instituciones, de tal forma que el arribo y la inclusión de las tecnologías en el escenario educativo plantean desafíos pero también brindan oportunidades para crear nuevas condiciones en las aulas y generar experiencias novedosas con imaginación y creatividad.

Jóvenes y tecnologías

Mucho se ha escrito desde la expansión de las TIC sobre la relación entre juventud y tecnologías. En general, se caracteriza a los jóvenes como adictos a Internet, celulares y

---

6. Este concepto, que de alguna manera sintetiza el proceso de superación de las *brechas*, es el que se utiliza a lo largo del presente texto.

computadoras, creativos y entrenados en el uso de múltiples tecnologías. Estas características dieron lugar a algunos conceptos como *nativos digitales, e-generación* y muchos otros que han sido propuestos en numerosos ensayos e investigaciones. En general los términos clasifican a los usuarios en función de su edad, sin embargo otros autores afirman que la edad no incide en el manejo de la tecnología; antes bien, es el contacto sostenido con ella en determinadas etapas de la vida lo que lo determina (Báez y García, 2011: 55).

Lo que resulta evidente es que los alumnos de la última década no son los mismos y que sus hábitos culturales han cambiado. Las tecnologías digitales forman parte del mundo de niños y niñas, adolescentes y jóvenes, y sin embargo la escuela no siempre está atravesada por ellas. Los hallazgos producidos en nuestra investigación, y en muchas otras, indican que entre los recursos básicos de un joven contemporáneo se cuenta el acceso a las redes sociales, Internet, las computadoras y con ello al desarrollo de nuevas sociabilidades en red. En su entorno se combina mediatización con interconectividad, información con entretenimiento. La interconectividad les permite la mediatización de su vida cotidiana y la utilización de las pantallas discurrir entre información y diversión, entrando y saliendo de ellas en cualquier momento.

En este sentido, Morduchowicz (2013) señala que los jóvenes son una generación multimedia no sólo por la variedad de medios y tecnologías de los que disponen sino porque las usan al mismo tiempo. Los resultados de la encuesta nacional del Ministerio de Educación[7] que presenta la autora, confirman que sólo un 15% de los adolescentes y jóvenes utilizan un solo medio por vez, el 85% restante lo combina con otros en forma simultánea. Mientras ven tele-

---

7. Investigación realizada entre 1200 niños y jóvenes de 11 a 17 años en Argentina por el Programa Escuela y Medios del Ministerio de Educación de la Nación. El relevamiento se realizó en el año 2011 en hogares.

visión, hablan por celular, navegan por Internet, escuchan música y hacen la tarea del colegio.

En la ciudad de Buenos Aires ¿la brecha de acceso ha sido superada?

En nuestra aproximación al contexto tecnológico escolar se constató que la totalidad de las escuelas abordadas en la investigación cuentan con equipamiento tecnológico en sus gabinetes de Informática (computadoras, filmadoras, cámaras fotográficas, proyectores, etc.). Por lo tanto los alumnos ya habían recibido capacitación en las herramientas básicas para actividades escolares en las clases de Informática. Si bien la posesión de la *netbook* personal cambió las formas de uso, puesto que los alumnos la llevan a su casa, no generó cambios sustantivos en el entrenamiento básico; además, una gran parte de los alumnos contaba con computadora y otros dispositivos tecnológicos en su hogar antes de la incorporación del PCI en su escuela.

La mayoría de los adolescentes entrevistados accede a computadoras y se vincula con artefactos tecnológicos desde los 8 o 9 años, la gran mayoría en su hogar y "aprendiendo solo" o ayudado por sus hermanos mayores. Del relato de los jóvenes surge que entre los 8 y 9 años su actividad en la computadora se limitaba a los videojuegos, a partir de los 12 a 14 años incorporan Internet y redes sociales. Recién a los 14 o 15 años comienzan a apropiarse de las tecnologías digitales para uso escolar. Por supuesto que la apropiación de nuevos recursos no descarta el uso de los anteriores, coexisten y se complementan y las pantallas se van sumando.

La indagación realizada en nuestra encuesta demostró que para la mitad de los estudiantes la *netbook* significa un dispositivo que se suma a la única PC de escritorio de uso familiar, para un segundo grupo es un artefacto más a sumar al equipamiento familiar ya existente que puede ser de dos o más computadoras. Si se tiene en cuenta que el promedio del tamaño del hogar para nuestra muestra es de 4,08 personas, la información resulta relevante. Por último, para un grupo menos nutrido la *netbook* del PCI es el primer dispositivo en el hogar.[8]

Como se advierte, los videojuegos y la telefonía móvil son antecedentes incuestionables del desarrollo de habilidades en el uso de tecnologías digitales. Los *smartphones* son utilizados intensamente por los adolescentes, de manera que los mensajes de texto, el *chat* y las redes sociales atraviesan la vida cotidiana del aula y si se suma la computadora del PCI, estas prácticas culturales se potencian. Con ellas se agregan infinitas posibilidades para crear y reproducir fotos, videos, música, enlazando palabra, imagen y sonido y combinando múltiples medios y diversos modos de comunicación que desafían a la escuela.

Morduchowic, (2013: 21) advierte que los adolescentes y jóvenes argentinos tienen más pantallas que libros, diarios y revistas. Todos cuentan con televisor, y seis de cada diez tienen dos o más aparatos. La totalidad de los hogares tiene al menos un celular. Siete de cada diez tienen computadora. En tanto, de los resultados de la Encuesta Nacional sobre Acceso y Uso de Tecnologías de la Información y la Comunicación (ENTIC)[9] para la ciudad de Buenos Aires, se

---

8. La encuesta fue realizada en el año 2012 con 150 jóvenes de 15 a 19 años, los resultados arrojaron que un 20% de los adolescentes no contaban con computadora en su hogar antes de la posesión de la *netbook* del PCI. Sin embargo, de las entrevistas personales realizadas a jóvenes en el año 2013 emergen testimonios que dan cuenta de la disminución de ese porcentual. Esta información coincide con datos de otros relevamientos. En poco más de un año el equipamiento en computadoras en los hogares de la ciudad parece haber aumentado sensiblemente.

9. La ENTIC se administró a todos los hogares y a las personas de 10 años y más, entrevistados para la Encuesta Anual de Hogares Urbanos (EAHU), cuya estimación se extiende al total de la población residente en hogares particulares urbanos en localidades de 2.000 y más habitantes. El total de entrevistas realizadas consistió en 33.297 hogares y 92.958 personas residentes en los hogares. El relevamiento se realizó en el país durante el tercer trimestre de 2011.

advierte que en los hogares con niños y jóvenes de 12 a 17 años el porcentual alcanza al 92% en posesión de computadora y el teléfono por línea móvil o celular llega a casi el 100% de los hogares.

Consultados los adolescentes en las entrevistas y grupos de discusión, reconocieron que el celular es el artefacto que más utilizan durante todo el día. Al respecto, Leandro (16 años) comenta:

"Tengo celular con internet. A veces cuando me acuerdo prendo el *wi-fi*, sino lo uso directamente del teléfono, pero es como que estoy bastante más con el teléfono que las computadoras [...] uso *Facebook* más que nada, el *whatsapp* y los mails [...] Ahora estoy con el celular y tengo todo ahí. Antes, cuando no tenías celular era más complicado."

Las dos terceras partes de los adolescentes de la muestra poseen Internet en su dispositivo móvil. De esta manera los jóvenes se encuentran conectados prácticamente todo el día, mientras que el tiempo de uso específico de la computadora ronda entre las dos horas y media a tres horas por día.

Esta masificación de los dispositivos móviles en la última década en la ciudad de Buenos Aires alcanzó a nuestros entrevistados desde niños. Los padres promovieron el uso del celular en sus hijos ya en la escuela primaria, como forma de mantenerse informados de sus movimientos y sentirse más tranquilos; varios años después, los adolescentes de hoy cuentan con equipos más sofisticados y con una gran experticia en su uso:

"Celular empecé a tener en sexto o séptimo grado en primaria, pero era un celular más simple, cuando empecé a viajar sola a mi casa. Yo no vivía lejos del colegio pero mi mamá quería que la llamara, ahí fue cuando empecé a tener celular y desde entonces lo uso". (Ana, 17 años).

De esta forma, aunque en los establecimientos educativos se presentan muchas dificultades para el acceso a Internet –gran parte de las escuelas no tiene conectividad o está restringida a algunos sectores del edificio–, los alumnos generan sus propias estrategias para conectarse a la red a través de sus teléfonos móviles y/o Internet móvil.

La información precedente es ilustrativa del capital tecnológico de los jóvenes de la ciudad de Buenos Aires. La brecha de acceso en este segmento parece haber sido superada, aunque de allí no se sigue que sea adecuada la calidad de su uso. No olvidemos que la Ciudad Autónoma de Buenos Aires cuenta con los mejores indicadores del país en materia educativa, social y económica.

Uso y apropiación en la escuela

En el transcurso de la investigación se constató que las experiencias de utilización de la *netbook* en las aulas son incipientes y acotadas. Dos de cada diez jóvenes entrevistados no la usan y los restantes la utilizan en algunas asignaturas. Por esta razón los estudiantes sólo llevan la *netbook* una vez a la semana (como promedio), cuando algún profesor lo indica específicamente.

Los usos habituales son procesadores de texto, el trabajo con textos/libros en el aula, diccionarios para idiomas, buscadores en la web. Fuera del aula la *net* se utiliza para resolver ejercicios, realizar una investigación y desarrollar trabajos prácticos.

Respecto de las asignaturas donde se realizan actividades con la computadora, los jóvenes mencionan Matemática, Historia, Lengua/Literatura, Inglés, Geografía, Biología y algunas materias específicas de la orientación de la escuela. Aunque ninguna de ellas se destaca particularmente porque, como mencionan los estudiantes, *depende del profesor o profesora, no de la asignatura.*

A pesar de la escasa utilización de la *netbook* en las clases, se producen cambios en la dinámica escolar, entre otras una mayor dispersión y desorden en el aula. Los jóvenes dan cuenta de esta realidad, jugar y conectarse a las redes sociales en la clase forma parte de la experiencia cotidiana:

"Algunos profes intentaron usarlas, los más grandes de hecho, porque no sé… creo que pensaban que usándolas capaz prestábamos más atención… pero no hubo caso… y los profes más jóvenes habrán intentado una o dos veces, pero medio que se descontrolaba la cuestión, todos jugando, hablando fuerte, entonces dejaron de proponerlo…" (Jazmín, 15 años).

Del relato de los adolescentes entrevistados surge una segmentación en tres grupos de estudiantes a la hora de trabajar en el aula: los que tienen problemas y no pueden usar la *netbook* por diferentes motivos, los que juegan en el aula por más que el docente les solicite que no lo hagan y por último los que le dan utilidad o la usan cuando el profesor lo requiere.

Sobre su percepción acerca del conocimiento o habilidades de sus docentes en materia tecnológica, los jóvenes los describen como poco interesados en la innovación, con escasos conocimientos para aprovechar los nuevos lineamientos pedagógicos y más preocupados por mantener la disciplina en el aula. También mencionan el desajuste en los tiempos del programa y los de la capacitación docente:

"Los profesores todavía están en las capacitaciones para aprender a utilizar el programa, en mi opinión es algo de que se dio el objeto pero no cómo utilizar el objeto todavía, hay como un desfasaje… estaría re bueno que los profes puedan tener acceso a dinámicas más de onda digital para enseñarnos" (Gastón, 17 años).

Estas limitaciones de los docentes no obedecen a diferencias entre la edad o el género de los profesores, tampoco con el tipo de asignatura que dictan:

"Por ahí a unos les interesa más que a otros. No es que hay diferencia entre hombre y mujer […] En mi escuela están más capacitadas las profesoras que los docentes […] No tiene que ver con la edad, va en cada uno […] Es por interés […] Depende del profesor, si le interesa aprender va a aprender". (*Focus group*).

En síntesis, las razones principales de la escasa utilización de la *netbook* en las clases están relacionadas con la falta de capacitación específica de los docentes para incorporar recursos tecnológicos en la currícula de su asignatura; problemas con el piso tecnológico (conectividad, mal funcionamiento de la Intranet, bloqueos, deterioro de las *netbooks*); falta de adecuación de los tiempos de entrega del equipo a estudiantes y docentes.

Uso y apropiación en el tiempo libre

La organización de la vida cotidiana de los jóvenes está atravesada por múltiples espacios de sociabilidad, la escuela, la familia, los amigos/pares, etcétera, y en todos estos tiempos y espacios utilizan las tecnologías. Su tiempo libre no conforma compartimientos estancos, estos pueden ser lapsos de tiempo o momentos como el recreo y las horas libres en la escuela, los trayectos, tiempos de ocio en su casa, los encuentros con sus pares y amigos, etcétera.

Los hallazgos de nuestra investigación no son muy diferentes de otros muchos estudios, los usos que hacen los jóvenes de la computadora e Internet son para conectarse a las redes sociales, para jugar en línea, para escuchar música, ver películas/series, editar fotos y videos. Mientras que entre las actividades escolares se destacan la realización de la tarea, intercambiar con los compañeros y con los docentes y en algunos casos estudiar.

Por otra parte, la presencia de los equipos en el hogar ha propiciado el uso de las tecnologías en algunos miembros de la familia y ha permitido a ciertos jóvenes capacitar a sus padres que no contaban con acceso ni entrenamiento en TIC, lo que redunda en la reconfiguración de algunas prácticas de la vida cotidiana.

Percibimos que nuestros adolescentes tienen un vínculo intuitivo y espontáneo con las tecnologías digitales. Encontramos que los estudiantes son decididamente "internautas",[10] por el uso intensivo de las redes sociales y la navegación. Pero también se pueden identificar como multifuncionales por el acceso a múltiples tecnologías digitales simultáneamente y para varios fines. Sin embargo, en su mayoría no son "especialistas", muy pocos de ellos incursionan en el *software* o en el *hardware,* o producen contenidos, de manera que son más usuarios que productores (Lago Martínez, 2012).

Nuevas habilidades ¿nuevos saberes?

Sobre las nuevas habilidades y saberes, los jóvenes coinciden en afirmar que ya contaban con experiencia en el nivel básico de *Microsoft Office* y pocos incorporaron algunos otros programas específicos. Pero fundamentalmente se han visto incentivados para la búsqueda de información en la web y la descarga de material escolar. Para algunos alumnos, el acceso a libros, diccionarios en lengua española y extranjera y documentos en general es muy positivo, ahorra tiempo, dinero y permite mayor diversificación.

Si bien no se puede deducir de la narrativa de los estudiantes que se haya ampliado la capacidad de lectura a través de Internet, sí es posible afirmar que se ha generado un cierto entrenamiento de la lectura en pantalla sustituyendo la lectura de fotocopias, aunque aún coexisten ambas opciones. En estudios específicos, como la investigación de Morduchowicz, ya citada, se evidencia que lo que más leen los adolescentes y jóvenes es información en Internet. La autora señala que seis de cada diez alumnos consideran sus búsquedas en la web como lectura.

---

10. Esta clasificación está inspirada en el trabajo de Sunkel, Trucco y Möller (2011: 32-34), donde construyen una tipología que distingue cuatro grupos de jóvenes: los distantes (utilizan computadora con baja frecuencia), los internautas (el uso está centrado en Internet), los especialistas (incursionan en el software Internet), los multifuncionales (realizan tareas técnicas y tarea con Internet).

Sin duda se producen transformaciones suscitadas por los hipertextos que leen los niños, adolescentes y jóvenes en la web. Albarello (2011) señala que en su investigación sobre la lectura en la computadora de escritorio, realizada entre los años 2003 y 2008, observó que los jóvenes eligen leer en pantalla porque allí pueden realizar muchas actividades a la vez, entre otras, leer. Algunos de nuestros entrevistados mencionan que para estudiar para un examen deben cerrar la computadora, porque de ese modo no se distraen con los estímulos de la pantalla, reconociendo que para tareas de cierta concentración es necesario aislarse del ciberespacio.

Al mismo tiempo, la utilización de medios y tecnologías de manera simultánea por parte de los estudiantes provoca preocupación a los docentes. Algunos creen que una atención tan fragmentada seguramente perjudicará la tarea escolar y que puede ser el principal factor para un tipo de lectura superficial, para la distracción y la dispersión.

En este nivel de controversia, García Canclini (2006: 27) se pregunta "¿Realmente los jóvenes leen menos, o están leyendo en otros lugares, de otra manera y con fines distintos?" Y agrega otro interrogante que alude al eje del debate: "¿Se puede conseguir que aumente la lectura formando e incitando a los individuos, o la frecuencia y el tipo de lo que se lee depende de condicionamientos socioeconómicos y culturales?"

Género, edad y pertenencia sociocultural ¿existen diferencias?

En relación con el género tanto chicas como varones exploran de manera autodidacta el contenido de la *netbook*, aunque en el número de programas que incorporaron los jóvenes se destacan levemente por sobre las chicas. En todo caso las diferencias que sí se perciben son los tipos de aplicaciones que prefieren: ellos videojuegos y ellas programas para descargar música y para el diseño/edición de imágenes y videos.

Cuando se indagó por las diferencias entre el uso y apropiación de hombres y mujeres, muchos varones no percibieron diferencias significativas: "es similar el uso de las chicas y los varones, en vez de entrar en esta página por ahí entran en otra, pero el uso que le dan es casi igual…" (Juan, 16 años).

Otros reconocen que los varones "se la pasan jugando", pero agregan que las adolescentes la usan más para redes sociales y "sobre todo sacarse fotos con la camarita que trae. Estábamos en el medio del aula, y siempre había alguna que estaba sacando fotos". (Martín, 16 años).

Por su parte las chicas hablaron de la preferencia "exagerada" de los varones por los videojuegos, además los señalan como menos aplicados y trabajadores en el aula:

"Estamos haciendo un trabajo en la computadora, las que más hacen son las mujeres, los varones están jugando juegos [...] Esa es una de las críticas que se le hace, como que los chicos se pasan todo el tiempo jugando a los jueguitos y quieren la computadora para eso" (Camila, 15 años).

"Es tremendo como juegan, y vos salís al recreo y vienen de otros cursos a jugar. Las computadoras terminan siendo más fuertes que ellos, porque pasan mucho tiempo con los juegos y los profesores les dicen que no jueguen adentro del aula" (Paloma, 15 años).

Rosalía Winocur (2006: 568) ya señalaba varios años atrás que hay una relación masculinizada con los videojuegos debido a que forman parte de una tecnología que se "identifica con la fuerza masculina" y atiende a intereses "específicamente masculinos". También resaltaba que las jóvenes pasaban menos tiempo frente a la computadora, atribuyendo este comportamiento al hecho de que en las mujeres se percibe una mayor necesidad de traducir el tiempo frente a una computadora en un aprovechamiento práctico. En los resultados de nuestra encuesta se observa que las jóvenes pasan en promedio dos horas diarias frente a la pantalla de la computadora y los hombres casi tres horas.

Respecto de la edad, no se observaron diferencias relevantes, los más chicos (15 a 16 años) dedican más tiempo a las redes sociales y los juegos y menos a las actividades escolares. Los más grandes (17 a 19 años) destinan un lapso mayor a la tarea escolar y a la música.

Este registro de la encuesta emerge también en las entrevistas y grupos, a medida que se crece o madura se encuentran otros sentidos en las tecnologías: "A medida que te vas haciendo más grande la usás para más cosas que no sea para jugar" (María, 18 años).

Lo que resulta llamativo es su mirada sobre los niños, para ellos los más chicos pertenecen a "otra generación", que está mucho más conectada, que saben usar las tecnologías desde temprana edad y que cambiaron sus hábitos de entretenimiento por otros vinculados a las tecnologías:

"Los más chicos ya no van a jugar a la pelota, están todo el tiempo jugando en la computadora [...] Saben como usar las computadoras porque son más chicos. Como las generaciones jóvenes, ya nacen con una computadora en los brazos, en vez de mamaderas tiene una computadora. Es imposible que no las sepan usar".

Lo que sí es evidente es que cuanto más chicos más decididos en la exploración de las tecnologías digitales de forma autodidacta. El 70% de los estudiantes de menor edad incursionaron en los contenidos de la *netbook*, eliminaron algunos programas y agregaron otros de su interés.

Las diferencias socioeconómicas y de capital cultural de los padres no constituyeron una limitación decisiva para el acceso y uso de las tecnologías por parte de los adolescentes. Los jóvenes de sectores menos favorecidos desarrollaron las mismas competencias informáticas y cuentan con el mismo capital tecnológico, entre otras razones por las estrategias que emplearon para acceder (cibercafés, amigos, familiares, etc.) y las oportunidades, que con ciertas limitaciones ofrecen las escuelas públicas de la ciudad.

Hay que agregar que la construcción de un imaginario social que valora a las computadoras como necesarias para el acceso al conocimiento y la competencia escolar y laboral, además de las demandas de los jóvenes produjo en los padres el convencimiento de la necesidad de que sus hijos contaran con ellas. Hace unos años tener una computadora era suficiente para la competencia escolar, pero luego la conectividad se volvió indispensable. Según los resultados de la ENTIC, el 97% de las personas de 10 años o más que asisten a un establecimiento educativo en la ciudad de Buenos Aires, utiliza computadora e Internet.

En el trabajo de campo de nuestra investigación se observa que las diferencias entre los estudiantes de distinto nivel socioeconómico se presentan en la disponibilidad de recursos tecnológicos; mientras que en algunas familias, antes de la llegada de la *netbook* sólo había un computador para todos, en otras encontramos dos o más, a veces uno por cada miembro del hogar. La antigüedad del equipamiento, la capacidad de actualización o recambio y la posibilidad de pagar un servicio de Internet de banda ancha son los contrastes que encontramos. Esta última limitación es importante puesto que no contar con conectividad en el hogar limita las posibilidades de exploración y apropiación de los estudiantes.

En consecuencia, la condición económica no es absolutamente excluyente, aunque limita y restringe la apropiación de las tecnologías. Mientras, el contexto sociocultural y las configuraciones familiares, entre otras variables, inciden en el acceso a los bienes culturales y con ello a las distintas formas de apropiación cultural y simbólica de las tecnologías digitales.

Todos los jóvenes juegan, utilizan las redes, escuchan música, navegan en la red, pero qué sitios buscan o visitan en la web, para qué y con qué sentido, cómo utilizan la computadora para su formación, cuál es la importancia asignada a la educación, qué imaginarios construyen sobre su futuro laboral y personal, etcétera son las cuestiones que diferencian a los chicos entre sí.

Expectativas sobre el PCI en la escuela

Cuando indagamos acerca de lo que esperaban con la incorporación de las *netbooks* en la escuela, todos estaban entusiasmados e igualmente decepcionados con lo que finalmente ocurrió, como se observa en los comentarios de varios estudiantes entrevistados:

"Estábamos muy contentos; teníamos mucho entusiasmo [...] era tal la emoción que tenía cada uno que no se quería despegar de su máquina; pensaba que podía ser menos aburrido [...] que íbamos a hacer las famosas clases online con los profesores [...], que además podías usar Internet, que nos conectábamos todos ahí, en el aula y podíamos hacer la tarea desde la computadora".

Se percibe la expectativa de cambio como la exploración de un nuevo mundo escolar que cambiaría la rutina cotidiana de las aulas, en algunos casos como una transformación casi mágica para resolver el aburrimiento cotidiano y en otros la posibilidad de un futuro más interesante en el mundo digital.

Transcurrido el tiempo, los cambios no se dieron o se están produciendo más lentamente. De allí que las consideraciones de los jóvenes en este punto son desalentadoras:

"Pero para lo que terminó siendo la computadora, fue para que jugáramos todos al *Counter*... Quizás si le hubiesen dado más ese lugar, de usarla en la clase y que sea más practico, si hubiese funcionado" (César, 17 años).

"No, yo creo que la manera de enseñar sigue lo mismo, lo único que cambia es la manera en que te acercan la información más rápido, en vez de mandarte a buscar tal libro o ir a una biblioteca o en el caso que tengas más plata una librería, podés buscarlo en una computadora en tu casa" (Gastón, 19 años).

No obstante, reconocen que el hecho de que todos tengan su computadora permite ampliar las actividades en equipo, preparar las clases, investigar, intercambiar trabajos, mantener un mayor vínculo con los docentes y realizar las búsquedas de material con mucha mayor facilidad que anteriormente.

Los estudiantes secundarios como actores políticos

Los jóvenes estudiantes de la ciudad de Buenos Aires no son actores pasivos en lo que refiere a políticas públicas educativas, también hacen sentir su voz sobre los alcances, impactos, beneficios o perjuicios de éstas.

En este sentido es imprescindible señalar que los jóvenes de Buenos Aires han protagonizado numerosas acciones en la búsqueda de un nuevo lugar social para la escuela estatal. Desde el año 2010 y sucesivamente hasta el año 2013 protagonizaron un ciclo de protestas en las instituciones y en el espacio público. Las protestas implicaron la ocupación colectiva de escuelas públicas de la ciudad ("tomas"), cortes simultáneos de calle ("piquetes") y movilizaciones a las sedes del Ministerio de Educación y de la jefatura porteña, entre otras acciones. La amplitud y duración de la protesta –especialmente en los años 2010 y 2011– resultó inédita en el período de la democracia.

El cuestionamiento a la política educativa fue el centro de las demandas del llamado "movimiento estudiantil secundario", donde la cuestión edilicia y la inversión estatal en infraestructura fue uno de los temas claves. Se le exigió al Estado mayor compromiso con la educación pública, de allí uno de sus lemas más elocuentes "nos movilizamos en defensa de la escuela pública".

Para acercarse a la comprensión de las dimensiones de este acontecimiento es necesario considerar los procesos organizativos emprendidos por los estudiantes secundarios y las transformaciones experimentadas en la última década. No es el objetivo de este trabajo desarrollar este problema, pero es importante señalarlo puesto que el inicio y sostenimiento de las acciones de los jóvenes coincide con el comienzo (2010) y posterior desarrollo del Programa Conectar Igualdad, que los involucra como protagonistas principales. Tan es así que los centros de estudiantes de las escuelas porteñas tomaron cartas en el asunto:

"El rectorado no suele hacer muy partícipe a los estudiantes de las decisiones del cole... eligen todo medio por atrás sin dar muchos fundamentos. Desde el Centro lo que venimos haciendo es intentar presionar para que todos tengan la computadora [...] Hace más de un año que hay chicos que las siguen esperando, porque ni siquiera podemos pedir que las usemos en las clases... ¡si nuestros compañeros ni las tienen! Queremos que se puedan aplicar en las materias... pero para esto... necesitamos primero que capaciten a los profes... porque más allá de que algunos intentaron ponerle onda... no se les cae una idea... pero que hagan algo" (Camila, 17 años).

Como se señala, los estudiantes organizados entienden que el acceso a la política pública es un derecho y reclaman ser escuchados, que se generen ciertos canales de participación y adecuados circuitos de información acerca del Programa.

Consultados sobre el aporte del PCI a la inclusión social, existió consenso en señalar que el plan propone la inclusión desde "una base material" que es igual para todos, aunque la incorporación de la computadora en las escuelas no va a remediar la desigualdad social que se vive y se evidencia en los contextos de escolarización.

Además, valoran el Programa como muy beneficioso para los estudiantes que más lo necesitan, aquellos que no tienen computadora y de esta forma tienen la posibilidad de tenerla, así como los que residen en zonas más aisladas y que quizás no tienen el acceso a la tecnología como ocurre en Buenos Aires.

Otras opiniones señalan que el programa se basa en especulaciones electorales:

"Algo para ganar más votos. A un chico que le dan una computadora, su familia obviamente va a votar a Cristina [...] En vez de invertir la plata en una computadora que los chicos la llevan a la casa para jugar, podrían arreglar escuelas o lo que sea. Le sirve a muchos chicos, sí. Pero también es propaganda política".

A pesar de ello la opinión en general es positiva y los aspectos negativos que se mencionan están relacionados con que no alcanza a todas las escuelas y estudiantes del país; que no se utilizan en las clases; que si bien resuelve la posesión de la computadora no así la conectividad para los alumnos que no cuentan con el servicio en su hogar.

Propusimos a los jóvenes una asociación libre de ideas con el concepto *inclusión digital*. La mayoría no había recibido ninguna información específica sobre su significado, sin embargo, las frases que se detallan a continuación dan cuenta de la construcción de imaginarios que mixturan los derechos de los jóvenes con la igualdad de oportunidades y la necesaria alfabetización tecnológica para desenvolverse en un mundo crecientemente digital.

"Que cada vez más personas tengan acceso a Internet [...] Me da la idea de incluir a aquellas personas que no conocían las herramientas, que las pueden tener en sus manos, obtener algún provecho de ellas [...] Que la gente que no tiene conocimientos sobre Informática los adquiera a partir de tal vez este Programa [...] Creo que tiene que ver con ir acortando la diferencia que hay entre los chicos que ya tenían acceso a las computadoras desde su casa y los que no la tenían y ahora recibieron la *netbook* [...] incluirnos al mundo digital [...] Es como que evita que haya una ignorancia sobre lo que es una computadora, que no haya ignorancia tecnológica [...] Me parece que esto puede evitar analfabetos digitales en un futuro, porque va a crecer el manejarnos con la tecnología, no sólo en el ámbito laboral sino en otros ámbitos de la vida".

A modo de conclusión

¿Cómo acceden, adaptan y usan las y los adolescentes las tecnologías digitales? En nuestro estudio se hace evidente que los jóvenes utilizan las tecnologías en diversos ámbitos de la vida diaria: la escuela, el hogar, la casa de amigos, los espacios públicos y de reunión, etcétera. Además lo hacen en todo momento y utilizando diversos artefactos, fundamentalmente computadoras y teléfonos celulares, pero también tabletas, cámaras fotográficas y de video y muchos otros. Las oportunidades de uso y ciertas habilidades básicas, lo que se considera como la primera brecha digital, alcanza a casi todos los jóvenes de nuestra muestra y no son muy disímiles según la edad, el género y aun el nivel socioeconómico. En esta última dimensión se presentan diferencias en cuanto al equipamiento en el hogar y la conectividad, que restringe la apropiación y el acceso a los bienes culturales digitalizados.

Está claro que los estudiantes no construyen su capital tecnológico y capital cultural (en el sentido de Bourdieu) solamente en la institución escolar, sino también, y fuertemente, fuera de ella. En consecuencia, los ámbitos "dentro" y "fuera" de la escuela no representan compartimientos estancos. La apertura al ingreso de dispositivos digitales en las aulas, como señala Sibilia, cuestiona a las estructuras repetitivas y los horarios rígidos de la vida escolar. Internet, celulares y computadoras permiten a los jóvenes escapar de las paredes de la institución escolar y redimensionar su mundo.

Ahora bien, ¿qué fue cambiando en las instituciones escolares?, habida cuenta de que el PCI ya tiene más de cuatro años de andar, pero además ¿qué cambios se ha producido en este período en el contexto social de los jóvenes? Por un lado en las instituciones escolares se fue incorporando progresivamente Internet –más escuelas cuentan con el servicio ahora con relación al año 2011– sin embargo los tiempos de maduración del programa no coinciden con la capacitación de los docentes ni con las expectativas de los adolescentes; muchos equipos se deterioraron o se perdieron, mientras que en algunas escuelas están recibiendo las *netbooks* del PCI, en otras ya se dejaron de usar en las aulas.

Si bien es insoslayable que hasta ahora sólo se han usado parcialmente herramientas auxiliares y no se proponen aún nuevos diseños y objetivos pedagógicos, el interés y las competencias informáticas de los docentes van aumentando lentamente conforme se extienden los programas de capacitación. Asimismo, se observa que los alumnos de menor edad llegan a la escuela media con un mayor capital tecnológico. Esto obedece al aumento de computadoras, celulares y servicios de Internet en los hogares y también a la acción del Plan Sarmiento, un programa similar al PCI específico de la ciudad de Buenos Aires, que otorga computadoras portátiles a los niños. Esta es una realidad del contexto social y cultural que de alguna manera presiona a la escuela secundaria.

Alumnos y también docentes coinciden en destacar el escaso uso de la *netbook* con objetivos pedagógicos, sin embargo muchas otras actividades se han generado a partir de la computadora e Internet, fundamentalmente la distribución y acceso de los materiales, la comunicación entre pares y docentes y las tareas colaborativas desarrolladas en el hogar.

Por otra parte, se va modificando el ejercicio de la lectura, lo que ha dado lugar a nuevas formas de narrativa y de adquisición del conocimiento; en esta conjunción de cultura letrada, oral y audiovisual que los atraviesa. Para los alumnos, de alguna manera la búsqueda de información en la web es lectura. La manera de leer que se ha construido frente a las múltiples pantallas es un desafío fundamental, que debe considerar –y que ya considera– la escuela.

La selección de actividades que realizan, la relevancia que adquiere la actividad escolar en sus vidas y la importancia que le asignan a la preparación para su futuro son los elementos que diferencian a los alumnos entre sí. En este punto la pertenencia sociocultural y otras variables de contexto como las configuraciones familiares y la diversidad cultural, son decisivas en cuanto al capital cultural y simbólico de los jóvenes, tanto para la apropiación de las tecnologías como en todos los aspectos de su vida. El desafío que enfrenta la institución escolar es integrar a las tecnologías en un proyecto pedagógico innovador que permita superar estas diferencias. Para ello, poseer una computadora y conectividad no es suficiente, los jóvenes necesitan para fortalecer y asegurar su inclusión e inserción social, acceder a una diversidad de bienes culturales y educativos y aprender a diferenciarlos, analizarlos, compararlos, hacer sus propias búsquedas y tomar decisiones respecto de las respuestas que encuentran; es decir superar la segunda brecha, la brecha cognitiva.

Por último, en relación con los aportes del PCI a la inclusión digital, existe consenso entre los alumnos en calificarlos como positivos, aunque con algunas controversias. La inclusión digital es identificada como equidad social, como un conjunto de políticas de igualación de recursos y oportunidades. Sin embargo, no se correlaciona con el mejoramiento de la calidad educativa así como tampoco con el sostenimiento de los adolescentes en el sistema escolar. Recuperar las voces de los estudiantes sobre el Programa, reconociéndolos como los actores políticos que han demostrado ser, es aún una asignatura pendiente.

Bibliografía

Albarello, Francisco (2011). *Leer/navegar en Internet: las formas de lectura en la computadora*. Buenos Aires, La Crujía.

Báez, Mónica; García, José (2011). "Desafíos a la pedagogía en la era digital". En: Báez, García, Rabajoli (coords.). *El modelo Ceibal. Nuevas tendencias para el aprendizaje*. Montevideo, Centro Ceibal – ANEP.

Claro, Magdalena (2010). "Impacto de las TIC en los aprendizajes de los alumnos. Estado del arte". Santiago de Chile, Documento de proyecto, CEPAL. Disponible en http://www.eclac.org/publicaciones/xml/7/40947/dp-impacto-tics-aprendizaje.pdf

Crovi Druetta, Delia (2004). *Sociedad de la información y el conocimiento, entre lo falaz y lo posible*. Buenos Aires, La Crujía.
García Canclini, Néstor (2006). "Leer ya no es lo que era". En Goldín, Daniel (edit.). *Encuesta Nacional de Lectura. Informes y evaluaciones*. México, Conaculta.
INDEC (2012). "Encuesta Nacional sobre Acceso y Uso de Tecnologías de la Información y la Comunicación (ENTIC)". Buenos Aires. Disponible en http: //www.indec.gov.ar/nuevaweb/cuadros/novedades/entic_11_12_12.pdf
Lago Martínez, Silvia; Dughera, Lucila. "Un acercamiento posible al Programa Conectar (y la) Igualdad". En revista Ciencias Sociales, N° 84, septiembre 2013.
Lago Martínez, Silvia; Marotias, Ana; Amado, Sheila. "Inclusión digital en la educación pública argentina. El Programa Conectar Igualdad". En revista Educación y Pedagogía, vol. 24, N° 62, enero-abril 2012.
Lago Martínez, Silvia (2012). "Los jóvenes y la cultura digital. Nuevos desafíos de la educación en Argentina". En Diálogos sobre Educación, año 3, N° 5, julio-diciembre 2012. Disponible en http: //www.revistadialogos.cucsh.udg.mx/index.php
Morales, Susana (2009). "La apropiación de TIC: una perspectiva". En Susana Morales y María Loyola (coords.). *Los jóvenes y las TIC. Apropiación y uso en educación*. Córdoba, Editorial de la Universidad de Córdoba.
Morduchowicz, Roxana (2013). *Los adolescentes del siglo XXI. Los consumos culturales en un mundo de pantallas*. Buenos Aires, Fondo de Cultura Económica.
Sibilia, Paula (2012). *¿Redes o paredes?* Buenos Aires, Tinta Fresca.
Sunkel, G.; Trucco, D.; Möller, S. (2011). "Aprender y enseñar con las tecnologías de la información y las comunicaciones en América Latina: potenciales beneficios". Serie Políticas Sociales N° 169. Santiago de Chile, CEPAL. Dis-

ponible en: http://www.eclac.org/publicaciones/xml/9/42669/sps-169-tics-aprendizajes.pdf
Sunkel, Guillermo; Trucco, Daniel; Espejo, Andrés (2013). *La integración de las Tecnologías digitales en las escuelas de América Latina y el Caribe. Una mirada multidimensional.* Santiago de Chile, CEPAL. Disponible en: http://www.eclac.org/publicaciones/xml/6/49396/Integracion_tecnologias_WEB.pdf
Thompson, John (1998). *Los media y la modernidad.* Barcelona, Paidós.
Winocur, Rosalía. "Internet en la vida cotidiana de los jóvenes". En Revista Mexicana de Sociología, N° 3, julio-septiembre de 2006.

11

Tecnología y educación en los adolescentes de la Ciudad de Buenos Aires

Mirta S. Mauro

Introducción

La educación da la posibilidad a los adolescentes y jóvenes de una inserción laboral, de una profesionalización, de adquisición de capacidades, de una especialización, y como decía el famoso crítico de la educación de origen brasileño, Paulo Freire (1970), proporciona las herramientas necesarias para que los individuos puedan ser libres, "la educación no cambia el mundo, sino que cambia a las personas que van a cambiar el mundo". Vale la pena tener en cuenta otra de sus máximas, en esta era de la Sociedad de la Información y el Conocimiento, y es que la ciencia y la tecnología, en la sociedad revolucionaria, deben estar al servicio de la liberación permanente de la "humanización" del hombre.

Estos conceptos datan de los años 70 del siglo XX, muchas décadas han pasado y el sistema educativo en Latinoamérica no ha tenido cambios sustanciales, continúa replicando la visión "bancaria" de la educación en la que el educador hace comunicados y depósitos que los educandos reciben pacientemente, memorizan y repiten; el educando recibe los depósitos, los guarda y archiva (Freire, 1970).

Además de la modalidad educativa establecida en América Latina, las desigualdades sociales imperantes a lo largo de todo su territorio han dado lugar a que una importante masa de adolescentes se encuentre en una crítica situación social, excluida del sistema por su condición de analfabetos.

El analfabetismo adolescente es un fenómeno que tiene su origen en situaciones de exclusión social y económica, de desigualdad de oportunidades, de carencia de políticas públicas adecuadas. Veamos cómo se definen ambos conceptos; a saber, adolescencia y analfabetismo.

Analfabetismo es la condición de analfabeto. Es una palabra de origen latino (*analphabetus*) que deriva a su vez del griego antiguo, que hace referencia a aquella persona que no sabe leer ni escribir.

Las Naciones Unidas definen una persona analfabeta: "alguien que no puede, con entendimiento, leer y escribir una declaración breve y sencilla sobre su vida cotidiana. Una persona que sólo puede leer pero no escribir, o puede escribir pero no leer es considerada como analfabeta. Una persona que sólo puede escribir cifras, su nombre o una frase ritual memorizada no se considera alfabetizada."

Para la Organización Mundial de la Salud la adolescencia es la etapa que transcurre entre los 10 y los 19 años, considerándose dos fases: la adolescencia temprana (10 a 14 años) y la adolescencia tardía (15 a 19 años).

Para la SITEAL –Sistema de Información de Tendencias Sociales y Educativas en América Latina–, en el primer capítulo del Atlas (IIPE-UNESCO), los países más favorecidos de América Latina en cuanto a índices de analfabetismo adolescente, son Argentina, Costa Rica y Chile. El promedio general en estos países se ubica por debajo del 3%. Las situaciones más extremas se observan en Nicaragua, Honduras y Guatemala; entre el 10% y el 14% de los jóvenes residentes en dichos países no sabe leer ni escribir.

En los países de Latinoamérica, aunque varíen ciertos indicadores de pobreza, siendo más favorables para unos y más desfavorables para otros, persisten las desigualdades sociales, económicas, culturales, de género e incluso étnicas. A estas desigualdades preexistentes se les agregan las desigualdades en el acceso a las tecnologías digitales.

La irrupción de las TIC ha dado lugar a nuevas relaciones de poder, surgiendo la llamada Sociedad de la Información y el Conocimiento, generando transformaciones sociales, culturales y económicas, que con el transcurrir de los años ha marcado diferencias entre países ricos y países pobres.

Nuevos conceptos se acuñaron, uno es el de *brecha digital*, que hace referencia a las diferencias socioeconómicas entre aquellas comunidades que tienen acceso a Internet y aquellas que no los tienen y el de *inclusión digital*, que es la democratización del acceso a las Tecnologías de la Información y la Comunicación para la inserción en la Sociedad de la Información, para lo cual se requiere poseer una computadora (ordenador), conectividad y dominio de estas herramientas.

El objetivo de este artículo es conocer el caso argentino en general y el de la Ciudad Autónoma de Buenos Aires en particular en cuanto a la inserción y evolución en la Sociedad de la Comunicación para reducir la brecha digital y alcanzar la inclusión digital de aquellos sectores de la población que nacieron y crecieron en una sociedad globalizada en la era de las tecnologías digitales.

Los parámetros de escolarización en la CABA y en el resto del país

Tal como se manifestó en uno de los párrafos introductorios, la situación educativa de Argentina es privilegiada con relación al resto de América Latina; aun así, persiste la inequidad.

Para los que residen en el país, la situación debería ser más favorable teniendo en cuenta las riquezas naturales de todo el territorio nacional, lo cual debería incidir en una mejor situación social y económica de sus habitantes, si hubiera una distribución racional de la riqueza. Al analizar por regiones se observan desigualdades sociales, culturales, educativas.

Sin dudas las principales metrópolis, concentradoras del poder político y económico, son las que presentan los mejores índices educativos, tal como sucede con la Ciudad Autónoma de Buenos Aires, abriendo una brecha con relación a regiones del interior más desfavorecidas económicamente con repercusión en la educación.

La tasa de analfabetismo de la población de 10 y más años en todo el país, descendió al 1,9% en 2010, con relación a 2001 que era de 2,6%, y a 1991 que era de 3,7%. Por lo tanto se observa una disminución en el último decenio de 0,7%, y en los últimos 20 años de más del doble, 1,8%. (INDEC, 2010).

En la CABA, esta tasa es inferior con relación al resto del país, siendo de 0,5%, permaneciendo inamovible entre 2001 y 2010 (INDEC, 2010).

En la ciudad porteña, de acuerdo al último censo poblacional de 2010, la asistencia escolar por grupo de edad fue alta: más de 9 de cada 10 jóvenes de 12 a 17 años estuvieron escolarizados, como se puede ver en el *Cuadro 1*. Hubo una leve disminución de casi 1% en la última década en el grupo etario de 15 a 17 años, casi el 1% de los adolescentes dejaron de asistir. De acuerdo a estos datos, se observa que los índices de escolarizados en la ciudad de Buenos Aires son bastante favorables pero no se debe perder de vista el casi 1% que representa alrededor de 40.000 adolescentes que residen en la ciudad metropolitana y se encuentran fuera del sistema escolar obligatorio.

Cuadro 1: Población de 12 a 17 años que asiste a un establecimiento educativo por grupo de edad. (CABA, años 2001 y 2010)

Edad	Año 2001	Año 2010	Diferencia porcentual
12-14	97,8%	97,8%	———
15-17	91,4%	90,5%	0,9%

Fuente: INDEC. Censo Nacional de Población, Hogares y Viviendas 2001 y 2010.

En el resto del país también se observa una mejora en la escolarización de los jóvenes que están concluyendo el nivel primario y asistiendo al secundario; como se observa en el *Cuadro 2*. En los dos grupos etarios considerados aumentaron los escolarizados en el último decenio.

Cuadro 2: Población de 12 a 17 años que asiste a un establecimiento educativo por grupo de edad. (Total del país, años 2001 y 2010)

Edad	Año 2001	Año 2010	Diferencia porcentual
12-14	95,1%	96,5%	1,4%
15-17	79,4%	81,6%	2,2%

Fuente: INDEC. Censo Nacional de Población, Hogares y Viviendas 2001 y 2010.

El Programa Conectar Igualdad (PCI)

En 2010, con el objetivo de promover la inclusión digital y educativa, dado el avance de las Tecnologías de la Información y Comunicación (TIC), en un mundo cada vez más globalizado, el gobierno nacional de la República Argentina crea el Programa Conectar Igualdad (PCI). Es una política de estado implementada por diferentes áreas del gobierno destinada a garantizar el acceso y uso de las TIC a través de la entrega de *netbooks* a los alumnos de las escuelas de educación secundaria (de formación técnica y no técnica), de educación especial e institutos superiores de formación docente, todos pertenecientes a la gestión estatal.

La población objetivo del Programa son los alumnos, los docentes y las instituciones educativas.

La Resolución 123/10 del Consejo Federal de Educación establece como finalidades del PCI, reducir la brecha digital y mejorar la calidad educativa, revalorizar la escuela pública, mejorar los aprendizajes, actualizar las formas de enseñanza, fortalecer el rol docente y la producción de recursos y contenidos pedagógicos.

Dicha resolución establece una serie de objetivos generales que se podrían reagrupar en dos grandes categorías:

-Inclusión digital en el ámbito escolar y en la comunidad: promoviendo el uso de TIC en las escuelas, garantizar la infraestructura para el funcionamiento del modelo 1 a 1, desarrollo de redes sociales y comunitarias que permitan la promoción de vínculos en la trilogía institución educativa – familia – comunidad.

-Mejoramiento de la calidad de la educación: mejorar el proceso de enseñanza-aprendizaje mediante la integración de las TIC, desarrollar producción de contenidos y herramientas digitales para dotar de nuevos recursos y materiales de enseñanza del modelo 1 a 1, promover el fortalecimiento de la formación docente en el uso de TIC.

La incorporación de las TIC en las escuelas implica la incorporación de nuevos saberes, la construcción de nuevas prácticas pedagógicas y modificaciones curriculares.

Con relación a este último aspecto, Pelgrun y Law (mencionado en Lugo y Kelly, 2011) describen tres modelos particulares de integración a las currículas, a partir de experiencias desarrolladas en otros países:

1. Aprender *sobre* las TIC: se incluyen como una materia en sí misma con un profesor especializado en Informática, sería el típico caso donde se incluye como asignatura de Informática y/o Computación.

2. Aprender *con* las TIC: se incluyen Internet y otros recursos multimedia para la enseñanza-aprendizaje de los contenidos curriculares sin modificar los enfoques y las estrategias de enseñanza.

3. Aprender *a través de* las TIC: las tecnologías, en este caso, constituyen una parte inseparable de la propuesta curricular transformando la modalidad de transmisión y construcción del conocimiento tanto en la escuela como fuera de ella. Es la modalidad más innova-

dora, implicando una propuesta educativa diferente. El diseño del PCI adhiere a este modelo según lo reconoce en un documento publicado en su página

En el resto de América Latina existen antecedentes similares como el implementado en 2007 en la República Oriental del Uruguay con el Plan de Conectividad Educativa de Informática Básica para el Aprendizaje en línea –Plan Ceibal–. Es una política pública de carácter universal a través de la cual se distribuye una computadora portátil a cada niño y niña y a cada docente de nivel de enseñanza primaria pública. En 2011 se extendió a la enseñanza secundaria pública.

En 2008, el gobierno de la República Bolivariana de Venezuela desarrolla el Proyecto Canaima, Uso Educativo de las Tecnologías de la Información y la Comunicación. Tiene como objetivo apoyar la formación integral de los niños mediante la dotación de una computadora portátil escolar con contenidos educativos tanto a los alumnos como a sus docentes del nivel de educación primaria públicas, nacionales, estaduales, municipales autónomas, así como las privadas subsidiadas por el Estado. También en 2008 el modelo 1 a 1 paraguayo se desarrolla de la mano de la ONG Paraguay Educa.

Los estados de Chile, Perú, Colombia, Guatemala y El Salvador también han desarrollado diferentes programas destinados a equipar y capacitar en el universo escolar (Dussel y Quevedo, 2010).

El uso de las tecnologías

El impacto en la población de las Tecnologías de la Información y Comunicación motivó que el censo de 2010 incorporara una pregunta acerca de la utilización de computadoras. En el *Gráfico 1* se observa que algo más de la mitad de la población utiliza computadora.

Se supone que en estos últimos cuatro años, y con la aplicación de programas de inclusión digital, como

Argentina Conectada[1] (Plan Nacional de Telecomunicaciones creado en 2010, que garantiza la conectividad a todas las localidades del país, particularmente las más alejadas de los grandes centros urbanos) y Conectar Igualdad se ha ampliado, en términos relativos, la población usuaria de Internet.

En la CABA, la diferencia con relación al total del país es del 20%, casi las tres cuartas partes de la población utiliza computadoras. Las provincias que se ubican en el extremo opuesto son Santiago del Estero (30,2%), Formosa (33,5%), Chaco (37,2%) y Misiones (37,9%), con porcentuales por debajo al total del país. Además de la CABA, las provincias más favorecidas son las de la región patagónica, y San Luis con porcentajes por arriba del 60%.

---

1. Planes y proyectos que se llevan a cabo a escala nacional, coordinando múltiples iniciativas en materia de desarrollo de las TIC e inclusión digital, implementadas por las distintas áreas del Poder Ejecutivo Nacional, a saber: Sistema Argentino de Televisión Digital Terrestre; Mi TV Digital - Plan de Acceso; Televisión Digital Satelital; Programa de Polos Audiovisuales Digitales; Programa Conectar Igualdad; Agencia Federal para la Sociedad de la Información; Programa Nacional para la Sociedad de la Información (PSI); Programa Núcleos de Acceso al Conocimiento (NAC); Servicio Universal de las Telecomunicaciones; Agenda Digital; Plan Nacional Igualdad Cultural.

Gráfico 1: Población de 3 y más años en viviendas particulares por utilización de computadoras. (Total país y CABA. Año 2010. En %)

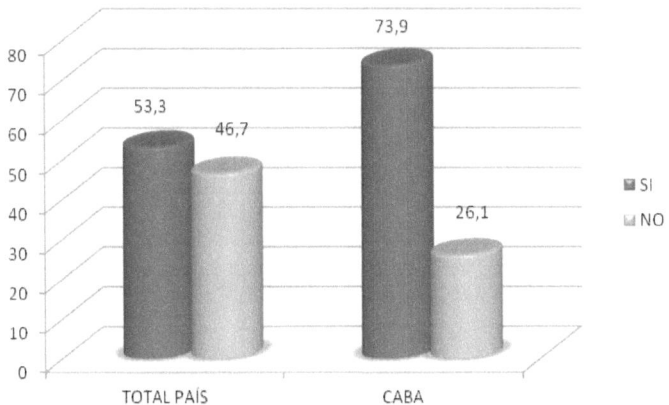

Fuente: INDEC. Censo Nacional de Población, Hogares y Viviendas 2010.

Tomando los datos que corresponden al total del país, la franja etaria de los 12 a los 19 años son los que presentan un porcentual superior al 70% en cuanto a utilización de computadoras, no presentándose diferencia por sexo.

La ENTIC (Encuesta Nacional sobre Acceso y Uso de Tecnologías de la Información y Comunicación – INDEC – tercer trimestre 2011) brinda información más segmentada, considerando los hogares con miembros de 12 a 17 años residentes en zonas urbanas y a nivel nacional, el 64,1% de dichos hogares tienen y hacen uso de computadora (sin especificar cantidad de aparatos en el hogar), y el 49,1% tiene acceso a Internet. Estos valores relativos aumentan considerablemente en la CABA (91,8 y 89,7% respectivamente) y disminuyen en Santiago del Estero (33,8% y 22,5%), la provincia más alejada de la integración digital, como se puede ver en el *Cuadro 3*.

Cuadro 3: Hogares por presencia de población de 12 a 17 años y disponibilidad de TIC según provincia de residencia. (Tercer trimestre de 2011. En %)

Provincia de residencia	Computadora	Internet
	Con miembros de 12 a 17 años	Con miembros de 12 a 17 años
Total Nacional Urbano	64,1	49,1
CABA	91,8	89,7
Santiago del Estero	33,8	22,5

Fuente: INDEC. Encuesta Nacional sobre Acceso y Uso de Tecnologías de la Información y la Comunicación (ENTIC). Tercer trimestre 2011.

Finalizando la década de los años noventa y a partir de comienzos del siglo XXI, con el auge de las tecnologías digitales (computadoras, telefonía celular, Internet), Prensky (2001) acuña los términos "nativos digitales" (*homo sapiens* digital) e "inmigrantes digitales". El primero define a las personas que nacieron con las nuevas tecnologías desarrollando otra manera de pensar y de ver el mundo, y el segundo define a las personas nacidas hasta alrededor de 1980 educados antes del auge y del impacto social de las tecnologías digitales.

Estas categorías de Prensky padecen de cierto determinismo biológico, pareciera que sólo la edad o el período de nacimiento condicionan el manejo o el dominio tecnológico. Estos supuestos deben relativizarse, ya que todos los fenómenos sociales, todos los cambios sociales, son multidimensionales, por ende estos cambios producidos en las tecnologías con repercusión en lo social, no están asociados a la posibilidad de acceso a las mismas por ser más o menos joven, sino a factores macrosociales y macroeconómicos, como por ejemplo el haber nacido en un país pobre o en un país rico.

El acceso a las TIC es dispar entre los países desarrollados y los que no los son, generando desigualdades entre los países.

Una de estas disparidades lo constituye la pobre infraestructura de telecomunicaciones en los países subdesarrollados ocasionando una baja disponibilidad de los servicios ofrecidos por los operadores. La baja penetración de los servicios aumenta los costos de Internet (Santoyo y Martínez, 2003).

La población de los (denominados por Prensky) nativos digitales es la que más usa la computadora e Internet, considerando que nacen y crecen en un mundo propiciado por estos usos especialmente en las grandes urbes. En la medida en que crece la edad disminuye el uso de estos recursos tecnológicos marcándose una brecha importante con relación a los inmigrantes digitales constituida por la población adulta. *Cuadro 4.*

Cuadro 4: Población de 10 y más años por utilización de computadora e Internet según edad. Total nacional urbano. Tercer trimestre 2011. Porcentajes por fila

Edad	Uso de computadora			Uso de Internet			Total
	Sí	No	Ns/Nc	Sí	No	Ns/Nc	
10-19	**82,1**	17,3	0,6	**77,2**	22,0	0,8	100
20-29	73,9	25,6	0,5	70,3	29,0	0,7	100
30-39	65,0	34,7	0,3	60,3	39,2	0,5	100
40-49	54,1	45,7	0,2	50,4	49,4	0,2	100
50-59	**40,9**	59,0	0,1	**37,8**	62,0	0,2	100
60-69	**27,1**	72,5	0,4	**25,3**	74,2	0,5	100
70 y más	10,0	89,5	0,5	9,2	90,1	0,7	100

Fuente: INDEC. Encuesta Nacional sobre Acceso y Uso de Tecnologías de la Información y la Comunicación (ENTIC). Tercer trimestre 2011.

Las variables relevadas por la ENTIC presentan información recortando por población de 10 años y más que asiste a un establecimiento educativo en el país observándose que el 87,4% y el 83,4% utiliza Internet. En la CABA este segmento de la población educativa se encuentra en mejores condiciones con relación al resto. Sin dudas, la variable "Asistencia a un establecimiento educativo" incide en los índices de uso de las TIC. *Cuadro 5.*

Cuadro 5: Población de 10 y más años que asiste a un establecimiento educativo por utilización de computadora e Internet según provincia de residencia. (Tercer trimestre 2011. En %)

Provincia de residencia	Uso de computadora	Uso de Internet
Total nacional urbano	87,4	83,4
CABA	97,4	96,9

Fuente: INDEC. Encuesta Nacional sobre Acceso y Uso de Tecnologías de la Información y la Comunicación (ENTIC). Tercer trimestre 2011.

En esta misma encuesta se consultó por el lugar de utilización de la computadora, esta pregunta era de respuesta múltiple, cada persona podía responder por una o más opciones. En el *Cuadro 6* se toma un extracto del cuadro original, de interés a los fines de este artículo, observándose que hacen uso *en el hogar* las dos terceras partes de los grupos etarios considerados. El *establecimiento educativo*, presenta probablemente bajos porcentuales, porque no había recibido el impacto de algunos de los programas de entrega de *netbooks* a la fecha del relevamiento.

Cuadro 6: Población de 10 y más años que utilizó computadora por lugar de utilización según grupo de edad. (Total nacional urbano. Tercer trimestre 2011. En %)

Edad	Utilizó computadora								Total
	En el hogar		Establecimiento educativo		Local comercial de acceso a computadora		Espacio comunitario		
	Sí	No	Sí	No	Sí	No	Sí	No	
10-14	64,9	35,1	40,0	60,0	25,7	74,3	1,2	98,8	100
15-19	64,7	35,3	34,8	65,2	35,4	64,6	1,7	98,3	100

Fuente: INDEC. Encuesta Nacional sobre Acceso y Uso de Tecnologías de la Información y la Comunicación (ENTIC). Tercer trimestre 2011.

Un estudio interesante es el realizado por UNICEF (2013) entre jóvenes residentes en villas y asentamientos de la CABA y el conurbano bonaerense, cuya información fue relevada entre noviembre de 2012 y febrero de 2013. De 1.100 chicos y chicas de entre 12 y 16 años, el 63,1% tiene una computadora en su casa. En el análisis por región, este valor porcentual crece al 79,1% entre los niños residentes en la CABA.

Un dato relevante es que el 32,8% accedió a su computadora a través del Programa Conectar Igualdad, esta cifra se incrementa al 54,5% en la CABA.

Entre los que cuentan con una computadora en su casa, el 66,6% tiene acceso a Internet, subiendo al 78,9% entre los residentes en la ciudad de Buenos Aires.

Más allá de poseer o no conectividad en el hogar, el 73,7% de los entrevistados usa internet (*Cuadro 7*), aunque las posibilidades de conexión crecen en las zonas más favorables o cercanas al área metropolitana. Inversamente, cuanto mayor es la distancia geográfica menor es la conectividad.

Cuadro 7: Jóvenes de 12 a 16 años que usa Internet según zona. Villas y asentamientos de Buenos Aires. En %

Usa internet	Total	Zona			
		CABA	1º cordón	2º cordón	3º cordón
Sí	73,7	87,8	79,9	74,9	63,4
No	26,3	12,2	20,1	25,1	36,6

Fuente: UNICEF.

Es importante considerar la variable escolar, teniendo en cuenta que la población objetivo del estudio de UNICEF son los adolescentes de 12 a 16 años que deberían estar concluyendo el nivel primario y/o cursando el nivel secundario. La situación de que los adolescentes estén o no escolarizados incide en el uso de internet, tal como se observa en el *Cuadro 8*. De los que asisten a un establecimiento escolar, el 77,1% se conecta a Internet; en cambio, de los que no asisten, el 54,6% no se conecta.

Cuadro 8: Jóvenes de 12 a 16 años que usa Internet según asistencia escolar. Villas y asentamientos de Buenos Aires. En %

Usa Internet	Total	Va a la escuela	
		Sí	No
Sí	73,7	**77,1**	45,4
No	26,3	22,9	**54,6**
Total	100	100	100

Fuente: UNICEF.

Según el Programa de Evaluación de Políticas Públicas (2013), para el 29% de los estudiantes beneficiarios de la *netbook* del PCI fue la primera computadora en el hogar.

El estudio realizado en la CABA por nuestro equipo de investigación en 2012[2] obtuvo un resultado similar. Fueron relevados alumnos de escuelas públicas de nivel medio y para el 23,3% la *netbook* del PCI constituyó la primera computadora en el hogar. Este porcentual aumenta entre los estudiantes pertenecientes a sectores más populares (33,3%), como se observa en el *Cuadro 9*.

Cuadro 9: Estudiantes de 15 a 19 años para quienes la *netbook* del PCI fue la primera computadora en el hogar, según nivel socioeconómico. CABA, 2012. En %

La *netbook* del PCI fue la primera computadora en el hogar	Nivel socioeconómico		Total
	Hasta medio bajo	Medio-medio o superior	
Sí	**33,3**	7,0	23,3
No	66,7	93,0	76,7
Total de alumnos	93	57	150

Fuente: Datos propios.

En el mismo estudio se indagó acerca de los lugares donde los adolescentes se conectan a Internet y algo más de ocho de cada diez estudiantes menciona que lo hacen desde su casa, el 34% menciona que se conecta también en la escuela. *Gráfico 2*.

---

2. Proyecto UBACyT dirigido por Lago Martínez, con sede en el IIGG. Investigación de estrategia cuali-cuantitativa, dirigida a estudiantes de escuelas públicas de enseñanza media de la Ciudad Autónoma de Buenos Aires. El marco muestral se constituyó con el total de escuelas públicas medias y técnicas de la ciudad, que fueron beneficiarias del programa. El tipo de muestreo fue no probabilístico de tipo coincidental; se aplicó un cuestionario estructurado a 150 adolescentes de 15 a 19 años, de ambos sexos, asistentes a escuelas técnicas (industriales) y no técnicas. El relevamiento cuantitativo se llevó a cabo en 2012.

Gráfico 2: Estudiantes de 15 a 19 años según lugares donde se conectan a Internet con la netbook del PCI. CABA, 2012

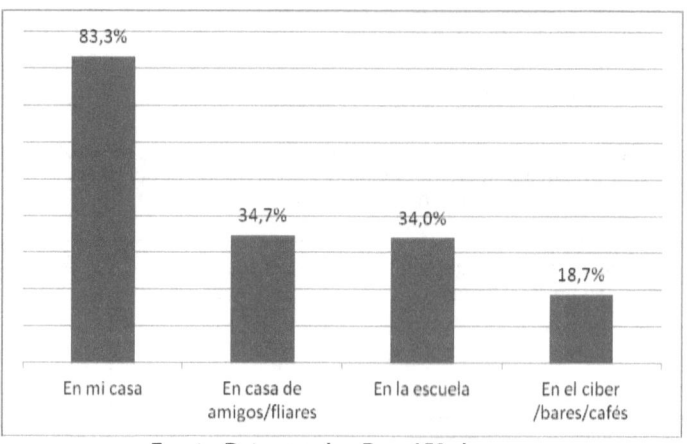

Fuente: Datos propios. Base 150 alumnos.

Una dificultad detectada en el estudio y asociada a la falta de infraestructura o de los recursos necesarios para la aplicación del PCI, es que, en las escuelas no existe conectividad en todos sus espacios, esto implica que se carece de conexión dentro del aula. En algunas escuelas, hasta la fecha de realización del estudio, se carecía directamente de conectividad. *Gráfico 3.*

Gráfico 3: Estudiantes de 15 a 19 años según existencia de conexión a Internet en la escuela. CABA, 2012

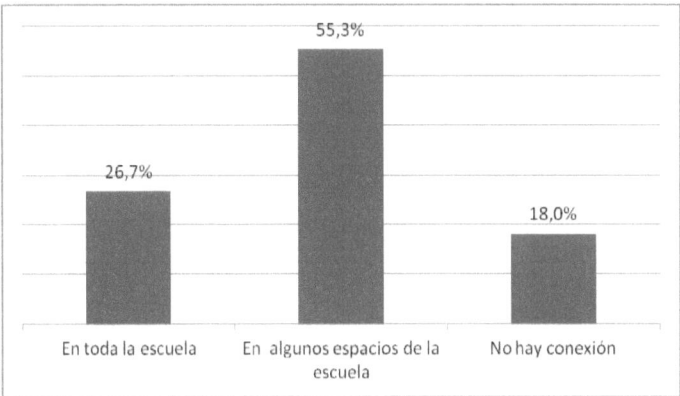

Fuente: Datos propios. Base 150 alumnos.

Si bien la entrega de las *netbooks* a los estudiantes de escuelas públicas fue, entre otras cosas, para incorporar las TIC al proceso de aprendizaje, es significativo observar que sólo tres de cada diez alumnos llevan la *netbook* a la escuela todos los días. El 43,3% expresa llevarla en forma esporádica, el 21,3% *cuando* lo pide algún profesor, el 5,3% excepcionalmente para alguna actividad específica. El 20% de los estudiantes de escuelas técnicas dicen llevarla todos los días y en forma esporádica algo más de dos tercios (66,7%). *Cuadro 10*.

Las razones principales para no llevar el equipo diariamente refieren al bajo uso que se le da en el aula, al peso de la *netbook* para cargar en las mochilas y por la inseguridad ante la probabilidad de robo del equipo.

Cuadro 10: Estudiantes de 15 a 19 años y frecuencia con que llevan la *netbook* a la escuela según tipo de escuela. CABA, 2012. En %

¿Con qué frecuencia llevás la *netbook* a la escuela?	Tipo de escuela		Total
	Secundaria	Técnica	
A veces, esporádicamente	37,5	66,7	43,3
Siempre/todos los días	32,5	20	30
Sólo cuando lo pide algún/a profesor/a	25,8	3,3	21,3
Excepcionalmente para alguna actividad específica	4,2	10	5,3
Total de alumnos	120	30	150

Fuente: Datos propios.

Los usos más habituales que los adolescentes hacen de la *netbook* fuera de la escuela, son, por un lado, para fines personales y asociados al ocio: para conectarse con las redes sociales como *Facebook* (82,7%), para bajar música/juegos (80%), editar fotos e imágenes (46%); y por otro lado, asociados al estudio: para hacer la tarea (54,5%), intercambio con los compañeros (48,7%), intercambio con los docentes vía e-mail (32%), para estudiar (30%).

Cuando se les solicitó a los adolescentes que participaron de la encuesta que priorizaran la utilización de la *netbook* para las diferentes actividades arriba mencionadas, las cuales a los fines de la investigación las tipificamos asociadas al ocio o al estudio, tanto en primer lugar como en segundo lugar, se destaca la utilización de la *net* para la conexión con las redes sociales y para juegos, juegos en red y bajar música. En último lugar se ubica la utilización de la herramienta informática para actividades escolares ya sea dentro del aula como en la casa. *Cuadro 11.*

Cuadro 11: Estudiantes de 15 a 19 años y los usos más frecuentes de la *netbook* según orden de importancia. CABA, 2012. En %

Usos más frecuentes	Primer lugar	Segundo lugar	Tercer lugar
Juegos / juegos en red /música	29,6	45,6	24,8
Redes sociales (*Facebook*, otros)	60,4	33,3	6,3
Actividades escolares en el aula	16,9	29,2	53,8
Actividades escolares en mi casa	14,3	27	58,7
Búsquedas en Internet	13,5	13,5	73,1

Fuente: Datos propios.

Cuando se les consultó si se produjeron cambios en la relación con los profesores de aquellas materias que utilizan la *netbook* habitualmente en el dictado de las clases, los adolescentes reconocen que se produjeron cambios con la introducción de este recurso auxiliar para el aprendizaje. Opinan que los profesores les enseñan a usar herramientas de computación y de Internet (56,7%), que el clima de la clase es mejor, más divertido (72,7%), que hay mayor intercambio/conexión con los profesores (40%). Pero hasta el momento de realizar el estudio sólo un tercio de los adolescentes entrevistados opinó que *mejoró la calidad de la enseñanza*. Se podría inferir que probablemente, si bien perciben un cambio favorable con la inclusión de la *netbook* en el aula, aún no se percibe que ese cambio mejoró la calidad de la enseñanza.

Otra particularidad es que seis de cada diez estudiantes entrevistados perciben que las clases con equipo son más indisciplinadas, pero para siete de cada diez son más entretenidas.

La introducción de la *netbook* potenció el trabajo en equipo entre los compañeros (63,3%), se difunden más los temas, resúmenes, actividades (81,3%), incluso cambió la dinámica en la escuela, están todos metidos en la computadora hasta en los recreos (57,3%).

Ahora bien, los equipos que los adolescentes utilizan para conectarse en las redes sociales o sitios de interés, van mutando con el desarrollo vertiginoso de los dispositivos. Los cambios suelen ser tan abruptos que los equipos van quedando vetustos, como de alguna manera ocurre con los equipos del PCI. Muchos adolescentes entrevistados durante los últimos meses del año, especialmente los residentes en zonas urbanas y pertenecientes a estratos medios, perciben la *netbook* del programa nacional como anticuada, con relación a la tecnología actual.

En el último año irrumpieron de manera bastante expandida en las principales urbes nacionales la telefonía móvil. Si bien el uso de este medio de comunicación impactó desde hace muchos años en todos los estratos socioeconómicos, no sólo ha tenido incidencia en lo social sino en la población adolescente. Por ejemplo, en el mencionado estudio realizado por UNICEF, el 65,9% de los adolescentes residentes en villas y asentamiento, posee teléfono celular; el 60,8% del total de celulares tienen acceso a Internet, pero solo el 34% utiliza las funciones de navegación probablemente por los costos.

Actualmente las compañías comercializadoras de telefonía móvil, y de servicios de líneas, tienen propuestas dirigidas exclusivamente al segmento adolescente. Es una telefonía de alta gama, que no sólo ofrece conectividad sino pantallas táctiles, cámaras fotográficas de alta fidelidad en las imágenes con la posibilidad de hacer *selfies* (autorretratos), con sistema operativo *Android* que permite crear aplicaciones de todo tipo, que si bien data de 2008, ha tenido mayor impacto en el país en los últimos dos años. Con un *smartphone*, muchos adolescentes pueden estar conectados todo el tiempo, generando un cambio en la comunicación con sus pares.

El mundo de las imágenes revolucionó la comunicación entre los jóvenes; por ejemplo el *Snapchat* es una aplicación para compartir fotos que desaparecen luego de unos segundos, comunicando de manera instantánea el momento que el joven desea compartir, sin el sentido conservador que suelen asignarle los adultos a las imágenes. Para los adolescentes los usos de este tipo de tecnología van cambiando sus usos y costumbres, tiene importancia el aquí y el ahora, luego se desecha. Sirve para la inmediatez de la comunicación.

Las fotos y videos cortos compartidos a través de *Instagram* o *Vine* capturan momentos que los jóvenes prefieren comunicar en forma de imagen o bien con los *stickers* o emoticones, pero ya no con palabras.

Los *memes*, definidos como la unidad mínima de información que se puede transmitir, son esos chistes gráficos que se viralizan rápidamente por las redes sociales. Hasta hace poco su mayor repercusión se daba en *Facebook*, pero en el Mundial de Futbol de 2014, su difusión se expandió a otras redes como *Twitter*, *Pinterest* y *Whatsapp*. De autor anónimo, no se sabe quién lo crea, en general se genera sobre imágenes conocidas recurriendo al humor. La inmediatez de su circulación comunica y llega a todos los usuarios de las distintas redes.

Un estudio a familias españolas con hijos entre 10 y 16 años que disponen de *smartphone* para uso particular, realizado por el Instituto Nacional de Tecnologías de la Comunicación (INTECO) –dependiente del Ministerio de Industria, Energía y Turismo de España http://www.inteco.es/que_es_inteco/ que es un instrumento del gobierno español para desarrollar la ciberseguridad– y por la compañía de telecomunicaciones *Orange* España, indica que la edad media de inicio de la telefonía móvil se sitúa entre los 10 y los 12 años. Pero lo más importante de este estudio es el avance del uso intensivo de los servicios que brindan este tipo de dispositivo, siendo así que del 7,1% de acceso a redes sociales en 2010 se ha pasado al 54,3% en 2011, y en mensajería instantánea, se pasó del 12,4% al 48,3% en el período mencionado.

A nivel nacional no existen datos para comparar pero de acuerdo a la ENTIC, el 67,1% de la población de 10 y más años que asiste a un establecimiento educativo utiliza telefonía móvil, considerando el total nacional urbano.

Este valor es coincidente con el estudio llevado a cabo por UNICEF, el 65,9% de los adolescentes entre 12 y 16 años utilizan este tipo de tecnología. En el mismo estudio se analizan las variables sexo y edad. El mayor uso de este tipo de telefonía es por parte de las mujeres (54,9%) y de los adolescentes de 15 a 16 años (51,4%).

Reflexiones finales

Teniendo en cuenta los distintos tipos de dispositivos existentes con acceso a Internet, los adolescentes de las grandes urbes y pertenecientes a familias con cierto poder adquisitivo, como los residentes en la CABA, suelen tener conectividad permanente a través del uso de las distintas formas de relación *on line,* ya sea por *Twitter, Facebook, WhatsApp, Hangouts, Talk,* etcétera.

Interactúan con pares o distintos grupos de pertenencia estableciendo redes de comunicación e intercambio mediante la utilización de un lenguaje que fue cambiando junto con el perfeccionamiento tecnológico, nuevos usos y costumbres se instalaron como idioma universal, con la utilización de imágenes a manera de transmisión de información o estados anímicos. Con las imágenes, sobran las palabras para el mundo adolescente, modalidad de comunicación de la que se van apropiando los adultos.

Este empoderamiento de las tecnologías, desde el punto de vista de la tenencia de un aparato ya sea en forma de computadora o de telefonía y la conectividad, forma parte de lo que podríamos llamar "capital económico".

Además de la apropiación de bienes y servicios, existe el incorporado a los adolescentes, el hecho carne, el objetivado en forma de bienes culturales, en forma de "capital cultural". Y por qué no hablar de "capital simbólico", el prestigio que otorga pertenecer a ciertos grupos sociales.

En el mundo de las redes sociales, la mayoría de los jóvenes, y algunos no tan jóvenes, trascienden el espacio privado visibilizando sus propias subjetividades a través de los diferentes medios con los que cuentan, tal como sucede con *Facebook*.

Formar parte de esos espacios, donde lo privado se transforma en público compartiendo con otros emociones, pensamientos, deseos, imágenes, etcétera, así como la cantidad de amigos que capitalizan e incluso los mensajes que disfrazan utilizando imágenes inescrutables y chistes crípticos para comunicarse en código (*Pew Research Center: http://www.pewresearch.org/fact-tank/2014/02/03/6-new-facts-about-facebook*) constituye un capital simbólico.

Para Bourdieu y Putman, el "capital social", concepto que se puso de moda en la sociología durante los años 90, década que coincide con la irrupción del *World Wide Site*, puede ser entendido como un bien intangible que permite a las personas y a los grupos la obtención de beneficios por medio de relaciones sociales dotadas de confianza, reciprocidad (ayuda mutua entre individuos y grupos) y cooperación.

Para Bourdieu (1980) el capital social es un recurso individual que se deduce de las relaciones sociales con otros individuos. Es el conjunto de recursos actuales y potenciales conectados a una red social. Hace referencia a las relaciones entre las personas, y es lo que constituye la base de este capital.

Ahora bien, también para Bourdieu, el capital social distribuido en forma no equitativa causa desigualdad social poniendo en peligro la solidaridad en las sociedades modernas. No todas las personas tienen igual acceso a este tipo de capital, por lo tanto quedan excluidas de sus beneficios.

En la comunidad virtual, el capital social se construye y fortalece a partir de las distintas redes. La desigualdad digital, va produciendo una desigualdad social, limitando la construcción de ese nuevo capital social, reduciendo las relaciones entre los individuos sólo al espacio físico.

Sin lugar a dudas, son los más jóvenes los que van enriqueciendo el capital social, a partir de su pertenencia al mundo virtual, más allá de las desigualdades que siguen existiendo en particular en los países en desarrollo.

En Argentina, en particular en la Ciudad Autónoma de Buenos Aires, de acuerdo a los datos estadísticos analizados en este artículo, las cifras generales son favorables en comparación a algunas provincias del interior del país. Si bien se trata de la principal metrópolis, sede del gobierno federal, la aplicación de políticas públicas tal como el PCI intenta incluir a los jóvenes en edad de educarse en los beneficios que otorga la posesión de un equipo de computación, que cuando logra conectividad, fortalece los lazos sociales que ayuda a trascender el espacio físico.

El mundo de los adolescentes se encuentra en permanente cambio, no sólo por cuestiones biológicas sino por cuestiones tecnológicas. Día a día se instalan nuevos lenguajes, nuevas denominaciones para hacer referencia a distintas modalidades de comunicación. Los aparatos hoy son productos perecederos, requieren de un permanente cambio, para poder hacer uso de las distintas formas de comunicación que se ofrece en el mercado. Por ende se imponen nuevas necesidades que seguirán generando desigualdades sociales.

Bibliografía

Bourdieu, Pierre (1980). "Le capital social". En Actes de la recherche en sciences sociales. Vol. 31, pp. 2-3. http://www.persee.fr/web/revues/home/prescript/article/arss_0335-5322_1980_num_31_1_2069

Dussel, I. y Quevedo, L. A. (2010). VI Foro Latinoamericano de Educación; Educación y nuevas tecnologías: los desafíos pedagógicos ante el mundo digital. Buenos Aires. Fundación Santillana.

ENTIC. Encuesta Nacional sobre Acceso y Uso de Tecnologías de la Información y Comunicación – INDEC – tercer trimestre 2011).

Freire, Paulo (1970). *Pedagogía del oprimido*. Río de Janeiro, Paz e Terra.

Instituto Nacional de Estadísticas y Censo (INDEC). Censo Nacional de Población, Hogares y Viviendas, 2010. Resultados Definitivos. Serie B Nº 2. Tomo 1.

Lugo, M. T. y Kelly, V. (2011). "El modelo 1 a 1: un compromiso por la calidad y la igualdad educativas. La gestión de las TIC en la escuela secundaria: nuevos formatos institucionales". Serie gestión educativa en el modelo 1 a 1. Ministerio de Educación de la Nación. http://www.conectarigualdad.gob.ar/

Prensky, Marc (2001). Digital Natives, Digital Inmigrants. From On the Horizon. MCB University Press, Vol. 9 No. 5, October.

Programa de Evaluación de Políticas Públicas. Seminario Internacional. "Evaluar las políticas públicas para un desarrollo inclusivo". Septiembre 2013. Área de Seguimiento y Evaluación – Conectar Igualdad. http://www.conectarigualdad.gob.ar/

UNICEF (2013). "Las voces de los adolescentes en villas y asentamientos de Buenos Aires". Fondo de las Naciones Unidas para la Infancia (Unicef) http://www.unicef.org/argentina/spanish/ y TECHO Argentina http://www.techo.org/argentina/

12

Conectad@s desde la escuela: percepciones y apreciaciones de los estudiantes sobre el espacio escolar a partir de la implementación del Programa Conectar Igualdad

Sebastian Benítez Larghi, Magdalena Lemus y
Nicolás Welschinger Lascano

Introducción

A mediados de la década pasada en Latinoamérica comenzaron a implementarse un conjunto de políticas tendientes a garantizar el acceso universal a las Tecnologías de Información y Comunicación (TIC) por vía del sistema educativo.[1] Entre las diversas modalidades de incorporación y distribución de estas tecnologías en los ámbitos escolares se destacan los modelos 1 a 1 (una *netbook* por alumno) adoptados por numerosos países (Uruguay con su pionero Plan Ceibal, Argentina, Perú, Venezuela, Costa Rica, entre varios otros). En este contexto, especialistas del campo de las ciencias sociales empezaron a investigar cómo la incorporación masiva de las TIC en el ámbito escolar intervendría en los procesos de enseñanza y aprendizaje, la construcción del conocimiento, los comportamientos y

---

1. Si bien existen diferencias entre las diferentes nominaciones, en el presente capítulo tomaremos a la escuela, el ámbito escolar y el sistema educativo como sinónimos.

sensibilidad docentes y percepciones estudiantiles (Dussel, 2011; Cabello, 2008; Morduchowicz, 2008; Balardini, 2002; entre otros). Así, comenzó a delinearse un campo problemático en torno a la pregunta por los modos en que la tecnología habilitaría nuevas formas de vinculación con los conocimientos y saberes en las aulas.

Reconociendo la base que constituyen estos estudios como punto de partida, nuestra investigación[2] decide concentrarse en los procesos de apropiación juvenil de las TIC para luego comprender de manera situada cómo las tecnologías adquieren sentido en diversas esferas de la vida cotidiana de los jóvenes: la vida hogareña, las dinámicas familiares, la sociabilidad, el tiempo libre y los procesos de enseñanza/aprendizaje. Desde esta perspectiva, en el presente trabajo nos proponemos indagar, mediante el análisis de los relatos de jóvenes estudiantes de escuelas secundarias de La Plata y Berisso, el modo en que la llegada del Programa Conectar Igualdad (PCI) y la apropiación de las *netbooks* e Internet intervinieron en sus percepciones de la escuela como un espacio de socialización y aprendizaje.

A partir de nuestro trabajo de campo, logramos acceder a las percepciones y apreciaciones de los jóvenes en relación a la apropiación de las *netbooks* otorgadas por el PCI. Así, relevamos que desde el punto de vista de los estudiantes secundarios el PCI es clasificado temporalmente en tres períodos distintos: uno previo a la llegada de las *netbooks*, un segundo período inmediatamente posterior a su arribo (que comprende aproximadamente unos 6 meses), y un tercero surgido luego del paso del furor inicial. En el presente capí-

---

2. Investigación enmarcada en los proyectos de investigación PICT 2011 1639 "Juventud, TIC y desigualdades" (financiado por la Agencia Nacional de Ciencia y Tecnología), PIP 0756 "TIC, Juventudes y experiencias de tiempo y espacio en el marco del Programa Conectar Igualdad en La Plata y Gran La Plata" (financiado por el CONICET), PPID "Jóvenes, desigualdades y TIC" (financiado por la UNLP), y SIRCA II "Youth, Inequalities & ICT" (financiado por el IDRC y la Nanyang Technological University de Singapur).

tulo, a lo largo de los distintos apartados, daremos cuenta de las condiciones de acceso previas con las que se encuentra el PCI, el modo en que su implementación logra afectarlas, los cambios en el modo en que los estudiantes perciben el espacio escolar (dentro y fuera del aula) a partir de la llegada de las *netbooks*, las tensiones surgidas en el vínculo docente – estudiante en relación al uso de estos dispositivos, y el acceso a la información y el conocimiento escolar que se habilitaron a partir de la implementación del PCI.

Para ello, el artículo se estructura de la siguiente manera. En el *apartado 1* exponemos las herramientas conceptuales y metodológicas utilizadas durante la investigación. Allí, por un lado, se define nuestra perspectiva teórica, las nociones centrales para nuestro análisis como la de *apropiación* y la estrategia metodológica adoptada y, por otro lado, se presentan en su contexto particular los casos estudiados. El *apartado 2* describe las condiciones de acceso vigentes en cada una de las escuelas previas a la llegada del PCI y detecta el modo en que el programa ha permitido transformarlas. En el *apartado 3* reconstruimos cómo se ha desarrollado el ciclo de implementación del PCI de acuerdo a la perspectiva de los propios estudiantes indagando sus percepciones respecto a la escuela, el acceso a la información, el vínculo con el conocimiento escolar y con sus profesores. Por último, a modo de *conclusión* recuperamos lo planteado en los apartados y resaltamos la importancia de los esquemas de percepción y apreciación para analizar los imaginarios juveniles en relación a las nuevas tecnologías, como una dimensión más (que no conviene ignorar) de la implementación del PCI.

Aspectos teórico-metodológicos

La investigación que da origen al presente trabajo se inscribe en un enfoque cualitativo y en una perspectiva socio-antropológica, que estudia el vínculo entre la tecnología y la sociedad desde la experiencia y el contexto socio-económico específico en el que se inscriben (Winocur, 2009;

Benítez Larghi, 2010, por citar sólo algunos de los trabajos en el contexto latinoamericano). A partir de estos aportes entendemos que la apropiación es el proceso simbólico y material en el que un sujeto o grupo social toma el contenido significativo de un artefacto y lo hace propio (Thompson, 1998), dotándolo de sentido e incorporándolo a su vida, en el marco de sus espacios cotidianos y de la relación con los otros (Winocur, 2009). Por lo tanto, los modos en que se desarrolle dicho proceso serán heterogéneos y diferenciales, según la particular manera en que se interpreten y reinterpreten los artefactos culturales de forma tal que se conviertan en significativos en relación a los propios objetivos y necesidades (Benítez Larghi, 2010).

Para desarrollar la investigación se llevó adelante un trabajo de campo en dos escuelas secundarias públicas de La Plata y Berisso. En relación a las ciudades seleccionadas para la investigación, cabe destacar dos cuestiones. Por un lado, dado que gran parte de las investigaciones sobre apropiaciones de computadora e Internet han tendido a concentrarse en la Ciudad Autónoma de Buenos Aires, se ha vuelto necesario contar con trabajos que aborden estos procesos en ciudades que reúnan características sociales, económicas y geográficas distintas que la ciudad capital de Argentina. En este sentido, consideramos que la región del Gran La Plata combina elementos propios de ámbitos de desarrollo industrial (principalmente las ciudades de Berisso y Ensenada) y, a su vez, de enclave de formación universitaria y académica (en la ciudad de La Plata), tornándola así en un espacio de grandes heterogeneidades socioculturales y económicas. Por otro lado, es innegable la relevancia y complejidad de la provincia de Buenos Aires en materia educativa, ya que reúne al 38% del alumnado de todo el país y el nivel secundario incluye 5072 escuelas y 1.394.650 estudiantes (Bracchi, 2010), siendo la región de La Plata y Gran La Plata (Región n°1) una de las que concentran la mayor matrícula. Tomando en consideración los mencionados aspectos, y con el objetivo general del proyecto de investigación orientado a evaluar la incidencia del origen socioeconómico de los alumnos en su experiencia con las computadoras, se seleccionó una escuela secundaria ubicada en el centro de la ciudad de La Plata, dependiente de la universidad local, a la que concurren alumnos de clases medias-altas; y una escuela media de la ciudad de Berisso (ubicada a aproximadamente 11 kilómetros del centro de La Plata, con una histórica impronta obrera e industrial), a la cual concurren alumnos de clases populares.

El trabajo de campo fue llevado a cabo durante el año 2012 y consistió en la aplicación de un cuestionario cerrado y la realización de entrevistas individuales en profundidad con 40 alumnos de 4° y 5° año, varones y mujeres en proporciones equitativas, de ambas escuelas. La selección de los estudiantes entrevistados se realizó siguiendo los principios del muestreo intencional (Marradi, Archenti y Piovani, 2010) en relación a criterios relevantes para la investigación, tales como: acceso a computadora e Internet en el hogar, género, perfiles culturales. A su vez, para la selección del caso se tuvo en cuenta la fecha en la que se habían entregado las *netbooks* en la escuela para que los estudiantes ya hubieran experimentado un tiempo de uso del dispositivo medianamente prolongado y así evitar encontrarnos con experiencias, visiones y percepciones de los jóvenes propias de los primeros momentos de arribo de las computadoras, como ansiedad, emoción y/o desilusión y preocupación frente a inconvenientes que pudieran haber surgido, tal como lo señala la literatura específica (Ministerio de Educación de la Nación, 2011a y 2011b). Por lo tanto, se incluyó en la muestra a estudiantes que habían recibido la *netbook* con un mínimo de un año de antelación.

La primera institución elegida fue una escuela secundaria del centro de la ciudad de La Plata, dependiente de la universidad local (en adelante, Escuela A), que tiene una matrícula de aproximadamente 1600 alumnos que concurren en el turno mañana, de 3° a 6° año, y al turno tarde, de 1° a 3° año. La mayoría de los estudiantes son jóvenes de sectores medios y medios altos que viven entre el casco urbano de la ciudad y la zona norte del Gran La Plata. Los padres y madres de estos jóvenes han completado los estudios secundarios, accediendo la gran mayoría de ellos/as también a una carrera universitaria y/o terciaria, desempeñándose laboralmente en empleos formales y estables afines a su formación profesional.

La experiencia de los jóvenes de la Escuela A con la computadora e Internet se caracteriza por la hiperconectividad y una larga trayectoria de acceso a dispositivos electrónicos, informáticos y digitales en el hogar. En la absoluta mayoría de los casos, el acceso hogareño a la computadora e Internet es superior a los cinco años y en muchos de ellos a los diez años, contando también con múltiples dispositivos para el entretenimiento, como reproductores de DVD y consolas de videojuegos, y para la comunicación, como teléfonos fijos y celulares.

La mayoría de los padres y madres de los estudiantes entrevistados de la Escuela A tenía acceso a computadoras antes del nacimiento de sus hijos y generalmente el aprendizaje y utilización de este dispositivo estuvieron asociados con cuestiones laborales. Si bien estos padres y madres no han crecido, por un cuestión generacional, en contacto con la computadora e Internet, sí han adquirido habilidades de uso (Winocur, 2009), e incluso algunos se han formado en instancias universitarias convirtiéndose en expertos en el área. Por lo tanto, en varios relatos de jóvenes de clases medias-altas sobre sus primeros contactos con la computadora e Internet aparecen sus padres y madres como los primeros usuarios de estos dispositivos en el hogar, y como interlocutores válidos, e incluso referentes, en las primeras incursiones de los jóvenes en lo digital.

La segunda escuela seleccionada depende de la Dirección General de Cultura y Educación provincial, está ubicada en Berisso (en adelante, Escuela B), y asisten alrededor de 400 alumnos entre 1° y 6° año de la escuela secundaria, distribuidos entre el turno mañana y tarde. La población mayoritaria de la escuela son jóvenes de clases populares que viven principalmente en distintos barrios de Berisso, aunque, cabe aclarar, no hemos trabajado con estudiantes en una situación de exclusión extrema (por ejemplo, ninguno de ellos vive en asentamientos informales, la mayoría tiene a alguno de los padres con al menos un empleo informal y, obviamente, todos están escolarizados). En relación a la formación educativa de los padres y madres de los jóvenes, encontramos que la mayoría ha completado el nivel primario y, entre ellos, casi la mitad ha continuado los estudios alcanzando el nivel secundario, encontrándose sólo un caso con formación terciaria. Con respecto a la situación laboral, la mayoría de las madres se desempeñan en el área de los servicios (cuidado de niños y adultos mayores, limpieza de hogares e institucional, y enfermería). En menor medida, trabajan en relación de dependencia, o en su hogar como amas de casa, modistas o tienen sus propios emprendimientos. En el caso de los padres, se distribuyen de forma proporcional entre la albañilería, el transporte de carga y de pasajeros (camioneros, taxistas y choferes de colectivos), las fuerzas de seguridad estatales, los empleos administrativos en el municipio local, el desempeño como técnicos en empresas, siendo menores los casos de quienes son docentes, jubilados y pensionados.

En el caso de los jóvenes de la Escuela B, los primeros usos de computadora e Internet tuvieron lugar entre los 9 y los 10 años (salvo unos pocos casos que comenzaron alrededor de los 7 años) en *cibers* del barrio, a los que asistían con amigos, hermanos mayores o primos, o en la casa de amigos y/o familiares que poseían computadoras, y fueron los encargados de las primeras enseñanzas. Cabe mencionar que la mayor parte de los padres y madres de los estudiantes de la Escuela B entrevistados, han tenido sus primeros contactos con computadoras e Internet recientemente, y esos acercamientos –en general– han sido mediados por las enseñanzas de sus hijos.

En la actualidad, si bien la totalidad de los jóvenes entrevistados cuenta con al menos una computadora en su hogar, garantizada a partir del PCI, el acceso a una conexión a Internet en el hogar no es aún universal para los estudiantes de la Escuela B. Algunos de los jóvenes que no cuentan con conexión desde su casa, han manifestado que ése es uno de los principales motivos para usar la *netbook* con mayor intensidad en la escuela y para usarla menos tiempo (o en casos extremos no usarla) en su hogar.

Como se ha podido apreciar en este apartado, los jóvenes de ambas escuelas y sus familias han experimentado diferentes modos de acceso a la computadora e Internet en relación, entre otros aspectos, a la situación económica, laboral y a los intereses de cada familia.

Las condiciones de acceso a las TIC en las escuelas: antes y después del PCI

Antes de la llegada del PCI, la Escuela A contaba con laboratorios de Informática con gran equipamiento y acceso a Internet a los que asistían regularmente para las clases de Informática. A su vez, en los pasillos de la escuela había computadoras con Internet para uso de los estudiantes durante los recreos, tanto para fines educativos como para entretenimiento. Además, en cada salón de clase había una computadora con Internet disponible para uso del docente.

Por su parte, en la Escuela B, los alumnos contaban con un laboratorio de computación al que asistían esporádicamente en algunas clases de Informática, a cargo del docente de la disciplina. También había computadoras con Internet en la Biblioteca, la Dirección y la Secretaría pero sólo para uso del personal jerárquico y administrativo.

En ambos casos, la mayoría de los entrevistados señalan haber tenido un contacto puntual con esas computadoras, concentrado especialmente en los horarios de materias específicas como TIC y/o Informática y, en menor medida, en horas libres y en el uso a contra turno. En la Escuela B el uso previo al PCI era menor al de la Escuela A pero también se concentraba en las materias Informática y/o TIC. Las diferencias residen en que una considerable porción de los entrevistados de la Escuela A manifestaron usarla dos o tres veces por semana previamente a la llegada de las *netbooks* del PCI, mientras que en la Escuela B casi la mitad señaló que la utilizaba en promedio una vez por mes.

Esta situación cambió notoriamente con la implementación del PCI. En ambas escuelas el uso de la computadora en horario escolar creció, se intensificó la frecuencia y diversificó el tipo de uso en gran porcentaje. En primer lugar, aumentó la cantidad de alumnos que declaran usar computadora en clase, quienes, además, indican utilizarla en varias materias. En segundo lugar, este impacto parece jugar con mucho mayor peso en la Escuela B que en la Escuela A: mientras la frecuencia de uso semanal en este último es similar a la previa al PCI, en la Escuela B aumentó notoriamente a punto tal que ahora casi la mitad de los usuarios escolares declaran utilizarla todos los días y muchos otros dos o tres veces por semana mientras que solamente menos de un cuarto de los entrevistados indica usarla una vez por semana o menos. Finalmente, desde la llegada de las *netbooks* se amplió el abanico de usos en ambas instituciones creciendo tanto los usos llamados "escolares" (usos de programas de oficina, búsqueda de información en Internet para tareas escolares, uso de programas educativos) como los lúdicos y de entretenimiento (uso de redes sociales, chat, escuchar música y ver videos). Sin dudas, la posibilidad de acceder a Internet en toda la escuela en cualquier momento ha jugado un rol fundamental en esta diversificación ya que las actividades que registran mayor crecimiento son aquellas que justamente requieren de conexión. En relación a esto, mientras que en la Escuela A los estudiantes pudieron acceder a Internet *wi-fi* simultáneamente con la llegada del PCI, en el caso de la Escuela B demoró más de seis meses la instalación del piso tecnológico, por lo que los alumnos recién pudieron acceder a Internet luego de ese lapso de tiempo.

En síntesis, la llegada del PCI encuentra condiciones matizadamente diferentes en ambas escuelas. La Escuela A no sólo contaba con un mayor acceso relativo a las computadoras sino que sus alumnos hacían un uso más intensivo que en la Escuela B. El PCI tiende a igualar las condiciones de acceso jalando hacia arriba el contacto de los estudiantes de la Escuela B con las computadoras. Además, si bien con diferencias temporales, ambas instituciones cuentan ahora con acceso a Internet.

El ciclo de implementación[3] y apropiación del PCI en la escuela desde la perspectiva estudiantil

Los relatos de los estudiantes de la Escuela A y B nos sugieren que para comprender la implementación del PCI en las escuelas y el proceso de apropiación de las *netbooks* por parte de los estudiantes debemos remontarnos al momento del lanzamiento oficial del programa en el año 2010. En ese entonces, se comenzaron a tramar entre los estudiantes, sus padres, docentes, preceptores y directivos un conjunto de expectativas, incertidumbres, tensiones y emociones con respecto a la llegada de las *netbooks* a la escuela. Luego de este momento, identificamos una segunda instancia que se abre con la efectiva entrega de las *netbooks* en donde se combinan un gran entusiasmo –principalmente de los estudiantes– con los miedos y resquemores –especialmente de padres, docentes, preceptores y directivos– acerca

---

3. En el presente trabajo, por "implementación" del PCI nos referimos al período comprendido desde el lanzamiento oficial del programa a finales del año 2010 hasta los primeros meses posteriores a la llegada de las netbooks a las escuelas en donde realizamos el trabajo de campo. Comprende, por lo tanto, el momento en que la escuela se entera que va a ser beneficiaria, las expectativas generadas antes de las llegadas, la instalación del piso tecnológico, la llegada y distribución de las netbooks y la puesta en marcha de cada una de ellas.

de cómo efectivamente se utilizarán éstas, con una fuerte preocupación por fomentar "los usos educativos" de estos dispositivos. Por último, comienza un tercer período que denominamos de "institucionalización efectiva" del PCI que tiene lugar transcurridos los primeros meses de la llegada de las *netbooks* a la escuela –y luego del momento inicial de entusiasmo generalizado– y en donde consideramos se comienzan a "estabilizar" las dinámicas escolares en torno al uso de las *netbooks*. En este momento, también se apacigua el entusiasmo de la primera y segunda etapa y, como hemos advertido a partir del trabajo de campo en las escuelas A y B, el uso escolar de las *netbooks* tiende a decaer entre los estudiantes.

A continuación presentaremos las percepciones de los estudiantes de ambas escuelas en relación al segundo y tercer momento.

Ante todo debe señalarse que de acuerdo a la percepción de las y los alumnos ha habido un cambio significativo con la llegada de las *netbooks*. Para ellos, la escuela se ha modificado en tanto lugar y momento de sus vidas a partir de la presencia de estos artefactos. Sin embargo, las percepciones sobre la naturaleza de esos cambios y las apreciaciones y valoraciones sobre sus efectos son variadas y en ocasiones contradictorias. Mediante el análisis destacamos tres nudos problemáticos relativos a los cambios percibidos por los jóvenes en: 1) el espacio escolar dentro y fuera del aula; 2) el vínculo docente-alumno; 3) el acceso a la información y el vínculo con el conocimiento escolar.

Las percepciones de los jóvenes de ambas escuelas dan cuenta de una primera instancia en donde advertían significativos cambios: estaban emocionados y pasaban los recreos y horas libres explorando los programas de las *netbooks* y usándola especialmente para jugar y *chatear*. Pasado un año de la entrega, se ha ido diluyendo ese énfasis inicial en tanto la incorporación en las clases es selectiva (sólo para algunas materias) y, sobre todo en el caso de la Escuela A, los celulares de tercera generación tienden a reemplazar las posibilidades que en materia de comunicación brinda la *netbook*. El siguiente relato es elocuente al respecto:

"Ahora el panorama no es muy diferente al de antes que llegaran las *netbooks*. Capaz que fue un momento específico, que fue al principio que todos estaban con la *netbook*, que ahí sí fue un cambio rotundo, todos la traían, todos los días, yo también. Pero después, con los meses ya no la traían, ya pesaba, se iban aburriendo, la empezamos a dejar, aparte más con los celulares, antes te ponías porque podías *chatear* y eso, aunque estabas en el aula de al lado" (Laura, 17 años, Escuela A).

En cuanto al primer eje, relativo a cómo los estudiantes perciben a la escuela a partir de la llegada de las *netbooks*, encontramos que para muchos se volvió un lugar más entretenido y seductor. En especial, algunos jóvenes sostienen que la escuela dejó de ser un lugar "aburrido" desde la llegada de las *netbooks* ya que se habilitaron nuevas modalidades para "pasar el tiempo" dentro de las aulas.

"Antes era como todo apagado, y por ahí ahora es todo como la tecnología. Antes era como rayado, ahora es todo más revoltoso, hay más libertad que antes" (Melina, 16 años, Escuela B).

"Con la llegada de las *netbooks* todos se ponían a jugar, era todo más ruidoso, más entretenido. En la hora libre no te aburrís con la computadora, antes no sabías qué hacer" (Julián, 15 años, Escuela A).

"Una vez que tuve la *netbook* es como que ya no te aburrís más [...] Antes aburrido no era porque igual te la rebuscabas, te cagabas de risa con algo, íbamos al patio, jugabas a la pelota, nos quedábamos dando vueltas. Pero una vez que la tenés, decimos: ¡vamos a jugar un *Counter* entre todos! ¡Vamos a escuchar música!" (Leandro, 16 años, Escuela B).

Sin embargo, la experiencia de los efectos de la incorporación de las *netbooks* en el aula resulta ambigua. Si bien por momentos parece agregar "ruido", "entretenimiento" y "libertad", también los jóvenes entrevistados perciben que la llegada de las *netbooks* ha provocado cambios en relación a la conducta dentro del aula:

"Antes era mucho lío. Porque estábamos más dispersos, tirando papelitos, gritando, riéndonos, ahora con la *netbook* estamos todos más tranquilos, sentados" (Álvaro, 16 años, Escuela B).

En segundo lugar, respecto a las transformaciones en el vínculo entre los docentes y los estudiantes, así como en las dinámicas de las clases, las percepciones varían de acuerdo a la experiencia personal de cada joven. En este punto, cada uno de ellos pone el foco en si la presencia de las *netbooks* influye en la dinámica de las clases y sus posibles efectos estimuladores o de distracción, así como en los cambios relativos a la posición de los docentes al momento de operar una computadora con fines didácticos. En relación a esto último, hallamos que en ambas escuelas varios estudiantes aventajan a sus docentes en lo que a habilidades para utilizar la computadora respecta y ello da lugar, en reiteradas ocasiones, a consultas por parte de los profesores hacia sus alumnos. Si bien estas situaciones no son experimentadas por los jóvenes como "molestas", sí consideramos que ponen en tensión las expectativas que los jóvenes tienen sobre sus profesores.

Al respecto, Nadia, una de las estudiantes de la Escuela B señala:

"N: Los [profesores] más jóvenes como que la tienen más clara, pero hay algunos que ni siquiera quieren que la prendamos.

E: ¿Y cómo se sienten ustedes explicándoles a los profesores?

N: Bien.

E: ¿Los programas [educativos que trae incorporados la *netbook*] los usás?

N: No, los tengo ahí por las dudas, que algún día los usemos en la escuela, ni siquiera los profesores saben usarlos mucho, así que... si no saben ellos" (Nadia, 17 años, Escuela B).

Una situación similar encontramos en la Escuela A, en donde los docentes y los jóvenes ya contaban con acceso a computadoras e Internet desde antes de la llegada del PCI. Los relatos de algunos jóvenes dan cuenta de sus expectativas respecto a los docentes: esperan no solo que sepan cómo utilizar la *netbook* sino también que se los capacite en el uso de programas educativos para que luego puedan transmitirles a ellos esos saberes en el aula. Una de las jóvenes señalaba:

"Nos gustaría que nos enseñaran a usar programas que nosotros no usamos, porque el uso que le damos a nuestra edad, el *Facebook* y esas cosas, estaría bueno que te enseñen otra cosa. Más que nada capacitación para los profesores, porque son ellos los que no tienen mucha idea, y si no saben no pueden pretender enseñarnos algo a nosotros. No tienen cómo usarla a veces" (Jimena, 16 años, Escuela A).

Al mismo tiempo, en ambas instituciones, los jóvenes perciben que el uso de redes sociales, chat, teléfonos celulares y los juegos en varias ocasiones les posibilita evadirse de la clase, "colgarse" cuando están aburridos y, al mismo tiempo, los distrae y les dificulta seguir atentamente las explicaciones de los docentes.

"Antes, no tenías tantas distracciones [como el *Facebook* o los videojuegos], por ejemplo, con algún profesor que es muy bueno, quiere incluir la *netbook* en las clases pero si vos no tenés voluntad es difícil auto-regularse y no distraerse" (Ana, 16 años, Escuela A).

En tercer lugar, en lo relativo a las percepciones de los estudiantes acerca de las transformaciones en el acceso a la información y su vínculo con el conocimiento escolar hallamos algunos percepciones en común entre los jóvenes de ambas escuelas, para quienes la realización de las tareas se facilitan con las *netbooks* gracias a que en Internet el acceso a la información está disponible en un solo lugar y de manera rápida.

"Con la computadora ahora pensás que tenés todo: lápiz, goma, hoja. Y ahora me gusta más, antes no me gustaba tanto. Copiar, todas esas cosas, porque la profesora se la pasa dictando, te da teoría y encima después tenés que estudiar. Ahora podés ir a la computadora y buscar un resumen del tema. Antes teníamos que subir a biblioteca para ver videos, buscar una película, conectar el DVD, ahora podés poner el *pen*, y ver la peli en la compu, vos solo o con tus compañeros" (Esteban, 16 años, Escuela B).

A su vez, las experiencias de algunos jóvenes dan cuenta de los nuevos modos de apropiarse del conocimiento escolar que se habilitan a partir de la apropiación de las *netbooks*, que son percibidos no sólo como dispositivos para acceder rápidamente a la información, si no que también les permiten resolver ellos mismos ciertas dudas:

"E: ¿Notás cambios en las clases desde que está la compu?

R: Sí, se nota el cambio, estás más informado, antes te explicaban algo, capaz que no entendías y te quedabas sin entenderlo, ahora lo buscas ahí y lo entendés" (Rodrigo, 17 años, Escuela B).

Sin embargo, a pesar de la mayor fluidez y una dinámica más entretenida, la *netbook* exige nuevas habilidades por parte de los alumnos como podemos observar en el siguiente caso:

"E: Vos me contabas que no siempre traés la compu, las veces que la traés, ¿son muchas? ¿Es porque te la piden?

F: La traeré tres veces, la traigo por las dudas, hay materias que la usas [...] A mí me gusta, está bueno, aparte porque los profes te ayudan, entendés las cosas.

E: ¿Y es más fácil o más difícil para aprender?

F: Por ahí cuesta más, en el sentido que le tenés que prestar atención a la compu y al tema, antes solo al tema" (Fiorella, 16 años, Escuela B).

"N: Algunos profesores te hacen estudiar de la computadora que para mí es horrible porque no podés marcar nada, entonces voy, lo imprimo y lo leo. O si no, te hacen ver unos videos y escuchar el video de acá, el de allá, el de todos lados y no te podés concentrar" (Nadia, 15 años, Escuela B).

Experiencias como las de Fiorella y Nadia ponen de manifiesto que las tan mentadas capacidades de multiatención y multitarea (*multitasking*), asignadas muchas veces de manera ligera a las generaciones jóvenes en tanto se las considera de manera automática como una generación de "nativos digitales", ni son condiciones cuasi innatas de las generaciones jóvenes ni se corresponden con la totalidad de experiencias de apropiación de las TIC.

En resumen, tal como puede observarse en el siguiente cuadro, entre las percepciones indagadas que más se destacan podemos señalar: 1) la escuela es vivenciada ahora como un espacio que la incorporación de las *netbooks* podría volver más entretenido ya que habilita estar permanentemente conectado (jugar *online* y entrar a las redes sociales, como las principales actividades valoradas); 2) los estudiantes perciben que con las *netbooks* la dinámica áulica se torna "más tranquila"; 3) el acceso a la información y al conocimiento se ha modificado ya que la disponibilidad de la computadora e Internet brinda mayores herramientas de conocimiento aunque demanda otras habilidades y puede ser una fuente de distracción.

Dimensiones	Hallazgos
Condiciones de acceso y uso de TIC antes y después del PCI	Frente a condiciones desiguales de acceso a las TIC se evidencia cierta tendencia a equiparar la disponibilidad de computadoras y acceso a Internet por alumno entre ambas escuelas. Asimismo, se evidencia una intensificación de los usos (y por lo tanto una mayor incidencia del PCI) de TIC en la Escuela B.
Percepciones sobre el impacto del PCI en espacio escolar	Las clases son percibidas como más entretenidas y se vislumbra cierta ruptura del orden y la diná-

	mica anterior. Al mismo tiempo, esto deviene en un espacio "más tranquilo". Sin embargo, el acceso irrestricto a los artefactos tecnológicos podría obstaculizar los dispositivos de aprendizaje ya que son motivo de distracción.
Percepciones sobre el impacto del PCI en el vínculo docente – alumno	Los estudiantes perciben que los docentes muchas veces no saben cómo explotar las potencialidades de las *netbooks* y al mismo tiempo reconocen que quienes las introducen en sus clases logran clases que resultan más atractivas desde la perspectiva de los estudiantes.
Percepciones sobre el impacto del PCI en el acceso a la información y el conocimiento	Se percibe que la información y el conocimiento están más disponibles gracias a las computadoras e Internet. A su vez, se habilitan nuevos cursos autónomos de aprendizaje. Sin embargo, reconocen que su utilización en el aula les demanda nuevas habilidades; cuestión que evidencia que la multiatención no es una cualidad que fácil y "naturalmente" desarrollan los miembros de las generaciones más jóvenes, sino que es adquirida en base a la experiencia (desigual) de apropiación de las TIC.

A modo de conclusión

En este capítulo hemos visto que, desde el punto de vista juvenil, durante el primer período del PCI, y sobre la base de ciertos cambios en los modos de percibir el escenario escolar, las expectativas sobre la llegada de las *netbooks* se centraron principalmente en: (I) la posibilidad que los jóvenes percibieron de poder intensificar sus usos lúdicos; (II) el mayor grado de autonomía que pudieran proporcionarles sobre las negociaciones por los usos; (III) la posibilidad de que la inclusión de las *netbooks* en las escuelas pudiera retribuir en clases más dinámicas y "divertidas". El hecho de que las expectativas estuvieran proyectadas sobre este tipo de acciones coincide con lo que Winocur (2009) ha planteado que sucede entre los jóvenes mexicanos, que en relación a los usos de las nuevas tecnologías construyen lo que la autora llama una "ilusión de control" del entorno más cotidiano; perciben que mediante el uso de estas tecnologías les es posible (por más que sea una posibilidad abstracta) ejercer cierto control de sí mismos y sobre los otros. Así, pareciera que también en nuestro caso esta serie de percepciones, apreciaciones y expectativas sobre el PCI se articulan dentro de un imaginario juvenil sobre estas tecnologías como recurso con que ejercer un control y manipulación del entorno, que ya no se articula en términos colectivos (como históricamente ha sucedido en otros imaginarios juveniles) sino que se proyecta sobre acciones y actores individualizados (Winocur, 2009: 56).

Las expectativas de los jóvenes sobre la inclusión por parte de los docentes en las clases consistían en que con la llegada del PCI la escuela se tornase un mundo más "divertido" y "dinámico" a partir de poder desarrollar los usos de éstas que ellos ya conocían; es decir, en base a incluir en el espacio escolar algo de la lógica lúdica y emocional que asocian con el mundo de las *netbooks*. Entonces, desde el punto de vista juvenil la *netbook* entra en un esquema de clasificación en la que es apreciada como una "ayuda" en relación a las tareas escolares en la medida en que es vista como un objeto divertido, rápido, inteligente, en oposición al mundo escolar "aburrido" y "denso". Las *netbooks* son objetos connotados como una "ayuda" para "buscar información" sobre temas "propios", sobre cosas "divertidas" (los "videos de risas", "buscar gente conocida", etc.) y las clases sin ellas son vividas como clases "aburridas". Así, sí antes en el espacio escolar los jóvenes sólo podían "enviar un mensaje con el celular y nada más", como dice Leandro, ahora, con la incorporación legítima de las *netbooks* que significa el PCI, los estudiantes perciben que estas posibilidades de dispersión ante la dinámica del dictado de las clases se pluralizan.

Para los jóvenes la diversificación de las posibilidades de realizar otro tipo de operaciones (mirar, leer, escuchar, cortar, pegar, enlazar, vincular, navegar, buscar, encontrar, jugar, etc.) y de tomar otros cursos de acción posibles, se multiplican con "la llegada de las *netbooks*" al aula. Los usos a los que invitaba la presencia de los celulares y otros dispositivos similares se perciben amplificados y potenciados en las opciones que ahora aporta la presencia permanente de las *netbooks* en el curso.

Todo esto permite señalar que las *netbooks* ingresan al escenario escolar ya "cargadas" de significado en relación al uso que los jóvenes hacen de estos dispositivos en su vida cotidiana (Dussel, 2011). De tal modo que estas apreciaciones sobre el PCI expresan los pre-juicios (no en un sentido valorativo, sino en el sentido de que expresan un juicio que los actores elaboran previamente a la llegada efectiva de las *netbooks* a las escuelas) que habilitan que estas sean experimentadas como objetos lúdicos, como objetos asociados a la posibilidad de dinamizar la temporalidad escolar.

En consecuencia, puede afirmarse que el análisis de los "usos" de las *netbooks* en relación al espacio escolar no puede omitir como material a explorar estas percepciones y apreciaciones que conforman los esquemas de valorización juveniles sobre el PCI.

Bibliografía

Balardini, S. (2002). "Jóvenes, tecnología, participación y consumo", Proyecto Juventud.

Benítez Larghi, S. (2010). "Cazadores de e-topias. La lucha desigual por la apropiación de las TIC en las Organizaciones de Trabajadores Desocupados". Tesis de Doctorado en Ciencias Sociales, UBA, Buenos Aires, Mimeo.

Bracchi, C. (2010). "Las políticas de Inclusión y la Escuela Secundaria. El impacto de la AUH en La Secundaria de la Provincia". Ponencia presentada en el *Ciclo de Jornadas 2010 sobre el Programa Asignación Universal por Hijo* organizado por la Asociación Argentina de Políticas Sociales y la Red Argentina de Ingreso Ciudadano. Julio 2010. CABA, Argentina.

Cabello, R. (2008). *Las redes del juego.* Buenos Aires, Prometeo.

Dussel, I. (2011). "Aprender y enseñar en la cultura digital". Documento Básico. Buenos Aires, Fundación Santillana. http://www.oei.org.ar/7BASICOp.pdf

Marradi, A.; Archenti, N.; Piovani, J.I. (2010). *Metodología de las Ciencias Sociales.* Buenos Aires, Cengage Learning.

Ministerio de Educación de la Nación. (2011a). "Informe de Avance de Resultados 2010".

Ministerio de Educación de la Nación. (2011b). "Nuevas voces, nuevos escenarios: estudios evaluativos sobre el Programa Conectar Igualdad".

Morduchowicz, R. (coord.) (2008). *Los jóvenes y las pantallas. Nuevas formas de sociabilidad.* Buenos Aires, Gedisa.

Rivoir, A.; Pittaluga, L.; di Landri, F.; Baldizán, S. y Escuder, S. (2010). Informe de Investigación "El Plan Ceibal: Impacto comunitario e inclusión social 2009 – 2010". Montevideo. ObservaTIC, Facultad de Ciencias Sociales, Comisión Sectorial de Investigación Científica, Universidad de la República.

Thompson, J. (1998). Los media y la modernidad. Barcelona, Paidós.

Winocur, R. (2009). Robinson Crusoe ya tiene celular: la conexión como espacio de control de la incertidumbre. México, Siglo XXI.

Los autores

Sheila Jazmín Amado

Licenciada y Profesora de Sociología (UBA). Actualmente está cursando la Maestría en Comunicación y Cultura (UBA). Docente en el seminario Internet, cultura digital y nuevas prácticas políticas para la resistencia social (UBA). Participa desde 2008 en proyectos de investigación UBACyT relacionados con la temática de nuevas tecnologías y sociedad en el Instituto Gino Germani (UBA) bajo la dirección de Silvia Lago Martínez. Becaria Maestría UBA con la tesis "Educación popular y tecnologías digitales: un encuentro necesario en el ámbito de la formación docente". Se ha desempeñado como profesora en Institutos de Formación Docente y escuelas secundarias de la provincia de Buenos Aires.

Martina Bailón

Maestra de Educación Común e Inicial. Licenciada en Ciencias de la Educación. Asistente Técnica en Educación del Departamento de Formación del Centro CEIBAL. Docente y tutora en FLACSO Uruguay.

Lucas Bang

Docente de Cultura y Tecnología Educativa de la UNPA-UACO. Integrante del área sociopedagógica de esa universidad. Miembro pleno del Instituto de Comunicación, Identidad y Cultura de la UACO. Integrante del proyecto de investigación Dispositivo pedagógicos en la dinámica de la vida escolar en contexto de pobreza urbana. Sus publicaciones más recientes fueron "Entre lo crudo y lo cocido de los discursos sobre TIC en un documento del Ministerio de Educación de la República Argentina" (Revista ICONO 14), "Dispositivos pedagógicos, tecnología: sobre usos, costumbres y fetiches" (La escuela not dead), "Dispositivos pedagógicos, territorio y desigualdad" (UNPAEdita).

Sebastián Benítez Larghi

Licenciado en Sociología (UBA). Magíster en Sociología de la Cultura (IDAES-UNSAM) y Doctor en Ciencias Sociales (UBA). Investigador del CONICET y docente de las cátedras de Teoría Social Clásica I y Consumos culturales, medios de comunicación y tecnologías digitales de la carrera de Sociología y del Seminario de Tesis del Doctorado en Ciencias Sociales, todos de la FaHCE, UNLP. Director de diversos proyectos de investigación dedicados al estudio de los procesos de apropiación de las Tecnologías de Información y Comunicación (TIC) por parte de diferentes grupos sociales, en particular sectores juveniles.

Roxana Cabello

Licenciada en Sociología (UBA) y Doctora en Ciencias de la Comunicación Social (USAL). Investigadora-Docente de la UNGS en Buenos Aires, donde coordina el Observatorio de Usos de Medios Interactivos (OUMI). Se dedica a la investigación sobre los vínculos que distintos actores establecen con las tecnologías digitales interactivas en diferentes ámbitos. En particular enfoca las prácticas de los jóvenes y los procesos educativos. Entre otros, ha publicado los libros *Las redes del juego* (2008) y *Argentina Digital* (2009), como autora y *"Yo con la computadora no tengo nada que ver"* (2006), *Ciberjuegos* (2010) y *Migraciones digitales* (2013) como coordinadora.

Sol Diéguez

Licenciada y Profesora en Ciencias de la Comunicación y Maestranda en Investigación en Ciencias Sociales (FSOC – UBA). Ejerce como docente de Tecnologías Educativas (FSOC – UBA), de Comunicación y Crítica (FADU – UBA) y de Nuevos Escenarios: Cultura, tecnología y subjetividad en los profesorados de Educación Inicial y Primaria en Escuelas Normales Superiores de GCBA. Ha participado como investigadora y coordinadora de diversas investigaciones para instituciones públicas y privadas en relación a comunicación, educación y tecnologías, como el proyecto de investigación Redes educativas 2.1 (FSOC – UBA), dirigido por el Dr. Diego Levis.

Lucila Dughera

Becaria doctoral CONICET y Doctoranda en Ciencias Sociales (FLACSO). Magíster en Ciencia, Tecnología y Sociedad (UNQ). Licenciada en Sociología (UBA) y Profesora para la Enseñanza Primaria (Normal Nº 1). Integra el Programa de Investigaciones sobre Sociedad de la Información que coordinan S. Finquelievich y S. Lago Martínez en el IIGG. Es investigadora del Equipo de Estudios sobre Tecnología, Capitalismo y Sociedad (e-TCS) que dirige el Dr. M. Zukerfeld en el Centro Ciencia, Tecnología y Sociedad (CCTS) de la Universidad Maimónides. Es coautora, junto con G. Yansen y M. Zukerfeld de *Gente con códigos. La heterogeneidad de los procesos productivos de software* (2012) y ha publicado diversos artículos en revistas internacionales.

Patricio Feldman

Licenciado en Ciencia Política por la UBA y Maestrando en Procesos de Integración Regional con Énfasis Mercosur (FCE – UBA). Becario Doctoral del CONICET, con base en el Instituto de Investigaciones Gino Germani (FSOC –

UBA). Integra el Proyecto PIP 2012-2014 IU "Innovación y ciudades en la Sociedad de la Información: Procesos, actores y resultados en tres ciudades de la Provincia de Buenos Aires" (CONICET).

Susana Finquelievich

Arquitecta. Master en Urbanismo por la Université Paris VIII. Doctora en Ciencias Sociales por la Ecole des Hautes Etudes en Sciences Sociales, París. Investigadora Principal del CONICET. Dirige con Silvia Lago Martínez el Programa de Investigaciones sobre la Sociedad de la Información en el Instituto de Investigaciones Gino Germani, (FSOC – UBA). Autora y coautora de 14 libros sobre sociedad informacional, entre ellos *La innovación ya no es lo que era*, *El desarrollo de una Provincia Digital* (ULP) y *Public Policies for Information Society*, publicado por UNESCO en inglés, francés, chino y ruso.

José Miguel García

Licenciado en Ciencias de la Educación. Diploma y Especialización en Educación y Nuevas Tecnologías. Asistente en Educación del Departamento de Tecnología Educativa del Consejo Directivo Central de la Administración Nacional de Educación Pública. Docente en FLACSO Uruguay. Coordinador de FLACSO Virtual Uruguay.

Silvia Lago Martínez

Profesora de la Facultad de Ciencias Sociales de la UBA e investigadora del Instituto Gino Germani donde dirige con Susana Finquelievich el Programa de Investigaciones sobre la Sociedad de la Información. Realizó estudios de posgrado en Políticas y Gestión de la Ciencia y la Tecnología en la UBA. Dirige y ha dirigido varios proyectos de investigación acreditados por la UBA. El proyecto actual con financiamiento de UBACyT se titula "Política y creatividad social: nuevos escenarios en la cultura digital". Ha publicado y coordinado libros, capítulos de libros, artículos en revistas científicas y producido audiovisuales sobre la temática de tecnologías digitales, educación y cultura digital.

Magdalena Lemus

Profesora en Sociología (UNLP). Recientemente obtuvo una Beca Doctoral de CONICET para investigar el vínculo entre desigualdades sociales y digitales a partir de la apropiación de las TIC por jóvenes estudiantes de escuela secundaria de clases medias altas y populares. Integra equipos de investigación sobre apropiación de las TIC por jóvenes en el Gran La Plata.

Adrián López

Licenciado en Comunicación (UNGS). Realizó la Diplomatura en Educación, Imágenes y Medios de FLACSO. Es docente en UNGS y participa como Becario Doctoral tipo I de CONICET en el Observatorio de Usos de Medios Interactivos (OUMI) del Instituto del Desarrollo Humano (IDH-UNGS). Ha presentado distintos artículos en reuniones académicas relacionados con los usos y representaciones de TIC por parte de directivos y jóvenes futuros docentes y diversas reflexiones circunscriptas al subcampo de estudios de Comunicación y Educación.

Patricia Fernanda Mancebo

Licenciada y Profesora en Sociología (FSOC – UBA). Actualmente está realizando la maestría en Investigación en Ciencias Sociales (FSOC – UBA). Trabaja como docente en la Cruz Roja Argentina (filial Lomas de Zamora), dedicándose a la enseñanza de materias en relación a ciencia, tecnología, metodología e investigación en el área de la salud.

También ejerce como docente en nivel secundario. Ha participado como investigadora estudiante de diversos grupos de investigación y actualmente se encuentra desarrollando su tesis de maestría, dirigida por Silvia Lago Martínez.

Ana Marotias

Doctoranda en Ciencias Sociales (UBA). Magíster en Ciencias Sociales con orientación en educación (FLACSO) y Licenciada en Ciencias de la Comunicación (UBA). Integra el equipo de investigación coordinado por la profesora Silvia Lago Martínez con sede en el Instituto de Investigaciones Gino Germani. Es docente en el Seminario de Investigación Sociedad de la Información, Política y Movimientos Sociales y en la materia Informática y Relaciones Sociales, ambas de la carrera de Sociología (FSOC – UBA). Es especialista en el procesamiento pedagógico de materiales para educación a distancia.

Mirta Mauro

Socióloga y Profesora en Sociología (FSOC – UBA). Profesora Adjunta de la Facultad de Psicología y Jefa de Trabajos Prácticos de la FSOC. Investigadora formada, participó y participa en numerosos proyectos UBACyT con sede en el Instituto de Investigación Gino Germani, desde la década de los 90. Miembro del Programa de Investigaciones sobre la Sociedad de la Información con sede en el IIGG (FSOC – UBA). Consultora privada con participación en diversos proyectos nacionales e internacionales.

Susana Morales

Licenciada en Comunicación Social (UNC – Argentina) y Doctora en Ciencias de la Información (ULL – España). Docente investigadora de la Universidad Nacional de Córdoba (cátedra Teorías de la Comunicación – Escuela de

Ciencias de la Información). Investiga desde hace más de 15 años acerca de la apropiación de TIC, en particular en el ámbito educativo. Miembro fundadora de Radio Comunitaria La Ranchada, donde participa en el área de Capacitación y Proyectos. Su última publicación es *Nuevas perspectivas en los estudios de comunicación: La apropiación tecnomediática* (2013).

Nicolás Welschinger Lascano

Licenciado en Sociología y Doctorando en Ciencias Sociales (UNLP). Becario del CONICET (IdHICS/CIMeCS/FaHCE). Docente en la cátedra Problemas Sociológicos Contemporáneos II de la Facultad de Periodismo y Comunicación Social (UNLP). Investiga las relaciones entre culturas masivas, industrias culturales y culturas populares; en particular en los usos juveniles de las nuevas tecnologías.

Esta tirada de 100 ejemplares se terminó de imprimir en enero de 2015 en Imprenta Dorrego, Dorrego 1102, CABA

www.ingramcontent.com/pod-product-compliance
Lightning Source LLC
Chambersburg PA
CBHW021830220426
43663CB00005B/198